U0361957

管理学基础

（第二版）

王霁 ◎ 主编

清华大学出版社

北 京

内 容 简 介

本教材在深入研究中国企业对"基层职业管理人"的广泛需求和高职院校"管理学基础"课程教学特点的基础上,对管理学教学内容体系进行了创新设计,从认识管理、管理者角色要求、管理系统、管理过程、管理方法和管理创新六个方面,循序渐进地对管理知识、管理技能进行了生动、透彻的解读。

本教材第一版被评为"十二五"职业教育国家规划教材,第二版被评为"十三五"职业教育国家规划教材。

本教材配套有丰富的实践素材和教学资源,既方便教师授课,又有助于增强学生学习兴趣,提高学生就业能力。

图书在版编目(CIP)数据

管理学基础 / 王霁主编. —2 版. —北京:清华大学出版社,2021.7(2025.2 重印)
ISBN 978-7-302-54418-0

Ⅰ. ①管… Ⅱ. ①王… Ⅲ. ①管理学 – 高等职业教育 – 教材 Ⅳ. ① C93

中国版本图书馆 CIP 数据核字(2019)第 264263 号

责任编辑:陈凌云
封面设计:傅瑞学
责任校对:李 梅
责任印制:刘 菲

出版发行:清华大学出版社
      网 址:https://www.tup.com.cn, https://www.wqxuetang.com
      地 址:北京清华大学学研大厦 A 座   邮 编:100084
      社 总 机:010-83470000   邮 购:010-62786544
      投稿与读者服务:010-62776969, c-service@tup.tsinghua.edu.cn
      质量反馈:010-62772015, zhiliang@tup.tsinghua.edu.cn
      课件下载:https://www.tup.com.cn,010-83470410
印 装 者:三河市龙大印装有限公司
经 销:全国新华书店
开 本:185mm×260mm   印 张:17.5   插 页:1   字 数:358 千字
版 次:2015 年 4 月第 1 版   2021 年 7 月第 2 版   印 次:2025 年 2 月第 9 次印刷
定 价:49.00 元

产品编号:086527-01

前　言

PREFACE

教材编写起因

本教材的编写是在以下两个大背景下组织的，它们决定了本教材的定位。

（1）中国的职业教育正朝着"增强职业教育适应性，加快构建现代职业教育体系"的方向快速发展。《国家职业教育改革实施方案》指出，要"牢固树立新发展理念，服务建设现代化经济体系和实现更高质量更充分就业需要，对接科技发展趋势和市场需求，完善职业教育和培训体系，优化学校、专业布局，深化办学体制改革和育人机制改革，以促进就业和适应产业发展需求为导向"。为此，要求"深化产教融合、校企合作，育训结合，健全多元化办学格局，推动企业深度参与协同育人，扶持鼓励企业和社会力量参与举办各类职业教育"。

（2）中国经济在经过改革开放40多年的发展后，进入新发展阶段。《中华人民共和国国民经济和社会发展第十四个五年规划和2035年远景目标纲要（草案）》提出，必须"坚持新发展理念。把新发展理念完整、准确、全面贯穿发展全过程和各领域，构建新发展格局，切实转变发展方式，推动质量变革、效率变革、动力变革，实现更高质量、更有效率、更加公平、更可持续、更为安全的发展"。要实现"高质量发展"，就必须"坚持创新驱动发展，全面塑造发展新优势"，必须"提升企业技术创新能力""激发人才创新活力"等。

从这两个背景出发，社会各界对"管理学教育"也逐渐形成共识，即管理是企业经营活动中的重要实用技能，企业需要大量具备实用技能的管理人才。因此，职业教育的人才培养目标，应当包括造就一大批实用管理型人才。职业院校提供高质量的"管理学教育"，既符合职业教育长远发展的方向，又对学生未来的就业有着巨大的帮助。

当然，要提供高质量的"管理学教育"，首先要有好的教材、好的内容体系。好的教材和内容体系应当有一个基本的定位，即它要两手抓：一手抓职业教育领域"管理学教育"的基本规律和特征；另一手抓企业发展对管理人才的现实需求。两手都重要，而且应紧密对接。本教材就是在这样的思路下进行的全方位研究，是对职业院校"管理学教育"所需内容体系进行的前沿探索。

核心理念与培养目标

本教材的核心理念可以明确地概括为：为中国企业的发展壮大，培养从事基础管理工作的"职业管理人"。本教材的编写紧紧围绕这一理念展开，这一点使它与其他教材有所区别。为什么要特别强调"职业管理人"呢？所谓"职业管理人"，简单地说就是以管理为职业，在企业中专门从事管理工作的那一类人。企业都有管理者，之所以在管理者前面加上"职业"二字，意在强调管理人的职业化和专业化。这类人以从事管理工作为终身职业，具有专门从事管理工作的专业知识、专业技能和专业素养。这类人的存在，无疑是企业存在和发展的十分重要的条件。

有着从事管理工作抱负的学生们，现在正迎来一个重要的历史机遇。改革开放以来，中国企业的发展经历了从无到有、从小到大的过程。在企业发展的初级阶段，人们往往认识不到管理的重要性，对"职业管理人"的需求也无从谈起。现在，中国企业蓬勃发展，企业经营领域需要大批职业化、专业化的管理者，这正是本教材提出培养"职业管理人"的原因所在。

当然，企业里面的管理者群体有高有低，有高层管理人员，也有基层管理人员；有从事基础管理工作的人员，也有从事专门（或专业）管理工作的人员。从事高层、专门管理工作的"职业管理人"，其知识、能力、素质要求显然更高。考虑到学生的具体情况，未来必然要从基层、基础管理工作开始，所以，本教材的内容紧密契合"基层管理岗位"和"基础管理工作"两个方面的定位，其目的是为企业培养实用型的"职业管理人"。

实际上，企业对基层管理人员的需求远远高于高层管理人员。这是因为，企业中的高层管理岗位毕竟有限，企业必须通过大量处于不同领域、不同岗位的基层管理人员来推动工作开展。就好比带兵打仗，只有将军、司令，没有大量的一线指战员，是绝对行不通的。基层和基础管理做不好，即使有再好的高层管理者，工作也没法得到落实。

我们应当认识到，中国企业的发展需要下大气力建设和发展"职业管理人"队伍，这是中国经济发展的必然趋势。这其中，基层和基础管理领域的"职业管理人"必然在列。培养大批的"职业管理人"，对于中国企业的转型升级和进一步发展，不但重要，而且迫切。而为培养这样的"职业管理人"所进行的教育，也必然要有职业导向明确、教学理念先进、学校与企业相结合的教学内容和人才培养模式。

教材主要特色

就目前高等职业院校"管理学教育"的现状来看，教材的内容体系、教学模式、培养理念仍与企业的现实需求存在较大差距。当然，既往的经验仍然重要，所以，本教材广泛吸收了过去各类管理学基础教材的优秀之处和教学经验，同时努力避免其中的不足。

本教材的特色主要体现在以下四个方面。

1. 以基层管理者的职业要求为原点

立志成为"职业管理人"的学生，绝大多数都需要从基层管理者做起，从事企业中层以下管理岗位的工作，并在基层管理岗位上不断历练和成长。基层管理工作既是企业十分重要的管理工作，也是"职业管理人"的重要起步。

基层管理者是做什么的？企业对基层管理工作有什么基本要求？如何成为一名合格的基层管理者？如何做好基层管理工作？

本教材最基本的特色就是以基层管理者的职业要求为原点、为中心点，解疑答惑，并进行教学内容上的相应安排和布局。把教材对象做这样的定位，可使教学目的更明确，针对性更强；对培养学生的什么能力、怎样培养也有更明确的指向和内容安排，有助于把"重点提高青年就业能力"的职业教育目标在管理学教学中具体化。

为实现这一目标，我们把现有管理学的理论知识进行了梳理，剔除了那些应属于管理学中级或高级教程的内容，或与培养基层管理者关系不密切的内容。原则上，我们努力做到有目的地进行教学，让教学内容严格对接教学目标和人才培养目标，避免泛泛而谈。

2. 将管理工作讲清楚，讲明白

我们所面对的学生，从小在校园里长大，社会阅历较浅，对企业和企业管理所知无几。对这样的青年人进行"管理学教育"，面临的基本障碍是他们尚缺乏基本的管理概念和管理意识，因此教学要循序渐进，要考虑学生的认知模式和学习能力，要从最基本的管理意识培养开始，然后线索明晰地将管理工作讲清楚、讲明白。换言之，要让学生引起重视，要让他们知其然更知其所以然，不能以己昏昏，使人昭昭。

当然，管理学教育工作者也知道，管理学的理论内容十分丰富，而且随着时代的发展，总在不断添加新的内容。管理实践更是百家争鸣，且不断创新、不断发展。要将管理工作讲清楚、讲明白，很不容易。正因如此，以往很多高等职业院校的管理学教学内容常常用一种省事的方法——采用简单的管理学范式框架进行教学，虽然简便很多，但也稍显笼统、抽象，针对性不强，不易达成当下的管理人才培养目标。

怎样有针对性地把管理学向高职学生讲清楚、讲明白呢？在本教材的编写中，我们对要讲哪些内容、不讲哪些内容、要讲的内容如何讲、学生怎样学才会有效等问题，进行了大量、深入的研究。因此，我们大胆地创新了教材的逻辑结构。本教材内容结构的逻辑，从管理的基本概念出发，到管理者，再到管理系统、管理过程、管理方法，及至最后的管理创新，与众多管理学基础教材差别较大。在这一逻辑结构中，我们有意识地把学生（未来的管理者）摆了进来，依照他们进入企业、成为基层管理者、了解企业运行特征、进行管理实践操作这样一条主线，从感性认识到理性思考，循序渐进、由浅入深地讲述他们应当学习、掌握的管理学基础知识，特别是基层管理者所应具备的管理实务性知识，培养他们从事实际管理所应具备的基本能力。

上述内容编写的布局和设计，目的是给学生把管理工作讲清楚、讲明白，避免学生未来就业时浑浑噩噩上岗，糊里糊涂做管理。

3. 满足基本理论修养，突出实用管理技能培养

企业基层管理岗位要求的是实用型管理人才，所以本教材力求突出实用管理技能培养。但是，管理活动也是有规律的，是有其基本的理论知识修养要求的。只懂实干没有理论修养，必然缺乏理论自觉，仅凭感性经验做事，遇到复杂问题就只能"瞎猫碰死耗子"；只懂理论缺乏实干能力，又将沦为纸上谈兵，清谈误事。

本教材充分研究了基本理论修养与实用管理技能之间的关系，在兼顾必要理论修养的基础上，重点突出实用技能培养以及从理论知识转化为实用技能的途径。为此，本教材每章的"学习目标"里都设置了"知识目标"和"能力目标"。在每章的内容里都综合了"知识内容"和"能力内容"，每单元后还设置了"课堂实战""课后拓展"等内容和教学环节。本教材对知识的讲授突出"精讲"，对技能的培养突出"实用"。我们希望学生在有限的学时里学到精华、实用的管理学知识，也希望学生能把知识与能力相结合，既习得理论修养，也习得实干能力。

4. 形式新颖，数字化资源丰富

为激发学生的学习兴趣，本教材吸收国内外优秀教材的优点，在叙述和编排方式上图文并茂，并设置了问题引入、情景引入、辅助阅读、插图、插画等模块，有针对性地选择了大量具有现代感，具有启发意义的管理案例，与教材的正文一起形成了系统而充满学习乐趣的学习体系。

本教材配备丰富的数字教学资源，可登录清华大学出版社数字教学平台文泉职教（http://zhijiao.wqketang.com）获取。通过扫描本书封底的二维码，即可在线进行学习。

教材内容逻辑

本教材以学生进入企业如何进行管理、如何成为一名职业管理人为主线来组织和展开教学内容。为此，本教材以组织作为逻辑起点，由组织引出管理，由一般管理进入企业管理，然后围绕"管理者如何有效实现组织目标"这一主题，从管理者、管理系统、管理过程、管理方法和管理创新等方面，依次叙述管理学基础的相关内容。

本教材共分六章，各章的具体内容以及要解决的问题如下。

第一章　什么是管理。本章要回答的核心问题是"什么是管理"，这是学生学习管理学的"入门章"。为了讲清"什么是管理"，本教材先从组织讲起。因为管理活动产生于人类组织行为的需要，没有组织就没有管理的需要。面对管理学史上五花八门关于管理的定义，如果不把握组织与管理的内在联系，不理解管理对于组织的作用和重要性，就不能从本质上理解"什么是管理"。本章按照从组织到管理，从一般管理（一般组织）到企业管理（营利组织）的逻辑展开叙述。

第二章　管理者。本章要回答的是"什么样的人能够成为管理者"，这是让学生明白企业对管理主体的素质要求，是学生学习管理学、做职业管理人的"准备章"。管理是根据组织的需要产生的，组织的突出特征是要实现组织目标。组织有组织的目标，组织要求在多人分工的基础上结成团队来实现目标。管理者的责任是以实现组织目标为己任，这意味着进入企业的管理者要由自然人转变为组织人，要承担起组织的责任。组织对管理者有要求，有约束，有些是对管理者做人的一般要求，有些是对管理者能力的特殊要求。本章按照管理者道德、管理者能力、管理者角色、基层管理者的顺序展开。

第三章　管理系统。本章是对企业管理系统进行结构功能式的解剖与分析，这是学生学习管理学、体验管理者角色的"进入章"。凡进入企业准备从事管理工作的人，先要了解和熟悉自己所处的企业管理系统，了解企业管理系统中各职能部门的分工、作用，及其相互关系，了解自己在企业管理系统中的地位、职责和权限。否则，管理工作是无从做起的。本教材把企业管理系统分为基础管理系统和专门管理系统，本章主要介绍企业的基础管理系统，并把企业的基础管理系统分为组织管理系统、职能管理系统和运营管理系统三大子系统进行介绍，重点讲解了管理者和各职能管理部门（子系统）的关系。

第四章　管理过程。本章要回答的问题是"管理的主要职能是什么"，或者说"管理者主要做什么"，这是学生学习管理学、学习实际做管理的"核心章"。本章讲述的是管理的职能，但与一般管理学教材不同，本教材不是静态地讲述管理职能，而是在动态的管理过程中讲述。在管理系统中，管理者总是会按照一定的顺序开展管理活动，并构成一个有顺序的、不间断的履行管理职能的活动过程，这就是管理过程。管理学上通常讲的"四大"或"五大"管理职能，其实都是相互联系、相互融合的，而不是孤立存在的。当管理者履行这些管理职能时，这些管理职能就表现出行动上的先后顺序，以及过程上的阶段性特征。本章把各大管理职能作为管理过程中相互联系的阶段或环节，分为"决策与计划""实施与控制""评价与激励"以及"持续改善"进行讲解。其中，"持续改善"意在说明管理过程不是一次完成的，也不是直线或封闭的，而是一个不断循环、螺旋上升、持续改善的过程。

第五章　管理方法。本章要回答的问题是"管理者可以使用哪些方法来行使管理职能"，这是学生学习管理学、学习实际做管理的"深入章"。管理者能否有效地履行管理职能，管理者有没有管理能力，取决于他有没有掌握和运用正确的管理方法。第四章讲"管理过程"，是回答管理者"应该做什么"，而本章的"管理方法"则是解决管理者"应该怎么做""可以怎么做"的问题。管理职能和管理方法相辅相成，共同决定了管理活动的效率和效果。但管理方法和管理职能相比，更具深层的作用和意义。不掌握管理方法，行使管理职能就是一句空话。管理方法不是抽象的，而是具体的。依据本教材的定位，本章主要讲述四种实用管理方法：团队管理法、目标管理法、作业管理法和问题管理法。

第六章　管理创新。本章要回答的问题是"什么是管理创新""如何实现管理创新"，这是学生学习管理学、学习实际做管理的"提高章"。管理是实践性的科学。管理无定式，有效的管理活动必然需要在多变的环境和组织发展需求中适时调整、适时创新。可以把管理划分为"常规性管理"和"创新性管理"。前者也叫"维持性管理"，是在既定的管理框架、管理模式和管理制度下进行管理，维持企业正常、有序运转。"创新性管理"是指为应对环境变化或实现更高的管理目标，而创造性地发展、应用有别于现行管理思路、模式和方法的管理实践过程。一个出色的企业管理者，肯定不会满足于只做"维持性管理"的一般工作，而要把管理工作做得更好，就必须努力实现管理创新，只有实现了管理的创新，才能把管理提升到新的水平。为了简洁明了地说明"什么是管理创新""如何推动管理创新"，本章从"管理创新基础""战略管理创新""组织管理创新"和"对创新的管理"四个方面展开。

每章教学指导

为最大限度地培养学生的实用管理技能，便于学生快速进入学习状态，乐于学习，本教材内容依据循序渐进、生动易懂的原则进行了科学的组织和编排。教师讲授、学生学习每一章的内容时，可按照四个环节进行。下表是各个环节学习和讲授方法的说明。

环节1	章主题理解	特征	问题带入与框架把握
典型案例引入 提出核心问题 本章内容概述			从讲解典型管理案例开始，提出本章要讨论的主要问题。要注意借由问题将学生带入管理学习的状态中。在此基础上，通过概述部分的讲解和理解，让学生把握每章的核心主题和内容框架，便于学生对本章内容的学习目标形成综合、全貌的认识
环节2	单元主题理解	特征	情景讨论与内容引出
情景引入 课堂讨论 教师提点			单元是相对独立的细分主题，每个单元开篇设置了管理实践中的情景。学习时要理解情景中的特殊问题并展开讨论，促进学生对单元主题形成初步认识。在此基础上，通过"教师提点"，让学生明确单元内容的学习方向和目标
环节3	单元知识学习	特征	内容精讲与角色植入
知识讲解　延伸思考 技能要求　辅助阅读 行为要求			单元内容精讲是管理实践知识的学习，包括基础知识、行为和技能要求等内容。在关键知识点上设有"延伸思考"和"辅助阅读"。"延伸思考"由教师和学生互动讨论展开。本环节特别强调角色植入，教师应当从学生未来从事基层管理工作出发，讲透各方面知识与未来就业的联系，增强学生的角色感
环节4	单元技能实训	特征	技能演练与核心能力强化
课堂实战 课后拓展			在每单元知识学习后安排了"课堂实战"和"课后拓展"。"课堂实战"是围绕单元核心主题设置的可在课堂内操作的内容，教学上以学生为主体，并由教师指导以加强训练实效。"课后拓展"是围绕单元核心主题安排的技能实践操作，目的是强化核心技能的养成

特别致谢

本教材能够顺利出版，要感谢清华大学出版社的各位领导和编辑，他们对本书的编写、出版，以及数字化教学资源建设，给予了宝贵的指导和具体的帮助；要感谢参加本书编写大纲制订和书稿审订的专家们，他们对本教材提出了宝贵的修改和指导意见，并给予很多鼓励；还要感谢帮助搜集材料、绘制插图、校订英文术语等的各位同事和同学们。

编写这本针对高职学生的实用管理学基础教材，并同步建设数字化教学资源，是一项具有创新性的工作。本书的编写团队尽了很大努力，但由于作者学识水平所限，错误和疏漏在所难免，特别希望使用本书的教师、同学提出宝贵意见、建议，提供更多的案例素材和教学资源，使本教材在使用中得到补充、锤炼，在不断修改中臻于完善。

王　霁

2020 年 10 月

CONTENTS

目 录

CONTENTS

目 录

第一章
什么是管理

问题引入

1841 年 10 月 5 日，在美国马塞诸塞州（Massachusetts）的铁路上发生了一起两列客车相撞的事故。这起事故引起了巨大的社会反应，人们认为那些拥有铁路的企业没有能力管理这些铁路。州议会决定对这些企业进行制度改革，要求铁路企业的业主寻找专业的管理者承担管理工作，明确规定了企业的所有权（ownership）与管理权（management）分离，于是世界上第一个经理人（manager）——相对较高级的职业管理者出现了，这是管理史上的标志性事件之一。

从 19 世纪中叶开始，美国的铁路货运蓬勃发展，但铁路运行管理也非常混乱——轨道、机车、车辆等分属各个区段的业主所有，运输过程中需要频繁更换车体与押载人员，进行区段计价核算，时常造成大比例的货物缺损、日期顺延，易损品、易腐品的中途损耗亦不鲜见。为了改变这一现状，第一批职业管理人（professional manager）——专业货运计划人员应运而生。专业货运计划人员接受政府统一付薪，不得接受各区业主所支付的工资、奖金乃至贿赂，并严格按照铁路货运行业规则行事，借以对运程货物进行综合调配、取价，然后按各区段运营吨公里数向各区业主进行利润分配。

就在这一时期，美国经济快速发展，企业规模越来越大，管理分工越来越细，企业所

有者没有足够的时间和精力，也缺少必要的知识和能力经营、管理企业。企业的业主开始大量聘请职业管理人。美国的企业开始了从业主经营企业到聘用职业管理人管理企业的转变，美国的企业制度(business system)也形成了近代公司制(corporate system)占主导地位的格局。伴随着企业的这些变化和职业管理人的大量出现，管理作为一门职业也由此登上历史舞台。

想一想：什么是管理？管理是做什么工作的？为什么企业需要职业管理人？什么是企业？什么是公司制？

📖 学习目标

● 知识目标
1. 了解组织与管理的概念
2. 了解管理的任务、作用和职能
3. 了解企业与企业管理的概念
4. 了解企业管理的功能和要求

● 能力目标
1. 认识管理的重要性
2. 能够区分一般管理与企业管理
3. 掌握现代企业管理制度的基本特征
4. 理解企业管理要素和管理模式

管理概述

对一个管理者或者一个期望从事管理工作的人来说，明白"什么是管理（management）"、"管理是做什么的"等问题十分重要。管理产生于人类所特有的组织（organization）活动中，要想了解管理，必须先了解组织的特性和要求。人类社会中存在着形形色色的各类组织，如政府机构、学校、社会团体、企业、事业单位等。组织活动的基本特征是组织成员通过分工与协作来实现组织目标。一个组织，必然具有组织成员、组织目标，以及组织内部由分工与协作而产生的组织结构等。

人类是社会性的动物，其突出表现是结成组织。组织集聚了社会的资源、放大了个人的力量，能够做一个人无法做到的事情。但是，组织的出现和发展也产生了相应的问题。组织中的每个成员都有各自的分工，组织越大分工越细，那应由谁来指挥和协调具有不同能力的人，从而保证大家齐心协力共同完成组织的任务和预定的目标呢？组织越复杂，这种指挥、组织、控制、协调的任务就越突出，管理的问题由此产生，其重要性在当代更加凸显。

由此可见，管理最基本的含义是组织管理，人类社会的任何一个组织都需要管理，区别只在于管理活动的具体表现和形式。尽管自管理学产生以来，人们对管理的定义有不同的见解，但是从组织管理的角度来看，管理的基本功能无非就是两个：一是提高组织活动效率；二是保障组织活动效果。前者被称为"正确地做事"；后者则被称为"做正确的事"。

人类组织尽管五花八门，但基本可分为营利性组织（for-profit organization）和非营利性组织（non-profit organization）两大类。营利性组织的代表就是企业（enterprise）。在现代社会中，企业是为社会创造财富的非常重要的组织，企业管理就成为管理学中最重要的内容。

企业组织是现代管理思想的诞生地和根据地，我们今天所说的"管理"常常特指"企业管理"（enterprise management）。一百多年前，当现代管理学鼻祖泰勒（Taylor）提出"科学管理原理"的时候，他本人就是企业的管理者，他研究的就是企业管理理论。其后众多赫赫有名的管理学家，他们所说的"管理"，也大多是指企业管理。因此，无论从我们未来的就业，还是从"企业管理"与"管理学"的历史联系来看，企业管理都是我们要重点学习的对象。事实上，学习企业管理的相关知识和方法，掌握企业管理的相关技能，做一个符合现代企业要求的"职业管理人"，正是本教材的编写目标。不过，在进一步深入学习之前，我们还是要从最基本的问题说起：什么是企业；企业管理有什么特性；应当发挥什么样的功能，等等。这些构成本章最重要的内容。

英国管理学者斯图尔特·克雷纳（Stuart Crainer）曾说："21世纪是管理的世纪。"管理这门职业在今天或者未来都是而且也必将是人类社会中最重要的职业之一。因此，学习管理学基础对你的人生成长，对你将来的职业生涯发展，都是不可或缺的。

学习单元一
组织与管理

情景引入

华为技术有限公司（Huawei）是一家生产和销售通信设备的民营科技公司，总部位于深圳，如今已是全球领先的科技公司之一。这家公司的创始人任正非是一名退伍军官。

任正非在谈起他的创业经历时曾说，他刚到深圳的时候，本意是准备从事技术或科研工作。但是，随后他发现，在一个知识快速更新的时代，仅依靠个人的知识和能力是无法跟上时代脚步的，只有组织起数十人、数百人、数千人一同奋斗，站在这样的平台上面，才能跟上时代的脚步。

因为这个想法，任正非创立了华为技术有限公司。这时候，任正非不是自己做专家，而是做组织者。正如任正非自己所说："在时代前面，我越来越不懂技术，越来越不懂财务，半懂不懂管理，如果不能民主地善待团体，充分发挥各路英雄的作用，我将一事无成。"但是，华为最初的管理是相当混乱的，各个业务单元常常各行其是，意见难以统一，协调困难。为此，任正非特意聘请中国人民大学的教授制定了《华为基本法》，再到后来又聘请管理顾问公司协助管理。

任正非回忆说："从事组织建设成了我后来的追求，如何组织起千军万马，这对我来说是天大的难题。"为了紧密团结公司人员，任正非以其卓越的远见，创造性地应用了股权激励制度，全员持有股份，全员分享收益。这一制度大大促进了华为内部人员的团结和紧密合作，为华为注入了发展的动力。

课堂讨论

（1）为什么会有管理工作？

（2）组织与管理有何关联？

> ### 教师提点
>
> 要解答上面的问题，需要掌握下列知识和技能：
>
> 1. 掌握管理产生的背景；
>
> 2. 识别管理的一般性特征；
>
> 3. 了解管理的任务和作用。

内容精讲

管理在当下已经是一个习以为常的普遍现象，存在于社会、政治和经济活动的各个领域。我们经常会听到"学校管理""学生管理""公共安全管理""医疗卫生管理"等词汇，这些词汇的背后都指向管理的某个领域，代表着管理学科的某一分支。

什么是管理？管理是一种组织活动。管理史学家丹尼尔·A.雷恩（Daniel A.Wren）曾总结说："从本质上看，人们具有经济、社会、政治等各方面的需求，要通过有组织的努力去满足。管理是在人们谋求通过集体的行动来满足其需求时所产生的一种必不可少的活动。"

组织

管理之所以产生并成为人们倾力研究的一门学科，直接相关的原因是组织的产生及其发展。管理因为组织的产生而产生，因组织的发展而发展。没有组织，就不存在管理。这就好比十个修锁匠，各修各的锁，互相之间没关系，这个时候不需要管理，他们自己就能做好自己的事。但如

延伸思考

为什么有了组织，就必然会有管理？

果他们互相联合起来，分工合作，其中一些人专门负责拓展业务，其他人专门负责修锁，这就产生了一个组织，同时也相应的出现了管理。

组织是力量和资源的集中

1. 什么是组织

组织是人们为了实现一定的目标，互相协作结合而成的集体和团体。人类生活离不开组织，这是由人的社会性决定的。人的社会性是人作为集体活动中的个体，或作为社会中的一员而活动时所表现出的特性。这种社会性的直接表现，就是人不能脱离社会，不能脱离人类组织（社会表现为各种群体性组织的总和）而孤立生存和生活。

正是因为人类的社会性特征和人类自身生存和生活的需要，我们身边产生了各式各样的组织，如经济组织、政治组织、文化组织、教育组织、科技组织、公共服务组织等。学校是典型的教育组织，医院是公共服务组织。每一类组织都能满足人们生活需要的某一个方面，例如，学校满足人们受教育的需要，医院满足治病救人的需要。从规模上看，组织可分为超大型组织、大型组织、中型组织、小型组织、微型组织等。

辅助阅读1-1| 超大型组织：地铁轨道交通系统

生活在城市中，会经常乘坐地铁。地铁是为了便于人们出行建设起来的，地铁公司是公共服务组织。平时我们坐地铁，特别是在像北京这样地铁线路四通八达的地方，不熟悉线路的人经常会弄错方向。当然，你可以说北京的地铁指示牌、地面标志有些标得不清楚、不科学。不过，我们也不得不承认，地铁系统就是一个超大型组织系统。在这个系统中，涉及人、地铁站、机车、运行线路管理、运行频率控制等。在高峰时段，每两分钟发一趟车，这意味着所有机车的运行都必须精确到秒。

实际上，自 1969 年国庆日北京第一条地铁线路建成通车以来，截至 2019 年 12 月，北京市轨道交通路网运营线路达 23 条、总里程 699.3 千米、车站 405 座，在建线路 15 条。2019 年，北京地铁年乘客量达到 45.3 亿人次，日均客流为 1241.1 万人次，单日客运量最高达 1327.46 万人次。北京地铁是中国内地最繁忙的城市轨道交通系统，是中国运营时间最久、乘客运载最多、早晚峰值最忙的地铁线路。北京地铁是世界上规模最大的城市地铁系统之一。

2. 组织与管理

一切社会组织都是为了特定的目标，按一定分工、协作而建立起来的系统。简单点说，不同的人为了一个特定的目标而联合起来就构成了一个组织。联合起来的原因是要集中资源和力量，在资源集中的基础上进行分工，并在分工的基础上实现有效协作，这种集中起来的分工与协作系统就形成了一个特定的组织系统。

既然一切社会组织都是人为建立的系统，那我们为什么需要建立组织？假如世界上所有人孤身一人就能够解决他所面临的所有挑战，实现他所想实现的愿望，那么组织将自然而然地消亡。但这只是一种不现实的假设。组织的存在，首先是为了将分散于个人中的力量和资源汇成合力和总的资源，以便应对单个人无法应对的外部威胁或实现单个人无法实现的某种目标。

（1）组织是力量和资源的集中。集中力量和资源是组织得以产生的根本性原因。正因如此，管理学家詹姆斯·穆尼指出，当人们为了一定的目的集中其力量时，组织也因而产生。

📖 辅助阅读1-2| 北约组织与华约组织

北约组织（North Atlantic Treaty Organization）和华约组织（Warsaw Treaty Organization）是历史上出现过的最大的两个政治军事组织，其成立背景与过程充分说明了"组织是力量和资源的集中"。

北约组织成立于 1949 年，当时正值第二次世界大战之后，美国为了遏制苏联，联合加拿大、英国、法国、比利时、荷兰、卢森堡、丹麦、挪威、冰岛、葡萄牙、意大利等国，签署了《北大西洋公约》，宣布成立北大西洋公约组织（简称"北约组织"）。北约组织的目的是协调立场，加强集体防务，成员国就国际重大问题磋商合作。

就在北约组织成立没多久，当时被北约组织视为遏制对象的苏联，与欧洲社会主义阵营国家签署了《华沙公约》，也成立了一个多国政治军事同盟组织。这一组织通过《华沙公约》约定：如果在欧洲发生了任何国家或国家集团对一个或几个缔约国的武装进攻，每一缔约国应……以一切它认为必要的方式，包括使用武装部队，立即对遭受这种进攻的某一个或几个国家给予援助。也就是说，只要华约组织中的任何一个国家遭受攻击，公约国全体提供援助，包括参与战争。

两大公约组织的产生，造成了长达三十多年的东西方冷战。

（2）管理产生于组织内部的分工、合作与协调。有了组织，把各种不同的人和资源都集中起来了，是否就一定能实现最初的目标呢？例如，老师安排6个学生打扫操场，清理操场边的垃圾。人是集中起来了，扫帚、笤帚、箩筐（资源）也从学校拿过来了。但偌大一个操场，老师并没有告诉学生们谁负责打扫哪里，清扫成什么样子算合格。所以，这6个人中可能会有3个人偷懒，另两个人做做样子，剩下一个人在旁边吆喝……

延伸思考

你能归纳总结组织，分工、合作、协调，管理这三组概念之间的关系吗？

人和资源（resources）的集中产生了组织，但组织（6人小组）要发挥作用（把操场清扫干净），还需要管理。因为在多人、多种资源存在的情况下，既要分工、合作，让每个人做自己该做的事，也要协调各种资源，让其发挥应有的作用。

现在我们可以回答这个问题了：为什么只要有"组织"存在，就必然会产生"管理"？这是因为，组织既是人力和资源的集中，也是人力和资源的分工、合作与协调。协调不好人与人的分工与合作关系，以及资源的使用方式，集中起来的人力和资源是发挥不出作用的，也就无法实现人力和资源集中的目的。

3. 组织发展与管理需求

随着工业化大生产的出现和深层次发展，社会组织（social organization）的专业化分工越来越细。例如，一双鞋，过去一个农妇自己可以纳鞋底、做鞋帮，很容易就把鞋做出来了。但在今天，专业球鞋制造涉及的工序和品类可能不下百种：有的专门生产鞋带，有的专门生产鞋底，有的专门生产鞋帮；仅就鞋帮而言，有的专门生产布料，有的专门设计样式，等等。

社会分工的专业化细分是不可逆转的趋势，这是因为专业化分工（specialized division of labor）是提高社会生产力的重要途径。著名经济学家亚当·斯密（Adam Smith）在其经典著作《国富论》中开篇就指出："劳动生产力的最大提高以及生产中技能、熟巧和判断力的进一步完善看来都是分工的结果。"专业化分工意味着每一件事都交给专业的人去做，这导致未来的组织发展将表现出以下四种显著的趋势。

（1）分工越来越细。专业化分工可以使个人（或某些小型组织）在专注地做一件事的过程中，积累经验，发现更好的方法，推动创新。例如，专业设计鞋帮的人肯定比一个什么都略知一二但又不专业的人做得更好。当某些人开始专注做一件小事并且做得更好的时候，其他人将被挤出这个行业，从而导致这一工作领域进一步细分成若干个专业化分工的领域。

（2）越来越专业。美国波音公司（Boeing Company）生产的波音747飞机所用的450万个零部件，是由6个国家的1500家大企业和15 000家中小型企业参与协作分工生产出来的。每个零部件都由专业生产商生产，这是组织分工越来越专业的具体体现。

（3）越来越复杂。更细和更专业的分工，意味着即使是一件简单的产品，也将分别由不同的人甚至是不同的组织参与进来共同生产，这样工作将变得非常复杂，组织也将变得越来越复杂。

（4）规模越来越大。想象一下，波音公司为了生产一架飞机而不得不与全球多国上万家企业合作，那波音公司的组织规模该有多大？人类为了实现更大的任务和更高的要求，例如国际空间站、火星计划等，组建了很多规模巨大的组织，在分工与协调中完成任务。

组织朝着这样的方向发展，对管理工作的挑战也显而易见。分工越细、越专业、越复杂、规模越大的组织，对管理的依赖性越高，对专业管理者的需求越多。因此，学好管理学、增强管理能力是非常有必要的。

📖 辅助阅读1-3| 曼哈顿工程

西方管理学经常提到的美国曼哈顿工程（Manhattan Project）就是一个大规模、超强度管理的经典案例。现代学者认为，曼哈顿工程本身就是一个超大型的科研组织。

曼哈顿工程的目的是制造原子弹，其构思始于1942年年初。而早在5年前，纳粹德国就已经开始了"铀计划"。"必须赶在德国人之前造出原子弹"，成为必须实现的目标。

当时，美国科学家虽然对原子弹的机制、应该努力的方向，甚至费用和时间都有了大致的构想，但核研究的庞大工程已经超过了任何科研机构的能力，也没有任何一家公司能在短期内完成有关生产设施的建设。经过近一年时间的研究和协调，同时为保障

奥本海默与爱因斯坦

该计划不被泄密，军队被授予了最高优先权来负责组织实施。到1942年年底，代号为"曼哈顿工程"的计划正式制订。美国军方格罗夫斯（Groves）上校被任命为实际负责人，美国犹太人物理学家罗伯特·奥本海默（Robert Oppenheimer）被任命为科研总负责人。

曼哈顿工程的规模和管理难度都是惊人的。参与该工程的美国人总数达到60多万，而且分散在田纳西州（Tennessee）、俄亥俄州（Ohio）、新墨西哥州（New Mexico）和华盛顿（Washington）等地进行。另外，国际合作也是必不可少的。英国科学家就曾参与过该工程，英国政府还投入了部分资金。这么大规模的分工合作，究竟如何协调而又不泄密呢？实际结果是，在曼哈顿工程区工作的 15 万人当中，只有 12 个人知道全盘计划。

全体人员中很少有人知道他们是在从事制造原子弹的工作。例如，洛斯阿拉莫斯(Los Alamos)计算中心长时期内进行复杂的计算，但大部分工作人员不了解这些工作的实际意义。如此庞大的绝密计划，其实施过程如果没有精细、严密的管理，是绝不可能完成的。

管理与现代管理

尽管管理在各类组织中都存在，而且与我们的生活紧密联系。但是，我们现在所讲的"管理学"（意指西方现代管理学，与近代及之前的军事管理、国家行政管理等相区分）作为一门学科的诞生才刚刚过了一百多年。1911 年泰勒发表他的管理学经典著作《科学管理原理》，标志着现代管理学的诞生。在此之前，我们现在理解的"管理"有时被称为"行政"。

1. 理解管理的发展

正是从 1911 年开始，人们才开始认识、研究管理工作。也就是说，尽管人类几千年历史都存在着"管理"的实际工作，但只有在这一百多年里，人们才开始尝试着回答"什么是管理"。

（1）现代管理学的发展。表 1-1 抽选了影响现代管理学发展的一些关键事件和发展节点，从中可以大体上看清现代管理学的发展脉络。

表 1-1　现代管理学发展关键事件一览

关 键 事 件	人　物	年份	关 键 内 容	历史地位
《科学管理原理》发表	弗雷德里克·泰勒 (Frederick Taylor)	1911	作业效率、任务管理、作业分析	古典管理学派 科学管理之父
福特工厂的建立	亨利·福特 (Henry Ford)	1914	流水线生产、5 美元日薪	科学管理原理和管理技术的实践发展
《工业管理与一般管理》发表	亨利·法约尔 (Henri Fayol)	1916	定义管理职能、提出普遍规律	古典管理学派 一般管理之父
行政组织理论的提出	马克斯·韦伯 (Max Weber)	1920	行政管理、科层制度、官僚系统	古典管理学派 组织理论之父
《工业文明中人的问题》发表	梅奥 (Mayo)	1935	霍桑试验开启对人的行为的理论研究	行为管理学派创始人
《经理人员的职能》发表	切斯特·巴纳德 (Chester I. Barnard)	1938	工人"社会人"观点	社会系统学派创始人

续表

关 键 事 件	人 物	年份	关 键 内 容	历史地位
人类动机理论的提出	马斯洛 (Maslow)	1943	首次将动机与激励联系起来	行为管理学派需求层次理论创始人
《管理实践》发表	彼得·德鲁克 (Peter F. Drucker)	1954	管理重行而非知	经验主义学派创始人
《企业的人性面》发表	道格拉斯·麦格雷戈 (Douglas McGregor)	1957	X 理论、Y 理论，提出人性消极和积极的两面性	行为管理学派人性假设理论创始人
《管理学》发表	哈罗德·孔茨，西里尔·奥唐纳 (Harold Koontz, Cyril O'Donnell)	1960 年代	系统化管理过程	管理过程学派创始人，继承法约尔
《管理决策的新科学》发表	赫伯特·西蒙 (Herbert A. Simon)	1960	突出决策的管理地位	决策理论学派创始人
《系统理论和管理》发表	弗里蒙特·卡斯特 (Fremont E. Kast)	1960 年代	管理是多系统的协调	系统管理学派创始人
《现代生产管理》发表	法伯 (Ferber)	1975	生产管理的科学设计与管理	管理科学学派创始人
《管理导论：一种权变学》发表	F. 卢桑斯 (F.Luthans)	1976	从系统结构的相互联系中寻找适应的管理方式	权变理论学派创始人
《Z 理论》发表	威廉·大内 (William Ouchi)	1981	民主管理	文化管理创始人

（2）管理的定义。在现代管理学一百多年的发展进程中，一些著名的学者都曾尝试过给管理下定义。

弗雷德里克·泰勒认为，管理就是"确切地知道你要别人去干什么，并使他用最好的方法去干"的艺术。

亨利·法约尔认为，管理就是实行计划、组织、指挥、领导、控制的协调活动。

赫伯特·西蒙认为，管理就是决策。

哈罗德·孔茨和西里尔·奥唐纳共同提出，管理是由一个或更多的人来协调他人的活动，以便收到个人单独活动所收不到的效果而进行的各种活动。

彼得·德鲁克提出，"管理是一种工作，它有自己的技巧、工具和方法；管理是一种器官，是赋予组织以生命的、能动的、动态的器官；管理是一门科学，一种系统化的并到处适用的知识；同时，管理也是一种文化"。

> **延伸思考**
> 请用自己的话为管理下定义。

以上这些提法，都部分反映了管理这一活动的事实。但都不能说是全面的，也不能将管理活动准确定义出来。

（3）理解管理学定义的背景。为什么这些人对管理的定义会表现出如此不同，甚至可以说表现出如此的局限性？他们为什么仍然受到广泛的赞赏？有两点原因是非常重要的：提出者个人的职业背景和当时的组织环境。

泰勒被视为现代管理学的鼻祖。他认为，管理就是"确切地知道你要别人去干什么，并使他用最好的方法去干"的艺术。泰勒最初是在一家水压工厂当模具工和机工学徒，这使得他从一开始就非常关注工人的工作效率。作为一名机械工程师，泰勒对工人的低效率感到震惊。当看到工人的生产率只达到应有水平的 1/3 时，泰勒开始在车间里用科学的方法来纠正这种状况。他花了 20 年时间，以极大的热情寻求从事每一项工作的"最佳方法"。

📖 辅助阅读1-4| 泰勒的搬铁块试验

1898 年，弗雷德里克·泰勒来到伯利恒钢铁厂（Bethlehem Steel Corporation）工作。这个工厂的原材料是由一组计日工搬运的，工人每天挣 1.15 美元，这在当时是标准工资，每天搬运的铁块重量是 12 ～ 13 吨。泰勒就是从这里开始他的试验的。

泰勒先是用了三四天的时间仔细观察和研究其中的 75 个人，从中挑选了 4 人，然后又仔细研究了 4 人中的每一个，调查了他们的历史、性格、习惯和抱负，最后挑选了身材矮小的施密特，此人爱财如命且十分小气。泰勒要求施密特按新的要求开始干活，这样他能得到 1.85 美元。

试验过程中，泰勒对以下几项内容进行了研究。

（1）从车上或地上把生铁搬起来需要几秒钟。

（2）带着所搬的铁块在平地上走，每走 1 英尺需要多长时间。

（3）带着所搬的铁块沿着跳板走向车厢，每走 1 步需要多长时间。

（4）把生铁扔下来或放在堆上需要几秒钟。

（5）空手回到原来的地方，每走 1 英尺需要多长时间。

经过仔细研究，泰勒发现，采用科学的方法对工人进行训练，并把劳动时间与休息时间很好地搭配起来，工人平均可以将每天的工作量提高到 47 吨，而且负重搬运的时间只有 42%，其余的时间是不负重的，工人也不会感到太疲劳。同时，采用刺激性的计件工资制，工人每天在达到 47 吨标准后，工资也增加到 1.85 美元。

这样，施密特在进入试验后，泰勒告诉他何时休息、何时工作，试验的结果是：施密特在第一天很快搬完了 47.5 吨生铁，拿到了 1.85 美元。于是，其他工人也渐渐按照这种方法来搬运，劳动生产率提高了很多。

泰勒的理念和方法在今天很多工厂中是习以为常的。但是考虑到一百多年前，尚不存在管理，而且正是西方工业革命（Industrial Revolution）背景下，人们执著地追求效率的时代，泰勒成为管理学的代言人也就不足为奇了。事实上，现在我们所熟知的福特汽车（Ford Motor）的创始人亨利·福特，就采用了泰勒的原则和方法，采用流水线生产方式，大大提高了汽车的生产效率和汽车的普及率，成为一个时代的标志。

亨利·法约尔与泰勒是同时代的人物。他认为，管理就是实行计划、组织、指挥、领导、控制的协调活动。亨利·法约尔对管理的定义是从管理职能角度展开的，他的定义回答的问题是：管理者应该做什么。这一定义到今天仍然没有多少变化。

亨利·法约尔与泰勒的不同之处在于，法约尔是一名工程师，一开始就以管理者的身份进入企业，这也成了他系统分析管理的一般规则、一般要求的职业背景。在管理学史上，法约尔是第一次系统阐述一般管理规则的人。

法约尔强调管理具有普遍性，管理既可以应用于医院、邮局，也可以应用于矿业公司。他认为，管理是一门独立的学科，管理可以被严格定义，而且可以被传授……这些观点在当时连"管理"一词都不存在的情况下提出来，是非常让人震惊的。

上述定义代表着管理学发展的一座座丰碑。不同的学者，从不同的角度阐释管理，提出管理的定义和准则，解决了管理在当时社会环境和组织环境中面临的特殊问题，对管理学的发展产生了深远的影响。

2. 管理工作的特性

要理解管理工作的特性，必须先理解组织的特性。前面说过，组织是人们为了实现一定的目标，互相协作结合而成的集体和团体。在一个组织中，分工协作（特别是专业化分工协作）意味着组织中的某一部分人要从事专业性工作，而另一部分人则从事协调性工作。我们把前者称为业务工作（或业务活动），把后者称为管理工作（或管理活动）。管理工作的最大特性在于它与业务工作的区别。

在各种不同类型的组织中，我们都可以很容易地识别出业务工作与管理工作的差异。

📖 辅助阅读1-5| 教学管理与教学业务

在学校这个组织中，"通过教师教学，培养更多优秀的学生"是学校的业务，是学校这一组织运行的目的和存在的理由（有时也被称为组织宗旨、组织使命）。在学校里，任课教师是从事直接业务活动的，而教务处主任、教研室主任等人负责排课、调课和查课，其工作属于管理活动。

首先，他们需要决定某个学期学生们应该上什么课，几个学年下来的课程怎么安排，这关系到学生是否能够在有限的时间里学到更多知识。

其次，他们需要与任课老师沟通、协调，不能想怎么排课就怎么排课，必须考虑到任课教师的时间和能力，征得其同意。

最后，在课程安排好之后，他们还要查课，看看这些课程是否按要求给学生讲授了，是否达到了标准。当然，他们还要考虑实际情况调整课程安排，等等。

稍加留意我们就会发现，相同的情况也会出现在诸如政府机构、医院、企事业单位等其他各类型的组织中。

在上面的情境中，任课教师从事的是业务工作，而教务处主任、教研室主任等从事的是管理工作。当然，他们不可能独自完成排课、调课、查课等管理工作，所以教务处、教研室都会有相关人员供管理者指挥，按照管理者与学校商定的设想来完成各项管理工作。

理解管理工作相对于业务工作的特殊之处，也是理解管理工作一般特性的途径。仍以教学管理与教学业务的区别为例，我们可以看出管理活动的一般特性。

我是管理者，我的工作是计划、协调、监督……

我是业务员，我的工作是跑单、生产、加工……

分工不同

（1）出发点：管理工作以业务工作为基础。任何组织的管理活动都是以业务活动为基础的。这意味着管理者必须了解业务工作，懂得业务工作的基本规则和关键要求。一个不懂得教学业务的人，往往无法胜任教学管理工作。但反过来，一个很懂教学业务的老师，是不是一定能胜任教学管理工作呢？这不一定。了解业务工作是管理工作的必要条件，但不是充分条件。管理工作有自己的专业性要求，正如德鲁克所说："管理是一种工作，它有自己的技巧、工具和方法。"

（2）终点：管理瞄准组织目标。管理工作是以组织目标为指引的，这与一般业务工作有显著区别。一般业务工作者并不需要着重强调组织目标（尽管实践中会有所强调），他们要做的只是尽可能地实现具体的工作目标。例如，曼哈顿工程所涉及的几十万人的大组织中，只有少数 12 个人知道全面计划，其他人的工作实际上只是朝着单纯的工作目标而努力。

同样的道理，一名数学老师只需做好数学教学和授课工作，就是一个合格甚至优秀的老师。但是，一名教学管理工作者，如果只关注在数学、音乐、体育等某一方面取得优异成绩，则无法帮助学校实现整体目标，也一定不是合格的管理者。

（3）途径：管理是运用他人努力达到目标。试想有这样一个教学管理者，当数学老师请病假时他代课，当电教老师缺勤时他代岗，这样的管理者顶多值得尊重，却不值得推崇。与一般业务工作不同，管理工作需要充分利用他人的力量来实现组织目标。如果管理者不能有效发挥他人的力量，激发他人的积极性，那他就是失职的，其管理工作就是有缺陷的。

（4）方法：管理指向多人和多维度的业务设计和协调。对每名教师来说，他所承担的教学任务，由他自己基本就可以完成。其他各类的业务工作大体上也是如此。与此相反，管理者的工作要复杂得多。以教学管理者为例，他至少需要思考以下几方面的问题：每个教师的课在每个学年里怎么安排？如何让学生学习更有效率，更系统化？不同老师的课怎么协调，以保证学生各个科目的学习是有序的、符合教学要求的？如何检查老师们的授课结果，让他们把课教得更好？这些问题涉及对多人和多维度的业务设计和协调，也是管理工作区别于一般业务工作的重要特性。

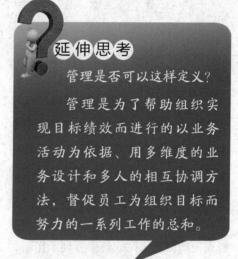

延伸思考

管理是否可以这样定义？

管理是为了帮助组织实现目标绩效而进行的以业务活动为依据、用多维度的业务设计和多人的相互协调方法，督促员工为组织目标而努力的一系列工作的总和。

管理的任务与作用

管理受组织目标的指引，为组织目标服务。因而，管理的任务就是实现组织目标。泰勒是钢铁公司的管理者，他从事管理工作，假设公司定的目标是提高劳动生产率，如果泰勒不以此为自己的任务，那么他不可能是一个合格的管理者，他也没有发挥他做管理工作应该发挥的作用。

1. 管理的任务是达到目标绩效

管理的任务就是帮助组织实现目标，取得目标绩效。那么，什么是目标绩效？

目标绩效（objective performance）可以定义为预期目标的实现程度。目标绩效包括三个方面的衡量要素：资源使用量、时间和目标达成度。

本来应该花 10 元做好的事，花掉 100 元；或者本来应该用 1 天做的事花了 10 天；或者本来应该达成 100% 的成功率，却只达成了 10%。这几种情况下，管理者的工作都是不合格的。每个企业对管理者的任务要求虽然是不一样的，但其性质都是如此。

2. 管理的作用是提升效率，保障效果

管理的任务是实现目标绩效，而目标绩效是通过资源使用量、时间和目标达成度来衡量的。因此，无论管理存在着怎样的特性，也无论管理任务有多少具体要求，我们都可以

用效率和效果这两个标准来衡量管理活动是否发挥了应有的作用和价值。

效率（efficiency）是理解管理定义的关键点，它是指投入和产出的关系。对于给定的投入，如果能获得更多的产出，那么就提高了效率。类似的，获得同样的产出，若是可以使用更少的投入，效率同样也提高了。由于组织的资源（人力、物力、财力、时间等）是稀缺的，所以管理者必须时刻关注这些资源的有效利用，以最小的投入获得最大的产出。

延伸思考

管理的效率与效果的问题可以归纳为"正确地做事"与"做正确的事"的问题。到底哪个更重要呢？说说你自己的看法。

但是，光有效率是不够的。有管理学家指出："把做一件事情的效率提高50%、费用降低50%是一个巨大的进步，但如果这件事根本就不需要去做，那做这件事就是一个100%的错误。"所以，管理还必须使活动实现预定的目标，即追求活动的效果（effectiveness）。只有实现组织目标，管理才是有效的。

（1）确保组织各层人员"正确地做事"。资源投入量与产出量的关系是效率关系，其要求是"正确地做事"。一个教师安排6个学生打扫操场，所投入的学生人数、时间、精力、工具等都是资源。花10小时和花1小时打扫好操场，浪费的是9小时的时间；用6个人和用3个人打扫干净，浪费的是3个人的劳动力；很吃力地打扫干净和很轻松地打扫干净，浪费的是参与者的精力；费了10把扫帚和费了1把扫帚，浪费的是物力。

管理的作用就是充分考察投入的人力、时间、精力、资源，确保用最小的投入产出最大的绩效。如果管理者用2人完成本该1人就可完成的工作，其管理效率就是合格管理者的一半。同样，如果他不考虑做事的方法，本来只需消耗劳动者50%的精力，他却消耗了100%，这也是不合格的。

（2）确保组织各层人员"做正确的事"。产出量与满足组织目标需求的关系是效果关系，其要求是"做正确的事"。假设有一个组织，其目的是"帮助更多偏远地区的孩子用上现代网络信息技术"，如果该组织的管理者不是安排自己的下属按计划去偏远地区调查研究，制订具体的信息网络建设援助计划，而是去上海某个区考察儿童发展情况，做了一份儿童教学质量改进方案，这显然对组织目标的实现没有任何帮助，其管理工作当然也是"牛头不对马嘴"。这样的情况在现实中存在吗？在复杂的组织和复杂的目标任务中，这种情况经常出现。

📖 **辅助阅读1-6| 施乐公司的败笔**

施乐（Xerox）公司是复印技术的发明者，具有悠久的历史。20世纪80年代起，施乐公司为了在复印机上赚到更多的利润，也为了让别的竞争者（当时它的竞争对手主要是佳能公司）无法与它争夺客户，施乐公司在复印机上增加了除复印之外的很多其他功能，如打印、传真、彩印、通话等。这导致施乐复印机功能越来越多，体积越来越大，使用越来越复杂，当然，售价也越来越高。

但事与愿违，施乐复印机的用户不断流向佳能公司。因为佳能公司的复印机更便宜，体积更小，使用起来更方便。随后，施乐公司才发现：消费者需要的不是集合了多种功能的复印机，他们只不过是想复印一份文件而已。施乐公司过去所做的，并没有产生预期的效果。相反，理应属于它们的消费者，被佳能公司后来居上抢走了。施乐公司后来不得不重新设计产品。

客观地说，效率和效果是相互依存、相互影响的。如果某项活动不计效率，实际上是很难达到效果的。正如某些备受抨击的机构一样，虽然它们的确能够办成事，但是办事效率太低、成本太高，这样的结果显然不是公众期望的。

那么，组织有可能是有效率而无效果的吗？完全有可能。例如上面说的施乐公司，它们很有效率地把功能齐全的复印机生产出来了，但结果却事与愿违。

当然，在大多数情况下，效果和效率是正关联的。低水平的管理绝大多数是既无效率也无效果的，或者是通过牺牲效率来取得效果的。

单元知识逻辑图

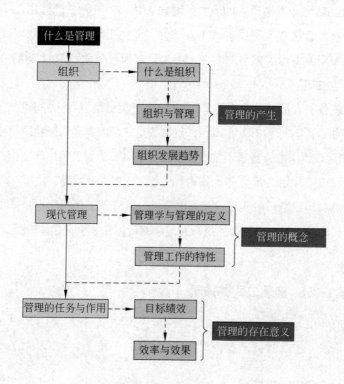

技能演练

☑ **课堂实战 | 解决多人合作的问题**

"三个和尚没水喝"的故事反映了多人协作时存在的障碍。

还有一个相类似的故事，说的是三个人分一个西瓜，一开始无论怎么分，都会有大有小，拿到大块的人很高兴，拿到小块的人自然不痛快。三人一直解决不了这个问题，最后大家商议得出一个方案：让负责切瓜的人最后拿。这样一来，切出来的瓜比以前更加均匀了，大家几乎都没有怨言。

假设你是某寺庙的住持，你能想出什么办法来解决"三个和尚没水喝"的困局吗？请把你能想出的办法逐条写在下面，至少三条。

1. _____

_____

_____

_____

2. _____

_____

_____

_____

3. _____

_____

_____

_____

⊞ **课后拓展 | 分组管理调研**

社会上有很多各种性质的组织，如家政服务公司、餐饮店（快餐店、咖啡店、甜品店）、街道办事处、职业培训机构、卫生服务站等。请班上同学五人一组，挑选一个你认为合适的组织，找到组织中的一人，调查其管理现状，填写完成管理调研表（见表1-2）。

表 1-2　管理调研表

组织名称			地点	
组织性质	□教育　□经济　□政治　□公共服务　□其他：			
组织目的				
组织人数		管理者人数		员工人数

调研对象（你采访的人）

他的职位		工作内容		
上级职位		是否管理者	□是　□否	下属人数

请根据对方是否管理者，有针对性地调查以下问题，并扼要记录。

问题1：[是] 你平时怎么给下属分配任务？　[否] 你平时怎么安排自己的工作任务？

问题2：[是] 为什么这么给下属分配任务？　[否] 你在工作中跟同事是怎么配合的？

问题3：[是] 下属不知道怎么做，你怎么办？[否] 你遇到过不知怎么开展工作的情况吗？怎么处理的？

问题4：[是] 你如何保证下属把工作做好？　[否] 你的上司平时怎么检查你的工作？

问题5：[是] 你觉得做管理工作容易吗？为什么？　[否] 你觉得你的上司在工作中有什么地方可以改进？为什么？

调查日期		调查小组名单				
采访人		协调人		记录人		采时用时

感想：小组讨论后，你们认为做好管理工作有哪些关键点？

学习单元二
企业与企业管理

情景引入

日本航空公司（Japan Airlines Corporation，以下简称"日航"）创建于1951年8月。2010年1月，日航因管理不善陷入困境，不得不向东京地方法院递交破产申请。为了拯救日航，日本政府邀请稻盛和夫(Kazuo Inamori)出任日航董事长。稻盛和夫是日本著名的企业管理大师，创办了两家世界500强企业——京瓷（KYOCERA）和KDDI。

申请破产保护之前，日航是世界第三大航空公司，曾是日本的骄傲，是日本"二战"后经济迅速发展的象征。然而，高企的油价使日航众多相对旧、大、能效低的飞机"飞行"困难，金融危机中乘客减少又是一击。20世纪80年代日本资产和股票泡沫破裂时，日航在外国度假地、酒店业的风险投资给公司带来了巨大损失。此外，日航在担负不断增加的养老、工资开支的同时，还经营着并不盈利但却有"政治需要"的国内航线，导致日航和旗下公司的负债总额名列日本第四。稻盛和夫出任日航董事长时，日本主流经济评论家都认为这是很悲观的一件事，认为日航无可救药，必将二次破产。

不过，当稻盛和夫接受邀请进入日航，实施了一系列重建计划后，在日航宣告破产重建的第二年就实现了扭亏为盈。这被认为是奇迹般的管理胜利。

课堂讨论

（1）经常会有企业破产倒闭的新闻，企业为什么会有破产倒闭的说法？其他的组织会有吗？

（2）为什么企业要特别强调盈利？

（3）企业管理的主要职能是什么？

> **教师提点**
>
> 要解决上面这些问题，需要掌握下列知识和技能：
>
> 1. 了解企业的定义与类型；
> 2. 了解企业管理的性质与规范；
> 3. 把握企业管理的基本职能；
> 4. 掌握企业管理的基本要素和模式。

内容精讲

日本航空公司是企业，南方航空公司是企业，中国国际航空股份有限公司也是企业。从直观上看，我们可以发现企业与以学校、政府机构为代表的教育组织、政治组织有很多不同。但是，究竟哪里不同呢？这要从企业的性质、现代企业制度和公司制说起。

企业与现代企业制度

什么是企业？关于企业的定义有很多种。罗纳德·科斯（Ronald Harry Coase）认为，企业是市场（market）的替代物。哈罗德·德姆塞茨（Harold Demsetz）认为，企业是一种团队生产 (team production)。约翰·威廉姆逊 (John Williamson) 则认为，企业是一种科层组织（hierarchical organization）。如果要给企业下一个定义，我们可以说：企业是两个或两个

以上的自然人（或群体）有意识地组成的、以赢利为目的，从事商品生产、流通与服务等经济活动的，具有系统性结构的营利性经济组织。无论我们如何定义企业，理解和认清企业的性质，要从区分营利组织和非营利组织入手。

1. 企业：营利组织

人类社会所存在的各式各样的组织，可以概括性地分为两类：营利组织与非营利组织。企业是营利组织，其他组织是非营利组织，包括文化组织、教育组织、科技组织、社会服务组织等。例如，红十字会是社会服务组织，属于非营利组织，以接受捐助并向社会提供救助服务为宗旨，而不是以赚钱为目的。再如，学校也不能以赢利为目的，也属于非营利组织。与非营利组织不同，企业是以赢利为目的，自主经营、独立核算、自负盈亏的组织。企业最重要的特征就是"以赢利为目的"。

营利组织与非营利组织

辅助阅读1-7| 几个关键概念的区分

理解营利组织的含义，有必要区分几个关键概念，即"营利"与"赢利""盈利"的区别。从现代汉语的基本语义出发，我们可作如下区分。

"赢"相对于"亏"而言，"赢利"有两个意思：一是指扣除成本获得的利润；二是指经营所得。第二种意思只是说收益增加，未必有利润。

"盈"意为充满、多余，"盈利"是指收支相减之后有利润，是财务报表上的数字。

"营"的意思是谋求，"营利"是指追求利润，即以赢利为目的。

由此可见，"营利"并不代表一定有利润，而是一个用以界定组织性质的词汇。营利组织是以获取利润、实现赢利为目的的组织。

（1）营利组织（企业）的目的：赚取利润，实现利润最大化。营利组织（企业）的目的是赢利，通俗点说，就是要赚钱。对企业管理者来说，"利润最大化"既是符合企业成立初衷的诉求，也是企业始终不渝的追求目标。利润最大化最初单纯指剩余价值的多寡，体现为货币收益的最大化。后来也有人认为，利润最大化中的"利润"也包含"利益"，体现为货币加其他利益（政治利益、社会利益等）。

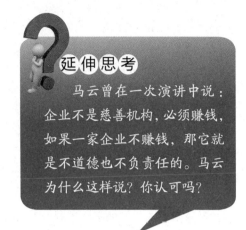

延伸思考

马云曾在一次演讲中说：企业不是慈善机构，必须赚钱，如果一家企业不赚钱，那它就是不道德也不负责任的。马云为什么这样说？你认可吗？

当一家企业由多人出资成立并开始经营的时候，它既需要对出资人负责，也需要对员工负责，更需要对客户负责。而要负起这些责任，就必须有利润，为员工持续创造财富，为客户持续创造财富（提供服务），对股东持续创造回报。在这个基础上，企业才存在服务社会的条件和可能性。

反之，一个亏损的企业会成为社会的负担，这样的企业和它的成员会成为社会的救济对象，而不是社会财富的创造者、利益相关方生活资料的提供者。所以，企业以赚钱为目的是无可非议的，企业管理者也必须围绕"利润"展开自己的管理工作。当然，赚取利润的前提必须是合法经营。

（2）企业的社会功能：提供社会消费品，创造社会财富。除了追求利润，企业的存在还有着重大的社会价值，主要体现在两个方面：提供社会消费品和创造社会财富。

① 提供社会消费品。企业是现代经济社会最重要的经济单元。我们身上的衣服是企业生产制造出来的，这类企业称为服装生产企业；我们买的花生酱、食用油是企业生产制造出来的，这类企业称为食品生产、加工企业；我们住的房子、开的车，也是企业生产制造出来，这类企业称为房地产开发企业、汽车生产企业，等等。我们的衣食住行都与企业有关。

人类的其他社会组织，没有任何一种像企业这样承担着广泛的消费品提供服务功能。企业大规模的生产制造，虽然出于自身利润最大化的考虑，但其客观结果却是为社会提供了丰富的商品，极大地提高了人们的物质生活水平。

📖 **辅助阅读1-8|** "看不见的手"

经济学鼻祖亚当·斯密在《国富论》中有一段精彩的论述："我们的晚饭并非来自屠夫、酿酒师和面包师的恩惠，而是来自他们对自身利益的关心。我们不是向他们乞怜，而是由于他们的自利心。他们通常情况下既不是为了提升公共利益，也不知道他们能为此做到多少……他只计算自己的得失，就像在很多范例中一样，最终结果是靠一只看不见的手去调节得到的，而不是由于任何个人意愿导致的。"按照斯密的观点，当某个人为了自己的私利去生产商品、提供服务，并在市场上流通的时候，这就惠及了那些需要这些产品和服务的人。

② 创造社会财富。社会财富的创造和积累，很大部分也是通过企业来实现的。高楼大厦是财富，家庭拥有的汽车、计算机、电视、冰箱是财富，高速铁路、飞机等也是财富，这些财富由企业生产制造，并且在社会中流通。很多社会财富的积累，都是通过企业一点一滴的生产活动实现的。正如大型纪录片《公司的力量》所说，"今天我们生活的这个世界，从有形到无形的种种成就，纷纷写下公司（企业）的名字。"

（3）组织的目的和手段。营利组织与非营利组织的区别在于是否"以赢利为目的"，那是不是意味着营利组织一定赢利，非营利组织一定不赢利呢？答案是否定的，赢利只是组织的目的，而非最终结果。

① 营利组织未必都赢利。作为营利组织，企业肯定是要追求利润的，这是企业的目的。但在现实中，营利组织未必都能赢利，这取决于企业的经营情况。有的企业经营得好，产出大于投入，这样的企业自然能够赢利；反之，有的企业经营不好，投入大于产出，这样的企业自然无法赢利。不能赢利的企业就是我们常说的亏损企业，这样的企业如果长期亏损下去，就无法正常经营，最后只能破产。为什么有的企业经营好、能赢利，而有的企业经营不好、不能赢利呢？这在很大程度上取决于经营者和管理者的水平，也充分说明了管理对于企业的重要性。

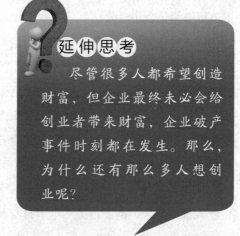

延伸思考

尽管很多人都希望创造财富，但企业最终未必会给创业者带来财富，企业破产事件时刻都在发生。那么，为什么还有那么多人想创业呢？

② 非营利组织未必不赢利。在我国，各类事业单位是典型的非营利组织。事业单位的活动不以赢利为目的，但这并不意味着事业单位没有利润。这是因为事业单位也有收入和支出，只有做到收支平衡或者收大于支，才能使本单位的工作和活动正常开展。否则，也会像企业一样难以为继。因此，事业单位也要有财务管理，也要有成本利润核算。如果事业单位管理得好，能做到开源节流，账上有盈余，也就是事实上实现了赢利。事业单位的赢利不但正常，而且在某些情况下应当肯定。但是，事业单位作为非营利组织，其利润（即盈余）是不能拿来分配的，而要用于更好地推动各项公益事业的发展。

辅助阅读1-9| 为什么学校不是营利组织

很多公立学校都会收取学生学费，多少不等；教材也需要收费，多少不等。这其中可能存在经济行为，有些经济行为甚至还有利润。但是，学校不能称为企业，因为它不是营利组织。收取学费和资料费只是为了维持正常的教学活动，而不是追求利润。学校是为教书育人和科学研究服务的，是非营利的教育组织。

综上所述，企业与非营利组织的区别在于：企业以赢利为目的，而不仅仅是以赢利为手段，因而是营利组织；非营利组织则是以赢利为手段，而不是以赢利为目的。例如，有的社会培训机构称自己为"某某学校"，但它是追求利润、自负盈亏的，因此它是企业，而不是非营利组织。

2. 企业的类型

企业广泛存在于各个行业之中，有着众多的类型。生产面包的是企业，生产汽车的是企业，生产垃圾袋的是企业，乔布斯和几个朋友在车库里一起鼓捣起来的苹果公司，也是企业；外国公司到中国开分公司，我们称之为外资企业；外国公司和中国公司合办的企业，叫做合资企业；国家全资或控股的企业叫国有企业，私人开立的企业叫私营企业……同样是企业，为什么会有这么多不同的叫法呢？

（1）企业的不同分类标准。按照不同的分类标准，可以将企业分为多种不同的类型（见表1-3）。

表1-3 企业的不同分类标准

分 类 标 准	企 业 类 型
权益与责任性质	个人独资企业、合伙企业、公司制企业
投资者所在地区	内资企业，外资企业和港、澳、台商投资企业
所有制结构	全民所有制企业、集体所有制企业、私营企业、外资企业
股东责任性质	无限责任公司、有限责任公司、股份有限公司
公司地位	母公司、子公司
规模	特大型企业、大型企业、中型企业、小型企业、微型企业
经济部门	农业企业、工业企业、商业企业、服务企业等

从表1-3可以看出，企业可以根据各种标准进行划分。以格力（Gree）公司为例，它是一家国有控股的、从事工业生产的、大型的、由多家子公司构成的股份有限公司。本书中，我们重点介绍第一种分类标准，即根据权益与责任性质划分（简称"性质分类"）。

（2）企业的性质分类。企业的性质分类是指根据权益（right）与责任（responsibility）

的不同进行分类。权益是通过出资方式体现的，表现为企业的利润和权利属于谁；责任是与出资方式、股东权益紧密联系的，表现为收益人承担什么样的责任。按照这个标准，可以将企业分为以下三种类型。

① 个人独资企业（sole proprietorship enterprise）是由一个自然人投资，财产为投资人个人所有，投资人以其个人财产对企业债务承担无限责任的经营实体。

② 合伙企业（partnership enterprise）是由各合伙人订立合伙协议，共同出资、合伙经营、共享收益、共担风险，并对合伙企业债务承担无限连带责任的营利组织。合伙企业可由有限合伙人和普通合伙人混合构成。有限合伙人以其出资额承担有限责任，普通合伙人承担无限责任。

> 📖 **辅助阅读1-10|　个人独资企业与合伙企业的异同**
>
> 共同点：①所有权益由个人所有或共有；②投资人以个人财产而不是企业财产进行债务担保；③都存在无限责任，假如注册资金只有10万元，经营亏损欠债100万元，则必须按100万元偿还债务（合伙企业中的有限合伙人除外）。
>
> 区别点：合伙企业的合伙人之间承担连带责任，一个损失，其他人共赔。

③ 公司制企业（company system enterprise）是由1个以上投资人（自然人或法人）依法出资组建，有独立法人财产，自主经营（self-management）、自负盈亏的法人企业。公司制企业分为有限责任公司和股份有限公司两种形式。公司制企业的产生与现代企业制度的形成有着紧密的联系，是企业发展的高级阶段。

3. 现代企业制度

中央电视台曾制作了一部广受欢迎的纪录片《公司的力量》，该片生动地描绘了公司的诞生和发展。其中说到："我们今天对身边的公司浑然不觉，但公司无处不在。我们可以说公司是一种制度，是一种文化，是一种生存制度，是一种生活方式。"但是，公司究竟是什么呢？理解公司的概念，要先了解现代企业制度的产生过程及其制度安排。

（1）产权清晰。在现代公司制出现以前，人们的商业活动围绕着亲友、乡邻而建立，人们用一套约定俗成的不成文规范来处理各自的财产纠纷。合伙企业和家庭式商业组织正是在这个意义上发展起来的。这样做在彼此熟悉的小范围内，或者相互信任的群体中是可行的。但人类商业活动的发展远远超出了个人所熟悉的领域，人类想征服的市场也远远超过了家庭、村庄、地域，甚至国家。一些人拥有资金，另一些人拥有技术，互相之间根本不熟悉，更谈不上信任，如何能够建立商业合作关系呢？于是，有人提出：能不能以契约的形式约束所有人的投入和权益？于是，产权制度（property system）应运而生。产权既代表着资本投入的比例，也代表着收益分配的比例，这是现代企业制度（即公司制）解决的第一个问题，它使陌生人之间的合作成为可能。

（2）有限责任。产权问题清晰后，随之而来的问题是：当成立一个公司的时候，你打算在多大程度上偿还因公司经营不善造成的经济责任？为解决这个问题，有限责任的概念被提了出来。所谓"有限"，是以出资承诺为限，这也是《公司法》中的重要内容。例如，某公司欠下1000万元的债务，如果你在注册公司时只认领了100万元的出资额，那么，你最终只要承担100万元的有限债务清偿责任即可。这一做法打破了传统。数千年来，人们从事商业活动是以整个家庭、个人拥有的所有财富进行担保的，倾家荡产是常有的事。没有谁能保证经营一定成功，困境的压力让人踌躇不前。有限责任的提出，让那些立志创业的人少了很多后顾之忧。所以，哥伦比亚大学（Columbia University）校长尼古拉斯·巴特勒（Nicholas Butler）说："有限责任公司（company limtied）是近代最伟大的发明，少了它，就连蒸汽机和电力的重要性也会降低。"

（3）法人独立。相对于个人独资企业和合伙企业来说，企业法人（enterprise legal person）是一个新的组织实体，是一个独立出资人、具有无限生命力的实体，它不会因出资人的消亡而消亡。对于"法人"，我们可以理解为"一个法律上存在的行为主体"。它不是你我这样的自然人，但是具有"人"的能力，是集合了多人、多种资源的一种"法律人"。企业法人制度是指依照法律建立起来的使其人格化和获得独立法人地位的企业制度。在这种制度下，企业是人格化的组织实体，具有法人地位，是独立的民事主体，自主地对外开展活动。

法人独立解决的是这样的问题：共同组建一家公司，如果这家公司不独立于出资人之外，还是某些个人的资产，怎么保障其他人的权益？法人独立意味着公司是一个独立的生命体。就像乔布斯逝世，但苹果公司仍然是最赚钱的高科技公司一样，乔布斯的权益、其他人的权益仍然按产权规则履行，这也意味着权益可以自由转让。个人独资企业、合伙企业都不存在这样的有利性。

（4）科学管理。现代企业制度的第四项关键制度安排是科学管理（scientific management）。作为企业，必须寻找到一套方法，使产权、责任、经营水平都达到令各个权益人和利益关联方信任、信息共享，并激励所有人为这家公司努力的目的，这就对管理提出了更高的要求。现代企业制度的建立，大大推进了现代管理学的发展。由于公司的出现，公司所有者、公司管理方对各自

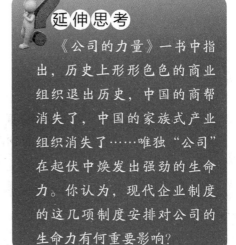

延伸思考

《公司的力量》一书中指出，历史上形形色色的商业组织退出历史，中国的商帮消失了，中国的家族式产业组织消失了……唯独"公司"在起伏中焕发出强劲的生命力。你认为，现代企业制度的这几项制度安排对公司的生命力有何重要影响？

利益的追逐，推动着人们齐心协力地发挥公司所具有的创造财富的力量。

根据上述内容，我们大致可以看出"公司"与"企业"这两个概念的不同。理论上讲，公司是企业的一种类型，企业包括公司。不过，由于当今绝大多数的企业都是以公司制形式存在的，因而我们经常把"公司"和"企业"两个概念混用。

企业管理的职能

关于企业管理的职能，管理学家彼得·德鲁克的说法最具代表性，他把企业的管理职能概括为以下三项。

1. 管理企业，使之取得经济绩效

企业不是军队，也不是学校，更不是慈善组织，而是经济组织，有经济任务和目标。这是企业区别于其他组织的特殊之处。因此，企业管理的首要职能是管理企业，使之取得经济绩效（economic performance）。

检验管理成效的最终标准，是产生经济绩效。把各项事务性工作做得井井有条，只是取得经济绩效的前提，并不代表这家企

相辅相成的三种职能

业的管理是成功的。但在实践中，很多人却本末倒置，把管理职能简单地理解为做好事务性工作，如发发文件、做做记录、开几次会、举办几次活动。由于企业中的工作多种多样，每个人承担的工作也纷繁复杂，这导致一些人陷入日复一日的常规的、事务性的工作中，习惯性地做事务性工作，而不是停下来思考：现在做的这些事是必须的吗？能给企业带来什么样的经济收益？

2. 确保产出大于投入

企业管理的第二项职能是运用各种资源使产出大于投入。一些事情可能会给企业带来经济绩效。例如，深圳举办亚运会能给深圳这个城市带来可观的旅游和投资，产生经济收益。但如果投入总和远远超出收益，那在企业经营中就是不恰当的。企业是以赢利为目的的，这意味着企业做任何一项工作都必须考虑投入与产出。企业管理的第二项职能就是在追求经济绩效的基础上，确保产出大于投入。

企业的投入不仅包括资本、设备、人员、时间等，管理者也是企业的关键资源，企业中其他的资源都是由管理者协调和支配的。所以，企业管理的职能也应该包括对管理者的

管理。企业必须制订相应的措施，确保管理者时刻考虑投入与产出的关系，实现企业资产增值。

3. 管理员工，使工作有效执行

企业管理的最后一项职能是管理员工和管理工作。企业的经济绩效是通过具体的工作来实现的，工作必须有效地完成，才能产生经济绩效。同时，工作又必须由员工（employees）来完成。所以，管理工作和管理员工几乎同等重要。

（1）管理工作。即对工作进行有效组织，使之适合员工的知识、能力、素质，确保工作是适应员工的。

（2）管理员工。即对员工进行组织，使之适合企业中各项工作的要求。

> ### 📖 辅助阅读1-11┃ 工作任务与员工特性相匹配
>
> 如果一项任务既需要精确的计算能力，也需要艺术家般的审美能力，而你找不到同时兼具这两种能力的人，你唯一的办法就是把这项任务分解开来，对工作重新进行组织。例如，你可以把计算工作和审美工作拆分成不同的部分，分别交给那些能够胜任的人，让他们相互搭配完成这项任务。所以，管理员工以使工作有效执行，其实是管理员工与管理工作两者的结合，其目标是确保工作任务与员工特性相匹配。

👥 企业管理的要素与模式

1. 企业管理的要素

企业管理的要素是指构成企业管理活动的必要因素，主要由五个基本要素构成（见图 1-1）。

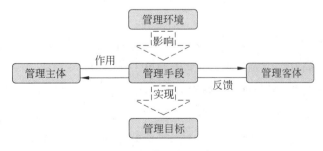

图1-1 管理的五要素

（1）管理主体与"由谁管"。管理主体（management subject）即管理者，是管理系统中的核心因素，分析环境、整合资源、组织运行等都要靠管理主体去实施。管理者的能力和素养直接关系到管理目标的实现情况。

（2）管理客体与"管什么"。管理客体（managed object）是管理目标实现的支撑力量，也是管理主体行为的对象。管理客体包括实现管理目标的所有人、财、物等有形资源和无形资源。

（3）管理目标与"为何管"。管理目标（management goal）既包括企业或组织期望实现的计划或目标，也包括管理者对自己的期望和承诺，它是管理活动的出发点和落脚点。整个管理系统都必须紧紧围绕管理目标来建立和运行。

（4）管理环境与"在什么条件下管"。管理是在特定环境中进行的，并受到管理环境（management environment）的影响，因此任何影响管理实施与效果实现的各种内外部力量、条件和因素，都必须予以重视。

（5）管理手段与"怎么管"。管理手段（management means）主要指管理机制与方法，是管理目标实现的直接手段。

2. 企业管理的模式

无论企业规模多大，性质如何，它所包含的管理要素都是一致的，但其管理活动会表现出巨大的差异，原因在于企业管理模式的不同。所谓企业管理模式（enterprise management mode），是指企业在基本管理要素的基础上，依照自身的需要设计的一套成形的活动方式。换言之，企业管理模式是指导企业管理各要素按照何种方式有序运行的一套规则。

延伸思考
根据你的理解，说说企业管理要素与企业管理模式有何不同？

现代管理学诞生以来的一百多年间，企业管理领域大致出现过以下五种带有鲜明特色、影响广泛的企业管理模式。

（1）传统等级模式。传统等级模式（traditional hierarchical mode）侧重以等级管理来组织企业资源和管理活动。

20世纪初至中叶，欧美企业盛行等级式管理。时值西方工业制造业的大发展时期，企业以追求大批量、高效生产为目标，企业中的员工只需按指令行事、高效生产即可。这种情况下，等级管理模式自然而然成了绝大多数企业的选择。

时至今日，传统等级模式仍然在各类企业中较普遍地被采纳。这是因为，传统等级模式降低了人为因素的多变性，提高了自上而下推进指令的确定性，从而能够保证生产效率的提高。

（2）人际关系模式。人际关系模式（interpersonal relationship mode）侧重以人力资源的有效利用来组织企业资源和管理活动。

传统等级模式缺乏对人的因素的关注，缺乏对人的尊重，造成了大规模的罢工运动，迫使工厂为员工提供更好的福利待遇、作业条件等。但是，管理研究者们发现，仅仅提高福利待遇和作业条件，仍然不能更好地让人们积极工作。这时候，管理研究者将注意力转移到了人本身，开启了对人的研究，诞生了人际关系学说，形成了人际关系模式。

人际关系模式的出现，旨在通过促进人与人之间的和谐，建立融洽的人际关系氛围，来弥补传统等级模式的不足。尽管人际关系模式发展出了丰富的学说体系，但它也存在着先天的不足：它并不必然要求改造企业的管理框架和管理职能（层级等级和权责配置），而是从维护良好人际关系出发建立管理机制，试图通过建立软性文化来提高人的积极性和能动性。

（3）人本主义模式。人本主义模式（humanitarianism mode）侧重于通过调动个体的创造性来组织企业资源和管理活动。

人本主义模式是人际关系模式的进一步发展。相对人际关系模式来说，人本主义模式更进一步地将人置于管理的中心地位。人本主义模式认为，每个人都是独立的个体，是独一无二的，因而必须尊重个体，而不是仅仅创造一种好的人际关系环境。这意味着，管理者必须考虑每个人的兴趣、抱负、需求等的差异性，关注个体的兴趣、抱负和需求等。

> **延伸思考**
> 创造良好的人际关系环境与将每个人视为能动的个体加以管理相比，对管理工作有何影响？

人本主义模式在西方的兴起是20世纪中叶以后的事情。这一时期，信息技术发展迅速，知识经济兴起，蕴藏于个体头脑中的知识、创造力成为企业最重要的财富，这使企业管理推行人本主义模式既是可行的，也是必要的。

如今，人本主义模式广泛存在于服务业和信息技术产业，其典型表现有弹性工作日、自主项目制、个人承包制等。此外，人本主义模式还催生出了多样化的人力资源管理政策，以满足员工不同的需求，这些都是人本主义模式下的管理创举。

（4）系统模式。系统模式（system mode）侧重以信息技术的系统分析和控制为中心来组织企业资源和管理活动。

得益于信息技术和知识经济的快速发展，与人本主义模式几乎同时兴起的是系统模式。系统模式将企业中的人、资本、生产资料等当成企业

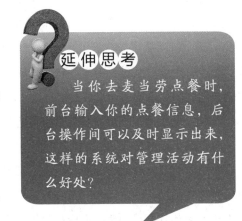

> **延伸思考**
> 当你去麦当劳点餐时，前台输入你的点餐信息，后台操作间可以及时显示出来，这样的系统对管理活动有什么好处？

的总资源投入，利用信息技术平台统计、分析企业生产、管理各环节的资源投入与产出，从整体上考虑企业内部运行的效率和不足，科学地规划企业的管理和工作流程，使资源配置达到最佳状态。

简言之，系统模式实质上是一种利用信息技术进行系统管理的模式。系统模式的实现得益于美国加特纳公司（Gartner Group Inc.）最早研发的一套完整的企业资源计划（enterprise resources planning，ERP）系统，它在企业界被广泛运用。

（5）精益管理模式。精益管理模式（lean management mode）侧重以价值流为中心来组织企业资源和管理活动。

从历史上看，西方企业完整经历了从传统等级模式、人际关系模式、人本主义模式到系统模式的实践和探索，并以系统模式的广泛应用为其发展顶峰，成为西方企业在管理模式发展方面的显著特色。

在管理发展史上，日本企业也作出了重要贡献，最突出的表现就是20世纪90年代发端于日本的精益管理模式。精益管理模式的提出，得益于美国质量管理专家戴明（W. Edwards Deming）在日本的布道。起初，戴明的质量管理思想在西方并没有多少听众。20世纪50年代初，戴明来到日本，向日本企业界提出"以较低的价格和较好的质量占领市场"的工业发展思路，日本企业界将其作为重要经营原则，开始进行执着的探索。

精益管理模式从戴明的理念起步，并以丰田汽车公司改造其生产方式作为实践源头。最初，丰田汽车公司只是单纯地试图消除生产中的浪费现象，以便降低成本，提高生产率，从而能够为顾客提供质量更好、价格更低的产品。但是，丰田的探索最终走向了精益化价值流管理的道路。

所谓价值流（value stream），是指从原材料转变为成品，并给它赋予价值的全部活动，包括从供应商处购买的原材料到

精益管理的出发点是顾客

达企业，企业对其进行加工后转变为成品再交付客户的全过程。企业内以及企业与供应商、客户之间因信息沟通而形成的信息流（information flows）也是价值流的一部分。

精益化价值流管理的基础思想是把企业内所有活动划分为"不增值（non-value adding，NVA）的活动和环节""必要但不增值（necessary but non-value adding，NNVA）的活动和环节""增值（value adding，VA）的活动和环节"三种类型。第一类活动必须立即取消，因为这些不增值的活动和环节纯粹是浪费，会转移到产品价格上，削弱价格竞争力；第二类活动和环节虽然必要，但应尽可能减少；第三类才是真正能创造出顾客可以接受的价值

的行动，是企业应该保持、加强和充分发展的活动。

凭着深入推行价值流管理，丰田乃至日本汽车产业获得巨大成功，并严重冲击欧美汽车企业的主导地位。欧美企业界震惊之余，开始关注并研究丰田的生产方式。1996年，美国商业学者詹姆斯·P.沃麦克（James P.Womack）和丹尼尔·T.琼斯（Daniel T. Jones）在研究丰田生产方式多年之后，出版了《精益思想》（Lean Thinking）一书，精益生产方式正式由经验上升为理论。所谓精益，大意是指精准的、精确的、精细的，而且是有益的、能够创造价值的。自《精益思想》出版以来，精益管理模式正式载入管理史册，在世界范围内影响着管理实践活动。

3. 中国企业的管理特征

任何一种管理模式都不是凭空产生的，它们是社会经济、政治、文化、科技等因素共同作用的产物。企业选择何种管理模式，取决于企业的管理环境和管理需求。具体来说，企业采用何种管理模式取决于两点：一是对外部环境的"适应性"；二是对企业现实需求的"满足程度"。很多企业所采用的管理模式都不是单一的，而是多种模式的混合体，只不过表现为对某一种模式更加侧重。

相对欧美和日本企业而言，中国企业在管理模式方面的探索存在以下几个特征。

（1）从不成熟到成熟。当代中国企业的发展历史非常短，在此过程中，中国企业吸收、消化欧美、日本等发达国家的管理思想，同时也从中国传统和经济历史经验中吸收管理智慧，但尚未形成较鲜明的管理理论和管理模式。中国企业仍处于从不成熟到成熟的过渡阶段。

（2）从粗放管理到精益管理。得益于世界经济的大发展，中国企业在过去数十年里一直以快速生产大量商品、内部管理粗放为显著特征。但受全球经济放缓和企业产能过剩的影响，中国企业正在朝着更高质量、更具创造力的生产方向转变。因而，中国企业管理也必然要从粗放管理到精益管理转变，这一趋势正在发生，中国企业的未来发展需要大量能够推行精益管理、科学管理、规范管理的职业管理人。

延伸思考

为什么过去三十多年里粗放式管理是行得通的，而如今企业的粗放式管理必须得到扭转？你能说出其中的原因吗？

（3）从关系本位到人本主义。受儒家思想影响，中国人重视伦理关系，关系本位不仅是社会现象，也广泛存在于企业管理活动中。经过数十年的发展，中国企业管理者们认识到，关系本位会阻碍企业发现和留住优秀人才，而人才正成为企业发展的关键力量。因此，中国企业管理的第三个特征是从关系本位朝人本主义转变。特别是在网络信息、科技创意等新经济体中，人本主义模式正在获得广泛推行。

（4）从德治到德法并治。中国人历来重视德治，企业挑选管理者、员工的重要标准就

是道德品质是否可靠。中国传统思想中的"以德治国"理念,深刻影响了中国企业的管理理念。对德治的过分重视,导致中国企业界对管理机制、管理科学的研究在过去数十年中普遍存在不足。在从发展到成熟的道路上,中国企业界现今也涌现出"德法并治"的思潮,既推崇道德品质的要求和教化,也推崇法律、规章制度、管理机制的作用。因而,科学管理理念、机制、方法的建设,对中国任何一个企业都有普遍意义和需求。

单元知识逻辑图

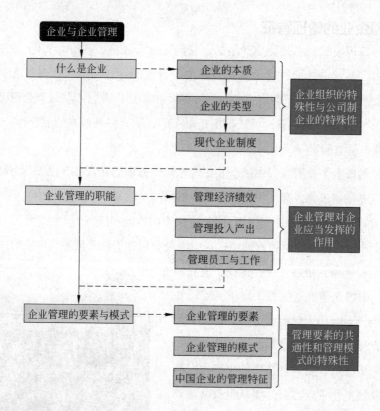

技能演练

☑ 课堂实战:班级管理要素考察

　　企业管理的五要素普遍存在于各类组织的管理活动中,如教育组织的管理、医院组织的管理等。让我们以班级管理为例,讨论管理五要素在班级管理活动中的表现,填写完成表1-4。

表1-4 班级管理的要素

要素	构成	理　由
管理环境	1.	
	2.	
	3.	
管理主体	1.	
	2.	
	3.	
管理客体	1.	
	2.	
	3.	
管理手段	1.	
	2.	
	3.	
管理目标	1.	
	2.	
	3.	

课后拓展：企业中的浪费与效率管理

　　员工的工作未必都是有效果的，更未必都是有效率的。阅读下面的材料，以"浪费与管理"为题，结合身边的事例，写一篇议论文，谈谈你的感想。

　　材料1：泰勒的搬铁块试验（见辅助阅读1-4）

　　材料2：生产制造中的七大浪费

📖 辅助阅读1-12| 生产制造中的七大浪费

精益管理（lean management）是一种先进的生产作业管理模式，在工业制造领域甚至信息服务行业中都有广泛应用。精益管理总结了生产制造中广泛存在的七种浪费。

（1）制造过剩的浪费。前工序的制造速度比后工序快，制造速度比销售速度快，库存材料成本异常巨大，这是首要浪费。

（2）等待的浪费。一些人、某一个环节很忙，另一些人、另一些环节却在等待，这是另一种浪费。

（3）搬运的浪费。材料搬运过程需要劳动力，产品移动过程也需要劳动力，这些运输活动对客户来说没有意义，不是创造价值的活动，所以也是浪费。尽可能减少搬运浪费，需要科学设计和管理。

（4）库存的浪费。存货为防止异常发生而起着缓冲和平衡外部环境的被动作用，但由于库存并不被立即使用而仅仅是等待，是资金的积压，也是浪费。

（5）加工的浪费。生产过程存在缺陷要进行二次加工，这是浪费。使用先进的工艺手段和工装，可以有效限制和消除这些浪费。

（6）动作的浪费。工人是工作过程的执行者，应该帮助他们不断改进工作模式，这样他们可以更聪明而不是更辛苦地工作。

（7）制造不良的浪费。过程中产生不良品也是浪费，是生产过程中一个极其危险的情况。必须努力改变设计阶段的工作状况，考虑采取一些防范措施，以确保不良品尽可能少。可以通过误动作防止方法消除不良品。

第二章
管理者

问题引入

哪些人能够成为管理者？这个问题很多职业工作者都在思考，所有的企业也都在思考。瑞士锡克拜（SICPA）公司是世界知名的专业油墨供应商，其企业文化的主要特点是不提倡对员工管得过于刻板、教条。锡克拜尊重员工，所有工作都在积极沟通的前提下执行；强调充分授权，强调员工要有强烈的自我管理意识和能力，工作中要有较强的计划性。这是锡克拜针对员工提出的要求。

锡克拜招聘管理人员更是有着一套特殊的标准。技术方面的中层管理人员需要有相关专业背景，销售方面的中层管理人员也要有过硬的技术背景。由于公司的文化和价值观，锡克拜要选择与之相匹配的、非常恪守正直诚信的价值观和行为方式的管理人才，不允许管理人员进行任何有违公司道德观的事情。

联想集团（Lenovo）也很重视管理人才的挑选。联想挑选管理人才，先要看此人是否有工作业绩，然后给他机会，看他是不是真的对事情理解对了，而不是因为环境所助。一旦确认其物色的人选确有真才实学，就会换另一种方式进行考察，联想称这种方式为"看后脑勺"。联想集团董事会主席柳传志说："所谓看后脑勺，就是看一个人的本质，这不是平时面对面笑嘻嘻地谈话就能发现的，需要生活中多方面地观察才能了解他内心真实的东西，看出表面没有显现的东西。如果确实是有德之人，就可以给他各种机会锻炼他。"柳传志常说的一句话是：基层要有责任心，中层要有上进心，核心层要有事业心。这些话都显示出柳传志对管理者能力、道德的看法。

想一想：管理者需要具备什么样的道德和能力，不同层级的管理者有什么不同的要求？

学习目标

● 知识目标

1. 理解企业对管理者道德、能力的要求
2. 理解不同角色的管理性质和要求

● 能力目标

1. 理解管理者的道德要求和规范
2. 掌握管理者的能力要求和规范
3. 掌握管理者角色要求和规范

管理者概述

企业要管理，就必须有管理者。现代企业的最大特点之一是产生了专门以管理为职业的人群，可以称之为职业管理者或职业管理人。

在现代企业中，存在着三类人：所有者（owner）、管理者（manager）和操作者（operator）。所有者是企业的出资人，在民营企业中往往被称为"老板"，这个称呼意味着他是企业的所有者，并享受企业的投资回报，而管理者和操作者则是他的雇员。在企业发展的初级阶段，由于规模小、管理相对简单，老板经常兼做管理者。但随着企业的发展，规模越来越大，分工越来越细，管理变得日益复杂，就需要专门履行管理职责的人。老板不可能独自从事复杂的管理工作，于是把管理职责委托给专业的管理者，由此产生了现代企业所特有的专业管理阶层和专业管理队伍。

什么是管理者？相对于企业出资者（即企业所有者）而言，管理者不属于出资方，不是企业的所有者，他像企业的工人和技术人员一样，也是企业的雇员，但却是特殊的雇员，因为他对企业的经营成果负有重要责任，而且这种责任正变得越来越大。相对于企业中的操作者（如工厂的工人、商场的营业员、饭店的厨师等）而言，管理者（如工厂厂长、商场和饭店经理等）在企业中不直接从事具体的操作性事务，其职责主要是指挥和协调他人完成具体业务，指挥下属开展工作。

因而，我们可以简单地把管理者理解为处于"所有者"和"操作者"之间的一类人。一方面，他们要对所有者负责，正确履行所有者委托的管理职责；另一方面，他们并不从事具体工作，而是通过提出目标、制订方案、协调指挥、纠正偏差等手段，发挥下属的力量，提高企业的效率，实现预期效益。

显然，在现代企业中，管理者的作用十分重要。要想承担好管理职责，管理者需要具备以下三方面的道德、能力和技能要求。

第一，管理者支配财富和管理他人，这就需要有让人信服的道德修养。管理者是企业资源的支配者和协调者，是决定资源如何用、怎么用的实际决策者，承担着分配企业资金、资源的管理权，所以要具备一定的道德素养。同时，管理者还要指挥、协调他人，因而必须让人信任和信服，这也是需要道德修养的。

第二，管理是一种专业，需要与普通业务工作完全不一样的专业能力。一个非常优秀的技术工人，可以把机器、产品打磨、雕刻得像一件艺术品，但却未必能够协调其他人一起做好工作。管理能力（management ability）显然与打磨、雕刻工作有明显差异。

第三，不同的管理者，在组织中的角色要求是不一样的，它因管理层级、职能分工的不同而不同。不同管理者的角色性质，决定了其必须具备相应的管理技能（management skills）。管理技能和管理能力是两个不同的概念，我们可以用下面的例子来说明。如果一个人善于指挥、协调，善于统筹各项工作，我们可以说他具备管理能力。如果他在统筹过程中碰到技术难题，工作人员希望他能提供帮助，但他却不知道怎么分析问题，没有能力研究问题，提出解决思路，那我们可以说他缺少管理技能。

道德、能力、技能水平的高低，决定了一个人能否成为合格的管理者，以及他能成为哪个领域、哪个层次的管理者。

本章通过详细讲解管理者应具备的道德、能力和技能要求，使准备进入职场从事企业管理工作的学生能够对管理者有一个基本了解，以便将来更好地从事管理工作。

学习单元一
管理者道德

情景引入

历史上有很多挥之不去的事例时刻在为企业管理者敲响道德警钟。2002年6月，美国第二大长途电话和数据服务公司世通公司（WorldCom）被披露，公司管理层涉嫌会计欺诈，瞒报了高达38亿美元的利润。一个月后，世通公司申请破产保护。2004年4月，英国著名制药公司葛兰素史克（GSK）和美国制药巨头辉瑞公司（Pfizer）的研究人员利用艾滋病孤儿做药物试验，其中竟然有几个月大的婴儿，两家公司因此遭受巨大的道德冲击。同一年，花旗银行因误导消费者、牟取暴利被推上风口浪尖，前花旗银行中国投行部负责人任克英

由于向监管层和公司提供虚假信息而被停职。

也有一些企业及其管理者在惨痛的教训中转过身来。20世纪90年代，耐克（Nike）的管理层为提高公司盈利水平，把生产分包到众多发展中国家。不幸的是，其中一些工厂的管理粗暴、混乱。在有毒的环境中，工人连起码的健康安全保护设备都没有。工人的薪酬条件也极其可怜。耐克并没有违反当地的法律，但这是否道德呢？对耐克的批评不绝于耳，耐克产品卷入了消费者的抗议和抵制之中。为了重获社会信任，耐克的高层管理者下定决心解决这一问题。他们制订了一套严格的劳动管理标准，要求全球范围内的耐克工厂必须改善工人的工作环境和工作回报，并公平地加以对待。为了更彻底地执行新标准，耐克还建立了一个独立的审计师体制，定期审查，确保新标准被执行。耐克曾经是被抨击的对象，但至此之后，它成为如何有效提高管理者道德的一个范例。

课堂讨论

（1）企业既创造社会财富，同时也支配社会财富。在此过程中，作为企业的管理者，需承担什么样的道德责任？

（2）一般而言，企业对管理者道德会有哪些方面的要求？

> 教师提点
>
> 要解决上面这些问题，需要掌握下列知识和技能：
>
> 1. 了解企业对管理者道德的基本要求；
>
> 2. 掌握管理者道德在企业中的特殊性。

内容精讲

道德（ethics）是人类社会永恒的话题，也是管理者必须思考的问题。推销员贿赂采购代理，以诱使其作出购买决策是道德的吗？在就业紧张时，有意低报自己的真实学历，因为这份工作不需要高学历的人来做，这是道德的吗？用公司电话打个人长途电话又该怎么说呢？这些问题的讨论都涉及道德。

道德通常是指规定行为是非枉直的惯例或原则。道德指向人与人、主体与主体之间的关系，体现出不同主体对象之间的关系性质、伦理次序、遵从规范的内在要求。管理者道德是什么？我们把管理者道德定义为界定管理决策（management decision）与管理行为（management behavior）的是非对错的原则、价值观和理念。管理者道德有三个显著的特性。

（1）管理者道德指向管理者，是对管理者这一角色所存在的各种关系提出的关系性质、伦理次序、遵从规范的要求。

（2）管理者道德约束企业管理这一特定的职业活动（管理者的管理活动），并与一般的个人活动相区别。

（3）管理者道德体现为管理活动的行为准则和规范，是准则和规范的总称。

从以上定义出发，我们可以把管理者道德归纳为社会责任感、企业忠诚度、正己安人心。

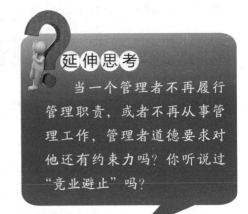

延伸思考

当一个管理者不再履行管理职责，或者不再从事管理工作，管理者道德要求对他还有约束力吗？你听说过"竞业避止"吗？

社会责任感

企业存在于社会之中，是法律意义上人格化的、独立的民事行为主体，也是商品的提供者。企业既要承担社会组织单元的公共道德，也要依赖于市场的认可获得发展。

企业的社会公德体现为企业的社会责任感。所谓社会责任感（social responsibility），是指在特定的社会里，每个人在心理和行为上对其他人的伦理关怀和义务，是个人道德的一种体现。企业的社会责任感是指企业作为社会的一个组织单元应当承担的对社会的伦理关怀和义务，是企业社会道德的体现，也是企业获得社会公众认可的重要影响因素。

辅助阅读2-1| 马云的社会责任观

在阿里巴巴集团、淘宝网创始人马云眼里，做企业有生意人、商人和企业家之分：生意人是完全的利益驱动者，为了钱他什么都可以做；商人"重利轻离别"，但有所为有所不为；而企业家则是带着使命感要完成某种社会价值的。

马云认为，如果一个人脑子里想的只是钱，就永远不会成功，就永远不能成为企业家。只有当一个人想着去帮助别人，去为社会创造财富，为国家发展作贡献的时候，才能真正成功。他说："阿里巴巴和淘宝的目标不是赚钱，而是让我们的客户，不管是企业还是个人，都能够从阿里巴巴、从淘宝赚到钱。"

马云还认为，企业应该承担社会责任，为社会创造财富。事实上，阿里巴巴不仅为中小企业提供了一个互联网平台，也为无数商家创造了发展商机。阿里巴巴在这种社会责任感的使命下，既让中小企业获得了巨大的市场，又让自身成长为电子商务巨头。

企业的社会责任是通过管理者的管理活动来体现的，因而，管理者必须具备社会责任感。判定一个管理者是否具备社会责任感，可以从表2-1所示的两个维度来考虑。

表 2-1　社会责任感的基本构成

维　度	要　素	核　心　内　容
道德准则	诚信经营与管理	维护、促进和发展企业的商业信誉
	践行道义，见利思义	平衡利益与道德的关系
道德行为	商业规则意识	遵从社会规则和商业秩序
	合法经营意识	不触碰法律底线，不损害公共道德

1. 诚信经营与管理

诚信（sincerity）是指诚实守信。诚信经营与管理和企业的商业信誉息息相关，有助于维系、促进和提高企业在各类利益相关群体中的商业信誉。商业信誉（business reputation）是指社会公众对某一企业（及其经营管理者）的经济能力、信用状况等所给予的信用、声望的社会评价。

商品经济运行的根基是商业信誉。西方制度经济学派认为，商业信誉是指企业"已经建立起的惯例的业务联系，诚实不欺的名声、特权、商标、牌记、专利权、版权、法律保障的或者保密的特别方法的专用权、特殊原材料来源的独家控制"。在现代社会，商业信誉已经扩大到产品质量、广告宣传、品牌策划、售后服务等多个方面（见表 2-2），既包括企业有形资产，也包括无形资产。

表 2-2　企业商业信誉的要素和内容

信誉维度	基　本　构　成
商品信誉	在商品质量、价格、包装、商标、品牌等方面，商品消费者对企业货真价实、价廉物美、质量可靠、物有所值等要素所产生的信赖度和判断，是商业信誉的集中体现
服务信誉 (service reputation)	在服务方式、响应时间、服务态度等方面，消费者所体验到的安全、放心、愉快消费的一种认知，与商品信誉共同构成消费信赖
企业信誉 (corporate reputation)	重合同，守信用，诚实可信，与贸易伙伴建立良好的、稳定的合作关系，与消费者之间遵守契约精神和商品维护责任、安全责任等

商业信誉是企业的无形资产。有观点认为，企业的商业信誉其实是"好感价值"和隐含的能够给企业带来的"超额收益"。质量可靠、货真价实、售后服务好的企业，能给消费者带来"好感价值"，消费者也更倾向于与这样的企业发生进一步的业务往来，企业因而也能获得"超额收益"。

当然，商业信誉的建立绝非一朝一夕之功，而是在日复一日、年复一年的长期商业活动中逐渐积累起来的，例如那些历史上有名的"百年老店"。与之相对的，商业信誉的破坏却要简单得多，例如 2008 年发生的三鹿集团违法使用三聚氰胺的事例。三鹿集团使用含三

诚信是商业活动的基础

聚氰胺的原奶生产的婴幼儿奶粉流入市场后，导致全国众多婴幼儿引发泌尿系统疾患，多人死亡。这起事件不仅导致三鹿集团倒闭，也对中国乳制品行业发展造成重创。

商业信誉难以建立，同时又极易遭到破坏，因此，企业经营者和管理者必须遵循诚信经营的原则，禁止偷工减料、缺斤少两、广告欺诈等有损企业商业信誉的行为。联想集团的价值观中就明确提出"说到做到"，可谓是诚信经营的价值观体现；海尔集团在企业内部与客户服务两方面推行"真诚到永远"的理念，也是树立商业信誉的努力之一。

延伸思考

你购买商品的时候，碰到过信誉不好的商家吗？你还会再去购买吗？

2. 践行道义，见利思义

人类的行为大部分时间是受利益驱动的。企业是营利组织，追求商业利益更是必然。但无论是个人还是企业，都必须平衡利益与道德的关系。在灾年囤积居奇，导致物价上涨，百姓饿殍满地，这类商家在中国历史上往往被认为是缺乏道义的"奸商"。所谓道义，是道德、正义、义理的合称，其核心在于利与义的平衡。

道义和诚信有所区别，诚信侧重于契约和信用，而道义侧重于事情本身的正义、正当性和合理性。管理者可以是很诚实守信的人，但同时也可以是不讲道义的人。道义不是契约，意味着它不是冷冰冰地兑现承诺或恪守约定，而是从情理的角度出发，切实地考虑利的合理性、正当性。

企业在追求利益的同时也要遵循社会道义，不能见利忘义。对管理者道义的要求，主

要体现在以下三个方面。

（1）以约定为基础。管理不能不讲诚信，诚信体现为一种契约关系。但光讲诚信，就意味着双方只有商业约定，而无人间情义。

（2）合乎情理。孔子讲"立人之道，曰仁与义"，意思是做人要守仁义；孔子还讲"允执厥中"。企业是开放的系统，企业管理要动态地适应外部环境的变化，很多事情"事先说好了"并不代表就符合道义、情理。所以，管理者要在动态中既讲约定原则，也讲情义，做到不偏不倚。

（3）见利思义。孔子说："见利思义，见危授命，久要不忘平生之言，亦可以为成人矣。"意思是：见到财利想到义的要求，遇到危险能挺身而出，长久处于穷困还不忘平日的诺言，这样也能成为完美的人。我们不能要求企业管理者不讲利，因为不讲利的管理者不可能做好管理工作。但是，管理者必须做到见利思义，而不要见利忘义。

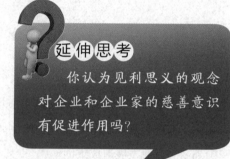

延伸思考

你认为见利思义的观念对企业和企业家的慈善意识有促进作用吗？

📖 辅助阅读2-2| 可口可乐与百事可乐

可口可乐（Coca-Cola）与百事可乐（Pepsi-Cola）是当今世界最富盛名的两家碳酸饮料公司，它们之间的市场之争从未停止过。众所周知，可口可乐中有1%的神秘配料是其绝对机密。自1886年成立以来，这个配方已保密百年之久。即使是可口可乐的分公司，也只能是到美国提取母液，再添加其他配料来进行生产。而那1%的配方恰恰有一种最神奇的功能，可以让消费者消除味觉记忆，也就是说喝再多可口可乐，每一次味道仍然一样好，不会出现"厌恶"。只要可口可乐的配方没有泄密，它的霸主地位就不会轻易受到挑战。

2006年7月5日，美国传来令人震惊的消息：世界著名饮料巨头可口可乐配方险些遭到泄密。事情的经过是，可口可乐公司出现"内鬼"，将可口可乐最新饮品的样品偷出，并企图通过第三方卖给可口可乐的主要竞争对手百事可乐。这将意味着，百事可乐有机会通过样品提取和分析，破解可口可乐的百年配方秘密。

但是，百事可乐拒绝了这一不正当的交易，并将这一信息通报给了可口可乐。事后，可口可乐高管在接受采访时说："感谢百事可乐，我们的秘方保存完好，没有危险。"百事可乐的做法不但得到了竞争对手的感谢，也得到了社会公众的赞许。

3. 合规与守法

合规是指符合规则、规范。无论什么类型的企业，也无论哪个层次的管理者，都必须遵守特定的规则。例如，企业产品出口国外，需遵循一定的商业规则，如果故意压低价格进行销售，就会构成倾销，遭到反倾销调查。再如，管理者与某下属感情很好，下属能力也不错，于是管理者有什么好事都想着该下属，这也是不合规。

企业经营中的规则和规范，主要有制度规则、公正准则、程序正义。

（1）制度规则。合规的第一要义，是符合制度规则。管理者要有规则意识，特别是要有制度规则的意识，而不是不守规则，甚至蓄意钻规则的漏洞、破坏规则。这样的管理者，上行下效，就会形成"上梁不正下梁歪"的局面。好的管理者不仅要遵守规则，还要建立规则，在规则存在漏洞和不足时，要以身示范，维护规则的威信。

（2）公正准则（fairness doctrine）。管理者在管人和处理问题时要秉持公平正义，要平等待人，不偏私、不歧视。例如，管理者不能因为和下属感情好就有意偏袒，而是要做到一视同仁，公正、平等地对待每一位下属。

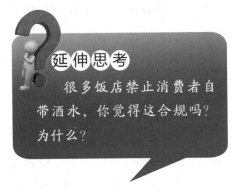

延伸思考

很多饭店禁止消费者自带酒水，你觉得这合规吗？为什么？

（3）程序正义（procedural justice）。程序正义是法律术语，可简单理解为过程的正义。例如，刑讯逼供所获得的证据，即使是真实的，法庭也不能采用，因为它不符合程序正义。企业管理者在从事管理工作的过程中，也必须符合程序正义，做到按流程办事。

法是规则的具体化和明确化，是最低限度的社会公共道德约定，也是企业最低限度的道德规范要求。守法即遵守法律、法规。参与走私、售假等违法活动的企业，必然危害社会发展，其行为既违法，也破坏社会公德（social morality）。

📖 **辅助阅读2-3| 百度规则**

百度（Baidu）公司要求，无论在书面上还是实质上，所有适用的法律、法规均应得到遵守。这些法律法规的内容涉及但不限于证券、劳动和雇佣、行贿受贿、版权、注册商标、商业秘密、隐私、私下协定、给予或收受好处、雇佣骚扰、职业健康和安全、错误或有歧义的财务信息或滥用公司财产。

对于违反上述法律、法规的行为，均应根据百度公司制定的《举报制度和程序》，立即向百度公司举报。

任何员工，无论是管理者还是一线工作人员，如果对某种情形是否违反适用的法律、法规、有约束力的政策或公司制度不能确定，应该与公司的部门管理人员、公司人力资源、法务部门或首席执行官就该情形进行讨论，以避免日后发生问题的可能。

企业忠诚度

企业忠诚度（corporate loyalty）体现为管理者要忠于企业利益和企业发展需求，认可企业文化(corporate culture)、环境，不受外界诱惑的干扰，稳定、持续地为企业创造价值。

判断一个管理者是否有较高的企业忠诚度，取决于两个方面：组织行为与管理行为。

1. 组织人与组织行为

管理者在企业管理活动中的角色不是单纯的个体存在，他是"组织人"。组织人（organization man）这个概念由威廉·怀特 (William Whyte) 在 20 世纪 50 年代提出，最初用来描述"二战"后一批对公司忠心耿耿的美国管理者。"组织人"的对立面是"非组织人"——不属于企业组织的社会人（social man）。社会人无须对某个企业组织秉持忠诚的道德，所以说，管理者所需秉持的忠诚道德，是一种身份属性的道德要求。

衡量组织中某一个体是否具备企业忠诚度，其标准在于他的行为表现与组织所需求的行为表现是否存在一致性及其一致程度。"组织行为"是忠诚的具体表现。所谓"组织行为"（organized forms），是指符合组织特性和组织需求的行为，而"非组织行为"(less organized forms)则与其相反。两者的对照见表 2-3。

组织行为与非组织行为

表 2-3　组织行为与非组织行为对照

组织要求	组织行为	非组织行为
团结一致	尊重不同的意见；发挥并整合每个人的智慧；积极谋求高效合作……	散布小道消息；拉帮结派；恶意诋毁他人的努力……
奉献价值	尽最大努力创造价值；以自己的价值贡献衡量自身的工作意义……	斤斤计较；索取而不付出；不懂与他人分享和共同进步；以权谋私……
服从安排	认真履行上级的安排；坚决贯彻上级的任务指令和作业要求……	自行其是；阳奉阴违；违命抗拒；无利不往……
勇于担责	主动挑战困难；积极寻求解决问题的办法；责任面前大胆前行……	逃避责任；拈轻怕重；揽功推过；碰到挑战就退缩……

辅助阅读2-4| 微软起诉员工窃密

穆洛(Murlo)曾在 Ancora 科技公司工作，并担任 CEO。他离职后加盟微软(Microsoft)，并担任 Windows 安全集团的一名项目经理。在微软工作期间，穆洛利用职务之便，将微软大量机密文档下载到自己的计算机上，并采取相关技术手段试图掩盖自己的行径。后来，微软对其提出起诉。

穆洛这种利用职务便利窃取公司机密的行为，就是典型的非组织行为。

2. 管理者与管理行为

管理者是组织人，同时因为管理活动的特殊性，管理者的忠诚还体现在管理行为上。管理行为区别于一般业务和工作，体现的是管理者对组织管理活动承担的道德义务，是一种职务属性的要求。依据角色属性的不同，对管理行为的道德要求可以归纳为五个方面（见表2-4）。

管理者的行为是员工的"榜样"

表 2-4　管理者角色、观念与行为要求

角色	观念	行 为 要 求
统筹者	大局观	作为资源、人员、企业利益的综合统筹者，应当具备大局意识，包括先公后私、先人后己、公平公正等
领导者	先行观	领导者意味着责任先行、行动先行，要承担起在先行过程中的风险、责任和困难等
创造者	探索观	管理者应是企业经济利益的创新、创造者，因而必须有探索意识，克服探索过程中的风险、责任和困难等
榜样者	示范观	管理者是下属和各组织成员的榜样，要起到榜样作用，因而要以身作则，起到示范带头作用
稳定者	支持观	管理者是企业稳定的中坚力量，因而必须承上启下，支持企业发展，同时也要维系团队稳定，在支持企业与稳定团队中谋求平衡

正己安人心

在社会责任感、企业忠诚度之外，衡量管理者道德的另一个维度是管理者如何看待或对待下属和自己的关系。普遍的要求是，管理者应当"正己安人"。《论语·宪问》中说："子路问君子，子曰：修己以敬。曰：如斯而已乎？曰：修己以安人。"在孔子看来，君子应该是修养自己，使周围的人都能够安乐地生活。用今天的话说，就是管理者要具备正己安人之心。

在企业中，正己安人指的是管理者应提高自身修养，建立权威，使企业成员可以各安其位，各尽其力，各得其所。著名管理学家德鲁克说："一个有能力管好别人的人，不是一个好的管理者，而只有那些有能力管好自己的人，才能成为好的管理者。"

辅助阅读2-5|　"正己"与"安人"

工业革命时期，很多工厂的管理者虐待工人，造成工人大罢工，甚至引发工人革命。这都是由于管理者没有做到"安人"、被管理者"人心不安"引起的。

"安人"的目的是赢得人心，也即孔子所说的"君子敬而无失，与人恭而有礼，四海之内皆兄弟也"。从管理角度看，为了做到"安人"，必须先"正己"。中国传统思想认为，"其身正，不令而行；其身不正，虽令不从"。表现在企业管理中，管理者必须要以身作则，身先士卒，这样下属才会信服他，否则就会导致"虽令不从"。

要实现正己安人，管理者需要努力做到以下三点。

1. 人格上的平等

"职位越高，架子越大"，这不应该是管理者应有的作风。管理者与下属虽然职位不同，但人格上是平等的。认为下属低人一等，可以颐指气使，不愿与其平等相处，这都是不道德的管理作风。人格平等观念所体现的核心理念在于：管理者与下属之间只是分工不同，而无高下之分。

延伸思考

很多人初任管理者，常表现出对下属颐指气使的态度，你觉得这是一种什么心理状态？

2. 行为上的尊重

孔子说："己所不欲，勿施于人。"人格上的平等体现在具体的管理活动中，就是行为表现上对员工的尊重，包括尊重员工的想法、员工的努力、员工的个性需求等。尊重是营造和谐氛围、打造优秀团队的基础。通用公司（General Motors Corporation）前 CEO 杰克·韦尔奇（Jack Welch）总结自己几十年的管理经验，认为尊重他人是管理者的一项基本素质。

📖 **辅助阅读2-6| IBM尊重员工**

IBM 公司要求所有管理人员对公司任何员工都必须尊重，因为这是 IBM 的一种文化。老托马斯·沃森（Thomas Watson）在 1914 年创立 IBM 时，就制定了一系列的行为规则，其中第一条就是尊重个人（respect for the individual）。

IBM 早在 20 世纪 30 年代就走在了男女平等的路上，也是当时美国企业中最早大批雇佣女工的科技企业。时至今日，IBM 内部依然奉行这种理念：管理者必须对员工保持足够的尊重，让员工充分发挥他们的才智，积极采纳他们的有利建议，并让员工参与企业决策。

在 IBM，员工充分体验到了公司的尊重，每一位员工都为企业极力贡献自己的智慧。正是因为所有员工的共同努力，才能成就不断发展的 IBM。

---

3. 结果上的公正

结果上的公正是一种底线要求：无论人格上是否平等相待，也无论行为上是否表现出充分尊重，如果失去结果上的公正，就无法真正实现正己安人心。对员工、对自己采用双重标准，对不同员工的绩效评价有失客观，这些都属于结果不公正，容易诱发管理过程中的各种矛盾。

📖 **辅助阅读2-7|　柳传志被罚站**

联想公司创业初期，由于同事大多是创始人柳传志之前的朋友甚至是领导，所以开会时常有迟到现象。为避免这种现象，柳传志制定了迟到罚站的规矩：凡是迟到的员工，无论职位高低，都必须接受惩罚。

这一规矩制定后，作为高层的柳传志、张祖祥等人，也都被罚过站。这样的行为标准和一视同仁的惩罚方式，使得联想上下更加重视工作效率，并切实做到了令行禁止。

单元知识逻辑图

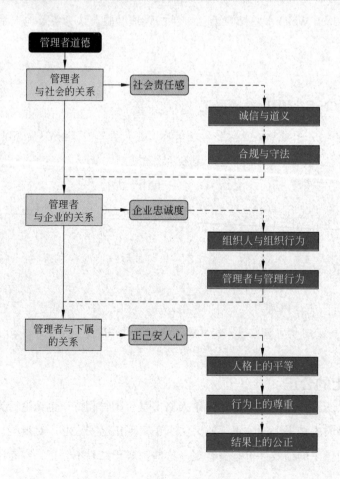

 **技能演练**

> **课堂实战|　寻找道德困境的解决之道**
>
> 　　《哈佛商业周刊》曾做过一次读者调查，调查题目是：一名外国政府官员要求你付给他 20 万美元咨询费，作为回报，这名官员许诺给你提供特殊帮助，帮你所在公司拿到 1 亿美元的合约，这将为你的公司带来至少 500 万美元的利润。如果你的公司得不到这份合约，国外的竞争对手就会得到，你该如何选择？
>
> 　　调查结果显示：42% 的人表示将拒绝交易；22% 的人表示愿意交易，但认为这是不符合道德的；剩下 36% 的人说他们愿意交易，并认为这在外国背景下是符合道德的。
>
> 　　很明显，在调查所设定的情景中，如果选择交易，是违背道德规范的，但却有超过一半的人选择了接受交易，这充分体现了道德困境：如果交易，个人和公司都能获利，但在道德上会受到谴责；如果不交易，虽然坚守住了道德底线，但竞争对手会获利。
>
> 　　花旗银行强调在员工中发展道德态度和行为。为此，银行创设了一个培育员工（包括管理者）道德感的游戏——"工作道德－诚实练习"，参与游戏的员工面临的是公司实际经营中的道德两难问题。该游戏旨在帮助员工认清道德两难问题，了解银行该如何应对错误行为，让员工由此理解银行有关道德行为的规则和政策。
>
> 　　仿照花旗银行的做法，请列举出你所听说或亲历的道德困境，并谈谈你是如何看待和解决的。每位同学至少列出两个，填写完成表 2-5。
>
> 表 2-5　道德困境及其解决之道
>
> | 道德困境描述 | 为什么是困境 | 你的选择及解决之道 |
> | --- | --- | --- |
> | | | |
> | | | |
> | | | |

⊞ 课后拓展 | 旁观者效应与道德探因

　　社会心理学的发展对道德的研究非常深入，其中一个重名的成果就是旁观者效应。旁观者效应的提出源于20世纪60年代纽约发生的一起谋杀案。1964年3月，在纽约（New York）昆士镇的克尤公园，年轻的酒吧女经理吉娣·格罗维斯下班回家途中被温斯顿·莫斯雷刺死。莫斯雷是个事务处理机操作员，根本不认识格罗维斯，他以前还杀死过另外两名妇女。使这场谋杀成为大新闻的原因在于，这次谋杀共用了半小时的时间：莫斯雷刺中了格罗维斯，离开，几分钟后又折回来再次刺她，又离开，最后又回过头来再刺她。这期间，格罗维斯反复尖叫，大声呼救，有38个人从公寓窗口听见和看到她被刺的情形，但没有人下来保护她。格罗维斯躺在地上流血也没有人帮她，甚至都没有给警察打电话。

　　随后的报纸铺天盖地谴责那38个旁观者，众口一词地认为旁观者道德沦丧，认为纽约人是异化和不人道的。但是，心理学家巴利（Bali）和拉塔内（Latane）并不认同这样简单的答案。他们通过精心的准备和反复研究，提出了著名的旁观者效应。旁观者效应也称责任分散效应，是指对某一件事来说，如果是单个个体被要求单独完成任务，责任感就会很强，会做出积极的反应。但如果要求一个群体共同完成任务，群体中的每个个体的责任感就会很弱，面对困难或遇到责任往往会退缩。因为前者独立承担责任，后者期望别人多承担责任。责任分散的实质在于人多不负责，责任不落实。

　　根据上面的材料，思考：你遇到过哪些体现旁观者效应的事例？其产生的原因是什么？有什么办法可以避免？根据你对上述问题的思考，填写完成表2-6。

表2-6　旁观者效应与道德探因

体现旁观者效应的事例	产生原因	解决办法

学习单元二
管理者能力

情景引入

管理工作侧重于组织和协调，必须有效地组织人和事，以实现目标绩效。现在，假设让你组织 100 多位世界上最聪明的研究人员，开发空中发射巡航导弹技术，你会泄气吗？如果你是波音公司的项目主管，你又会怎么做呢？波音公司在从事这一研究时，这项技术被分割成 7 个主要的部分，由 7 个小组承担。项目启动时，7 个小组对任务进行集中讨论，以得出这一研究要实现的目标、要求和任务分工，并达成共识。然后，7 个小组分别完成各自的部分，项目主管给予研究小组一定的权限，让他们按照半自主的方式来工作。7 个小组之间相互展开速度和质量水平的竞争，以便让自己不太悠闲。结果是，每个小组的研究都提前完成了，而且只花了很短的时间，远远低于管理者所设定的项目完成时间。

问题随之又来了，尽管事先有研究成果的标准要求，但这 7 个小组研究出来的成果在技术接口上做得并不透彻，技术之间多处不相容，这离标准的完美程度仍然有一段距离。因此，他们又重新被组织起来，对技术接口进行修改。这样看起来，前面的接口研究所做的工作基本都浪费了。不过，波音公司的管理层也有自己的理由。他们认为，在这一较为需要效率的项目中，试图"一次通过"的做法并不现实，因为"一次通过"需要大量的准备工作，反应速度非常慢，而且事实上也经常因为细小的疏忽和需求变化让"一次通过"变得异常困难。因此，组织方法必须有所调整。按照现有的工作模式进行，虽然技术接口上存在问题，但经过两次讨论和重组，令人满意的研究成果也就出来了。

课堂讨论

（1）你认为组织好类似波音研究小组这样的团队需要什么能力？

（2）这些能力可以归纳为哪几个方面？

教师提点

要解决上面这些问题，管理者需要掌握下列知识和技能：

1. 了解执行管理，培养执行能力；

2. 驾驭团队、发挥团队作用的能力，提高团队工作效率的能力；

3. 分析和统筹任务的能力。

内容精讲

企业决策层对一项议定的事务迟迟拿不出解决方案，一项事务付诸行动后以混乱局面收场，某个管理者所带领的团队人心涣散、各行其是……这些问题的产生都是因为管理者能力不足。

管理者能力是指管理者实现企业经营目标，使企业按照经济效益原则科学运转的能力。管理者需具备的能力可以概括为三个方面：执行力、控制力和理事力。三者关系见表2-7。

管理者的执行力、控制力与理事力

表2-7　管理者能力的构成

能力构成	性　　　质	内　　　容
执行力	作为被管理者的能力要求，指向与上级管理者的关系和相应要求	被管理的意识，理解指令的理解力，落实指令的行动力，控制执行的结果表现
控制力	作为管理者的能力要求，指向与下级被管理者的关系和相应要求	对团队的控制力，科学调配、支配人员的能力，培养人才、发展团队的能力
理事力	作为组织者、统筹者的能力要求，指向管理者与事务的关系和相应要求	把握全局的统筹能力，合理规划与资源分配的能力，有效组织业务活动的能力

执行力

执行力是管理者作为被管理者时所需具备的能力，指向的是管理者作为下属时对自己所需接受的指令、任务及各项工作的贯彻执行和实际履行的能力。执行力是影响企业发展的关键要素之一。《财富》杂志的数据显示，在美国大约有70%的企业失败并非因为制定了低水平的企业战略（战略设计、业务设计等），而是因为所制定的战略没有被有效执行。

执行力的几种理解

📖 辅助阅读2-8| 　相同选择，不同结局

　　20世纪末，IBM从计算机生产商转型成为信息技术整合服务企业，这被认为是企业史上最华丽的一次转身。与IBM的策略一样，全录（Xerox）公司也选择了转型，目标是提供顾客文件的完整解决方案。为此，全录公司还挖来了IBM的财务主管坐镇，但由于没有考虑到公司当时的组织执行能力，最终以失败收场。

　　以执行力成功的典型案例当属沃尔玛。百货业在美国早就是成熟产业，也是微利产业。沃尔玛创办人山姆·沃顿（Sam Walton）采取"农村包围城市"的策略，一点一滴拉大和竞争者的差距。光是偷窃的损失，沃尔玛就比竞争者少了一个百分点，这样的成果和3%的净利相比，真是贡献可观，这充分体现了沃尔玛的高效执行力。此外，沃尔玛还利用集中发货仓库，每天提供低价商品，建立全国卫星联网的管理信息系统……沃尔玛凭着这些看似平淡无奇的管理手法，创造出了全球最大的百货公司。

　　企业经营的成败，在很大程度上取决于管理者执行力的高低。管理者执行力的高低，具体体现在从任务下达到结果反馈的各个环节之中（见图2-1）。

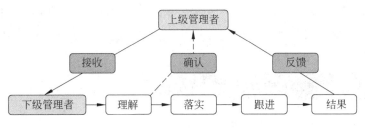

图2-1　执行力的要素构成

　　（1）任务接收（accept task）。任务接收具有双重属性：指令服从（obey instruction）与责任接受（take responsibility）。一项任务从上级管理者传递到下级管理者，下级管理者的接收首先体现为指令服从。与指令服从同时发生的是责任接受。指令服从和责任接受是同步发生的，只接受任务而责任未发生转移，仍然不能视为任务的完全接受。其典型表现就是反向授权（reverse authorization），即把自己的权利和责任"反授"给上级，把自己职权范围内的工作问题、矛盾推给上级，"授权"上级为自己工作。企业执行力的削弱与反向授权

把问题推给上级就是反向授权

行为的发生紧密相关。

（2）任务理解（understand）与确认（confirmation）。越是复杂的任务，对它的理解和确认就越容易出现偏差。"与客户沟通一下账款回收问题"，这是一个很容易理解的任务指令，但却忽略了很多关键信息：与哪些客户沟通？什么时候沟通？过去的沟通有什么问题？沟通要达成什么结果？由此可见，即使最简单的任务指令，也往往包含着复杂的信息和问题，诸如解决什么问题、问题的性质、要实现的任务目标、要关注的关键难点等。

因此，任务理解与确认是考查管理者执行力高低的重要环节。遗憾的是，人们更倾向于习惯性的、条件反射式的思考，而不是更深层次的理性分析，因而大部分管理者在任务理解与确认方面普遍存在不足。

（3）任务执行（task execution）。一般而言，任务应当如何执行（落实、跟进等），并不属于上级管理者的工作范围，除非执行过程中出现危及任务目标实现的重大问题。在执行过程中，管理者应对下级充分授权、授责，并实行例外管理（management by exception）。所谓"例外管理"，是指上一级管理者对下级管理者（或工作人员）的常规工作不过问，目的是发挥个人的创造力和自主管理能力，但对突发的、例外的非常规问题，要及时关注，并积极提供协助。

（4）任务结果与反馈（feedback）。执行是结果导向（result oriented）的活动。管理者执行力的高低，最终体现为预定目标和结果要求的实现程度。真实地向指令发出者作出结果反馈，是管理者的基本义务，这标志着一项任务的结束，同时也是另一项任务的开始。

控制力

控制力是管人的能力，是管理者综合运用人力资源的能力，要求管理者对下属的工作进行衡量、测量、评价，并对出现的偏差及时进行纠正。美国著名管理学教授斯蒂芬·P. 罗宾斯（Stephen P. Robbins）曾这样描述控制力的作用："尽管计划可以指定处理，组织结构可以调整得非常有效，员工的积极性也可以调动起来，但是这仍然不能保证所有的行动按计划执行，不能保证管理者追求的目标一定达到，目标的达成仍然依赖于管理者的控制力。"

延伸思考

一个上百人的团队，如果控制不好，会出现什么样的状况？请说出你能想到的情况。

团队控制工作是一个延续不断、反复发生的过程，而且始终体现出建立共识（consensus building）、任务分工（division of labor）、协作支持（cooperation）、团队发展（learning and growth）四个关键要素（见表2-8）。

表 2-8　团队控制力的基本要素和管理途径

要素	基 本 要 求	一些必要的途径
建立共识	能够形成对业务和目标的统一理解，乐于接受在业务和目标的框架下共同努力	宣传思想，公正的制度，管理者的激励方法
任务分工	发挥个人长处，克服不足和短板，让每个成员都能够明确自身任务及与其他任务的关联性	定岗、定位、定责，确定任务和角色标准，合理的权责划分
协作支持	建立相互协作、支持的氛围，明确协作支持的路径和方式，实现团队力量的有机整合	协作责任制度，协调路径图、鼓励协作的文化等
团队发展	有意识地培养团队各成员的能力，提高团队的综合发展能力和业务胜任能力	工作学习小组，经验总结与分享，管理者的教育和指导

理事力

在讨论管理者能力时，人们更关注控制力、领导力这类指向"驾驭他人"的能力要素，而较少关注管理者与自身工作任务的关系。实际上，管理者必须是一个聪明的行事者，必须在复杂的事务中清理头绪，分析事务的组织方法，并依此统筹资源，进行合理的业务分配。管理者的这种能力指向的是管理者与工作任务之间的关系，我们可以将其概括为"理事力"。所谓"理事力"，是指系统分析问题和事务，得出有计划的行动指导方案的能力。"理"作为动词，是指"理财""理物""理事"等；"理"作为名词，是指"条理""秩序"等。管理就是通过管理者的"管"和"理"，使被管理的人、财、物有条理，有秩序。

理事力是企业管理者作为人、事和资源的组织者、统筹者所应具备的一项能力，它包括以下三方面的内容。

（1）把握全局的统筹能力。即从全局的角度，对人、事安排的优先顺序、主次关系、目标需求等进行合理统筹，确保各项工作有条不紊开展。

📖 辅助阅读2-9| 先做最重要的事

美国伯利恒钢铁公司总裁查理斯·舒瓦普（Charles Schwab）曾为如何执行计划而烦恼。于是，他向效率专家艾维·李（Ivy Lee）请教：对企业而言，如何才能更好地执行计划呢？艾维·李声称，自己可以在10分钟内给舒瓦普一个方法，并且这个方法能帮助他的公司提高50%的业绩。

艾维·李递给舒瓦普一张空白纸，说："请在这张纸上写下你明天要做的6件最重要的事情。"舒瓦普用了5分钟就写完了。艾维·李接着说："现在请用数字标明每件事情对于你们公司的利润增长的重要性的次序。"舒瓦普又花了5分钟写好了。艾维·李对他说："好了，请把这张纸装进口袋，明天第一件事情就是打开口袋里的纸条，只把第一项最重要的事情做好。做完后再按顺序完成其他工作，直到全部完成为止。"舒瓦普点了点头，问："这个方法听起来很好，你收我多少钱？"艾维·李回答道："不急，你先回去试验一下，看看它能在多大程度上提高你们公司的生产力，你再决定给我多少钱。"

一个月后，艾维·李收到舒瓦普寄来的一张 2.5 万美元的支票，还有一封信。信上说："这是我一生中最有价值的一节课。"五年后，伯利恒钢铁公司成为当时世界上最大的独立钢铁厂。

（2）合理规划（reasonable planning）与资源分配（resource allocation）的能力。即从事务的优先顺序、主次关系、目标需求出发，合理规划各业务单元的执行方式、执行时间、相互之间的对接以及各项业务的资源使用方式、使用量等，目的是为事务开展进行预安排，从规划上防止事务开展过程混乱、低效，避免浪费。

（3）有效组织业务活动的能力。即对事务的执行过程进行科学组织、调配和控制的能力，目的是确保规划、资源分配按照一定的方式落到实处，发挥实效。

单元知识逻辑图

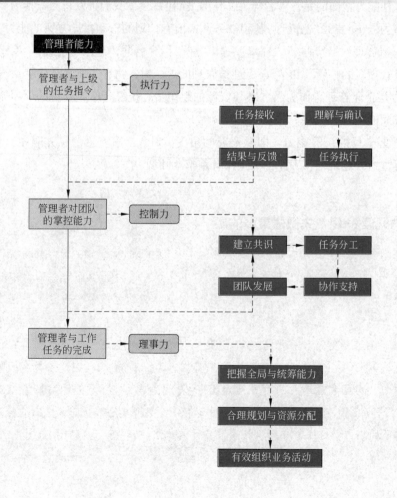

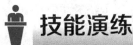 **技能演练**

📋 **课堂实战|　管理者执行力辨析**

　　在本书中，我们一直强调，管理者是与他人一同努力完成任务的，而且，管理职能更多地体现为通过指挥、控制他人来完成目标。照此理解，管理者似乎不应该从事具体执行工作。但在本书中，我们又说执行力是管理者首先应该具备的管理能力。这不是自相矛盾吗？

　　要回答这个问题，我们必须先明确管理者执行力与员工执行力的异同。请根据你自己的理解，填写完成表2-9，据此谈谈你对上述矛盾的理解。

表2-9　管理者执行力与员工执行力的比较

管理者执行力的主要表现	
员工执行力的主要表现	
管理者执行力与员工执行力的异同	
相同点	不同点

📅 **课后拓展|　沟通与说服**

　　管理者控制力的首要体现是建立团队共识，这在任何一个企业、任何一项管理活动中都可能是一项艰巨的任务。这项任务要求管理者必须有策略地与下属沟通，并说服他们按照要求工作。

惠普（HP）公司首任女总裁卡莉·菲奥莉娜（Carly S. Fiorina）就是这方面的专家。为了说服并激励惠普公司分布在全球的数十万员工从低迷的情绪中恢复过来，更努力地投入工作，卡莉复建了近百年前惠普创始人创立惠普时的办公地点——车库，并以此为背景，拍摄纪录片，号召大家像创始人那样相信未来，相信激情的力量。一位准备辞职的员工在看到纪录片后说："我很惊奇地发现我的身体禁不住地颤抖。我有一种很奇怪的复杂心情，既对未来充满热情，又对我刚刚发过的牢骚感到羞耻。我看节目后，我要回了辞职信……我记起了很多年前当我刚刚成为惠普公司一员时的情景，想起了那时候的感受。我不禁想：能不能时光倒转，再来一次呢？"

你能举出一两个成功沟通和说服的案例吗？电影、电视、杂志上的事例，或者你身边的事例都可以，分析成功沟通和说服的原因，填写完成表2-10。

表2-10　成功沟通和说服的案例

事件经过
沟通结果
成功之处

学习单元三
管理者角色

情景引入

某大型企业的董事长迎来了糟糕的一天：清早打开董事长信箱，员工投诉意见一大堆，内容基本都是反映宿舍楼无法洗澡。董事长让秘书立即叫来行政部经理，指责道："员工不能洗澡，难道也要我来解决？"

行政部经理回应道："不应该这样啊！前几个星期，天气刚转凉的时候，有员工反映热水供应不足，我就已经填写了联络函，发给了工程部，工程部派人去测试了，反馈回来说没有问题啊！"

董事长又找来工程部负责人。工程部负责人仔细检查后发现，上次是上班时间测试的，没有问题。问题出现在员工下班后集中洗澡的时候。工程部负责人向董事长承诺立即解决。于是，董事长放心出差去了。

一个月后，董事长回来发现投诉意见不降反增。这次的问题在于：要解决洗澡问题，工程部必须重新采购供暖设备，但其金额超过了10万元，必须由董事长签批。

董事长无奈地拿起笔批了款，以为总算解决这个问题了。

又一个月过去了，人力资源部负责人向董事长抱怨说："本月员工流失率大增，离职面谈发现最主要的原因就是'洗澡'，员工都认为公司内部管理实在太差，也不重视员工生活和意见。"

董事长感觉自己陷入了无所适从的迷雾中：洗澡、离辞、尊重……这些问题究竟该由谁负责，为什么没有人主动承担责任呢？

📊 课堂讨论

（1）你认为上例中各级管理者都履行了自己的管理职能吗？

（2）你认为董事长应该为此事承担责任吗？

> 📝 教师提点
>
> 要解决上面这些问题，需要掌握下列知识和技能：
>
> 1. 了解管理者在企业中扮演的各种角色；
>
> 2. 理解管理层级与职能分工；
>
> 3. 掌握管理者需具备的各项技能。

 ## 内容精讲

所有管理者的工作都是一样的吗？企业总裁（president）、高级管理者（top manager）、车间主任，他们的工作内容有什么差别？董事长是否应该操心员工宿舍的热水供应问题？常识告诉我们，企业总裁与高级管理者、车间主任的工作内容是完全不同的，董事长也没

有理由反复操心员工宿舍的热水供应。但在企业管理实践中，类似的错位现象时有发生。为了避免管理者的错位，有必要了解管理者角色、管理者层级的概念，明确不同角色、不同层级管理者的职能划分和技能要求。

管理者角色

稍具规模的企业都会有很多管理者，他们共同构成了管理者群体。管理者群体是管理分工（management division）的体现，是不同管理职能和管理权限在不同管理职务（management office）和管理主体上的分配。不同的管理者，既有不同的管理职务，也表现为不同的职能分工。所谓职务，是指职位、职权和职责的统一。例如，车间

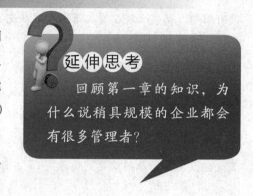

延伸思考

回顾第一章的知识，为什么说稍具规模的企业都会有很多管理者？

主任是一种职务，是车间管理者职位、职权和职责的统一；总经理也是一种职务，是企业综合管理职位、职权和职责的统一。

不同职务的管理者，其职权（authority）和职责（responsibilities）是不一样的，所要承担的责任和权力也是不相同的，这是分工的要义。但无论职务如何，他们都具有管理者角色的一般性。所谓管理者角色，是指管理者在管理活动中被企业或管理活动本身所赋予的身份特征。例如，在学校中，老师对学生而言，既可能是师长，也可能是朋友，还可能是监护代行人。管理者角色的概念与此相同。

老师的不同角色

在企业中，管理者具体扮演什么角色呢？亨利·明茨伯格（Henry Mintzberg）经过大量研究，将管理者的工作分为 10 种角色。这 10 种角色分为 3 类，即人际关系方面的角色、信息传递方面的角色和决策方面的角色（见表 2-11）。

表 2-11 明茨伯格的管理角色理论

类型	角色	描述	活动
人际关系	挂名首脑	在外界面前代表组织和单位	迎接来访者，签署法律文件
	领导者	激励下属，动员一切力量	参与下级的所有活动
	联络者	维护多边关系	从事有外部人参加的活动
信息传递	信息监听者	寻求和获取各种特定的信息	组织信息神经中枢
	信息传播者	将信息传递给组织成员	举行交流会，电话传达信息
	发言人	向外界发布有关组织的信息	向媒体、董事会发布信息
决策	企业家	发动和设计变革	制订战略，开发新项目
	混乱驾驭者	处理非常规事件	检查陷入混乱和危机的时期
	资源分配者	负责分配组织的各种资源	从事涉及预算的各种活动和安排
	谈判者	在谈判中作为组织的代表	参与工会，进行合同谈判

（1）人际角色（interpersonal role）。人际角色指的是管理者在处理与组织成员和其他利益相关者的关系时所扮演的角色。如管理者作为企业法人的代行者，参与社会活动需要行使代表人的人际角色；作为团队的主要负责人，管理者对团队要行使领导者的人际角色。

（2）信息角色 (information role)。信息角色指的是管理者负责确保信息通畅，保障团队可以顺利完成工作任务。例如，管理者作为承上启下的人员，将信息由上级传达到下级，并适时进行沟通与反馈，在这个过程中管理者所扮演的就是信息角色。组织的正常运行依赖于管理者获取并传递必要的信息。

（3）决策角色（decision role）。决策角色指的是管理者对信息进行分析、处理，形成最终结论并确定行动方案。如管理者在接受任务后，制订详细的工作计划，并将任务分解后安排给具体个人，在这一过程中管理者便是在扮演决策角色。

延伸思考

你认为自己在哪些方面的能力较为突出，人际关系、信息沟通，还是决策判断？有哪些方面存在不足？

> **辅助阅读2-10|　沃尔玛的信息管理**
>
> 　　沃尔玛公司（Wal-Mart Stores）虽然仅有50余年的历史，但却多年保持零售业巨头的地位。这与沃尔玛一直注重企业内部信息管理有着很大关系。
>
> 　　沃尔玛公司的领导人常会对沃尔玛商店进行不定期视察，并与员工保持沟通。其创始人山姆就是这样做的，这使他成为深受大家敬爱的老板，同时也使他获得了大量一手信息。通过沟通，山姆不仅能发现工作中的问题，同时也据此发现和挖掘人才。山姆常给副总经理打电话说："让某某人去管一家商店吧，他能胜任。"因为通过不断的沟通，山姆已经了解了这个人的能力。
>
> 　　沃尔玛推行的是开放式的管理哲学，营造敞开心扉的气氛，鼓励同仁提出问题，发表观点。沃尔玛员工的意见和想法始终都能得到高度重视。沃尔玛提出"门户开放"的口号，给每个人发表个人意见的权利，每个人都有权走进管理人员办公室讨论任何话题，发表任何意见。这不仅是员工发泄不满的渠道，而且很多好的主意也都来源于此。

层级与分工

　　无论是车间主任还是企业总裁，都要扮演人际角色、信息角色和决策角色，区别在于各自在不同类型角色上的侧重点，总裁在决策角色上的侧重比例显然要比车间主任大。管理者角色的侧重点取决于他所在的管理层级（managerial hierarchy）、职能分工（functional division）以及角色关系（the role relationship）。

1. 管理层级与管理者角色

　　管理层级（management layers）是指企业管理群体自上而下的层级划分，反映的是管理者的等级。任何一个稍具规模的组织都有不同的管理者，存在不同的管理层级。管理层级实质上是企业管理职权从高层开始向下流动（传递、分解），经过若干个管理层次达到组织最低层的一种权力分布状态，是管理权力的垂直分布体系。形象地说，这种权力分布体现出明显的纵向特征，就像一个金字塔。所以，有时也被形象地称为权力金字塔（见图2-2）。

　　从某种意义上讲，管理层级是一种不得已的产物。当企业规模很小，只有一名老板和几名员工时，企业只需要一个管理层级。但在企业发展过程中，为了维持企业正常运转，管理者必须依托别人来为自己分担管理工作。在现代企业中，随着企业规模的扩大，管理者需要依托更多的管理层级来分担管理工作，这样便形成了自上而下的管理层级。如图2-3所示，按照层级的高低，可以将管理者划分为高层管理者、中层管理者（middle manager）和基层管理者（first-line manager）。

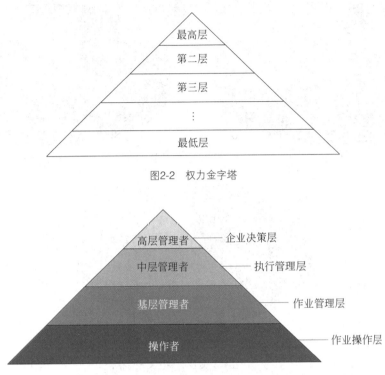

图2-2　权力金字塔

图2-3　企业管理者组织层次与管理层级

不同层级管理者的差别主要体现在以下三个方面。

（1）职位权限差异。一般来讲，高层管理者的权限最大，能够决定人事任免、企业发展方向等，掌管企业重大决策，如企业总裁、首席执行官；中层管理者主要负责一个部门或一个区域的全部工作，如部门经理、大区经理；基层管理者权限相对较小，主要负责本团队的工作，是具体作业操作层的管理者，如车间组长。

（2）职能重心差异。就管理职能来说，越往高层的管理者，越要从事更多的计划工作和更少的直接监督工作。所有的管理者，无论处于哪个层次，都要制订决策，履行计划、组织、领导和控制职能，只是他们花在每项职能上的时间不同（见图2-4）。例如，最高管理层要考虑整个组织的设计，而基层管理者则集中于工作小组和个人的工作设计。

（3）角色性质差异。中高层管理者的管理对象也是管理者，是管理者的管理者。高层管理者侧重于决策，是决策层面的管理者；而中层管理者侧重于执行，是执行层面的管理者。基层管理者的管理对象是直接操作者，是操作层的管理者，也常被称为"作业管理人员"。

2. 职能分工与管理者角色

不同层次管理者的角色差异体现的是管理职权在组织纵向结构上的分布差异。而从组织的横向结构来看，不同管理者从事不同的岗位，负责不同的职能，其角色性质也不同。

管理者在不同的职务上，因工作内容、性质的不同，要求管理者可以"术业有专攻"。例如，销售部经理的人际角色所占比重较高，而生产部经理则在决策角色上所占比重较高。

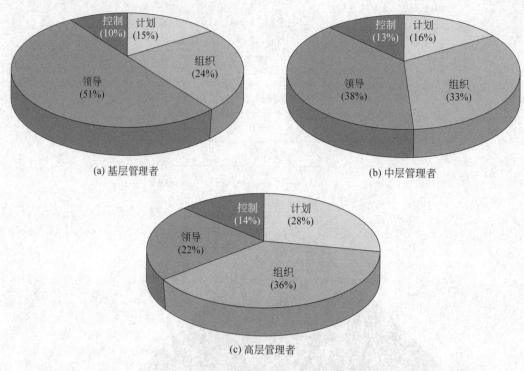

(a) 基层管理者

(b) 中层管理者

(c) 高层管理者

图2-4 基层、中层和高层管理者的工作时间分布

辅助阅读2-11| 魏徵与"决策委员会"

唐太宗时期，魏徵是一个敢于直谏的大臣，皇帝也顾虑他三分。唐太宗形容魏徵是自己的一面镜子，这面镜子的功能主要是"正衣冠"——端正皇帝的德行。现代企业中也有很多企业设有专门的"镜子"，通常叫做"决策委员会"。决策委员会的主要职责就是提出决策意见和数据，不负责其他任何事务。更甚者，一些企业内部各部门都设有改善小组，其目的也是发现问题，督促改善。这些不同的专职机构，体现的就是职能分工和相应的专业管理角色。明茨伯格所列的十种管理者角色，都可能由某些专业机构和专业管理者来承担，这是管理分工的结果。

3. 角色关系与管理者角色

理解管理者角色以及恰当地履行角色职能，除了从层级和专业职能分工的角度加以认知之外，还有一个角度就是角色关系定位。

对一个管理者来说，界定"谁是上级""谁是下级""谁是平级"的实质是职能角色的三维定位（见图2-5），是管理关系的明确化，也是加强自身角色意

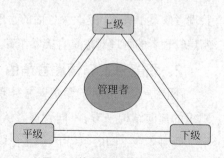

图2-5 管理者的三维关系定位

识的必要途径。

（1）管理者与上级。管理者与上级的角色关系主要体现在被领导与被管理方面，其角色性质更多的是上级管理者的执行者、建议者。

（2）管理者与同级。在企业中，同一层级的管理者之间主要是配合与互助的关系。

（3）管理者与下级。管理者同下级的关系主要是领导和控制的关系。

管理者技能

履行不同管理角色的责任，显然需要不同的管理技能支持。例如，作为信息传播者，需要信息传播和沟通的技术技能；作为领导者，需要领导角色所需的技能；作为谈判者，需要谈判的专业知识和技能……管理者的每一种角色都有它的特殊性，都可能需要不同类型的知识、技术和技能来完成角色任务。当然，与管理者角色存在侧重一样，管理技能在不同层级的管理者和不同职能分工的管理者身上，也各有侧重。

1. 管理者的三项关键技能

关于管理者的技能，管理学界普遍接受的是管理学家罗伯特·卡兹（Robert Katz）的观点。罗伯特认为，无论何种层次的管理者，都需要具备三种技能，即概念技能、人际技能和技术技能。

管理者的三大技能

（1）概念技能（conceptual skills）。概念技能是指一种洞察既定环境复杂程度，以及减少这种复杂性的能力。管理者的概念技能具体包括：系统性、整体性能力；识别能力；创新能力；抽象思维能力。

（2）人际技能（human skills）。人际技能又称人际关系技能，是指管理者了解、指导、激励相关个体和群体，并与之一起工作的能力。人际技能包括：行政技能（administrative skills），所有管理者都要履行礼仪性和象征性的义务；人际协调技能（coordination skills），管理者必须同员工一起工作，以便实现组织目标，因此，管理者必须具备雇用、培训、激励、惩戒员工等方面的技能；沟通技能（communication skills），管理者扮演的第三种人际关系角色是在人群中充当联络员，因此要有良好的沟通技能。

（3）技术技能（technical skills）。技术技能是指使用某一专业领域内有关的工作程序、技术和知识来完成组织任务的能力。技术技能包括专门知识、在专业范围内的分析能力，以及灵活运用该专业的工具和技巧的能力。技术技能强调内行领导。

 辅助阅读2-12| 管理者的技术技能要求

高层管理者：高层管理者的技术技能要求较低，通常是指管理者对有关行业知识、组织运作流程以及产品的基本认识。

中层管理者：中层管理者的技术技能要求包括他们所工作的领域内需具备的专业知识，如财务管理、人力资源管理、信息技术、生产管理、计算机、法律、市场营销等。

基层管理者：技术技能对于基层管理者来说是最重要的，因为他们直接管理员工所从事的工作。基层管理者的技术技能要求是指熟悉和精通某种特定专业领域的知识，如工程、计算机、财务、会计、制造等。

上述三项技能在高层、中层和基层管理者身上的表现呈现出多维度的差异：人际技能对各层次管理者都同等重要，因为他们都必须处理各个不同方向的人际关系；技术技能对层次越低的管理者越重要，对基层管理者尤为重要；概念技能对高层管理者尤为重要。

2. 对三项技能的补充

稍加留意便能发现，罗伯特·卡兹提出的三项技能和明茨伯格提出的三种角色具有较强的联系。概念技能大体上与管理者的决策角色相对应，人际技能与人际角色息息相关，唯一存在疑惑的是信息角色与技术技能两者的关联。

罗伯特·卡兹的观点于20世纪50年代提出，明茨伯格的观点提出是在20世纪60年代，相对于当时的局面，今天的管理活动已经发生了重大的变化。20世纪七八十年代以来，随着信息技术革命的产生，企业管理更加复杂，信息传递更快，业务范围更广，人员的流动性更强，对创造力的需求越来越大……这都要求管理者具有更广的视角、更强的应变力。这一点引起了美国旧金山大学教授海因茨·韦里克（Heinz Weihrich）的注意，他在三项技能的基础上补充了"设计技能"这一内容。

所谓设计技能（design skills），是指以有利于组织利益的种种方式设计问题解决方案的能力。管理者不仅要发现问题，还必须像一名优秀的设计师那样，找出问题并切实解决问题。海因茨·韦里克的观点与管理实践的发展遥相呼应，20世纪80年代以来兴起的精益管理（lean management）就是设计能力的一个生动旁注。如前所述，精益管理可以直观地理解为用精确的投入创造最佳成果。在生产制造活动中，精益管理的思想体现为对无处不在的浪费和

无效工作的剔除，以求最合理地分配资源，产生最佳成果，这包括发现不合理的问题、识别浪费、剔除浪费、重建价值流程等，这些都要求管理者具备设计能力。

总起来说，人们对管理技能的认识是随着管理实践的发展而发展的。此外，管理技能的获得也是一个不断掌握知识、不断思考和实践，不断累积的过程。这是一个持续学习的过程，有效学习本身也是管理者需要具备的技能，对管理者适应环境变化、创新管理活动尤为重要。

单元知识逻辑图

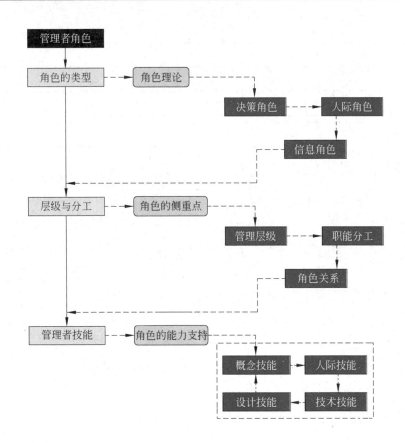

技能演练

☑ **课堂实战 | 角色错位现象讨论**

角色错位（role dislocation）是指角色扮演者的实际表现与社会、群体、组织、他人的期待和要求不相符。要扮演好自己的角色，就必须严守职责。不论是在其位不谋其政，还是不在其位却谋其政，都是角色错位的表现。本单元的情景引入中，董事长被供热水一事纠缠不清，各层级管理者执行不力，行政部不履职，工程部互相推诿，这属于典型的角色错位。请大家结合具体事例，讨论以下两个问题。

（1）在现实生活中你见过哪些角色错位现象？

_____

_____

_____

（2）有什么方法可以避免这些角色错位现象？

_____

_____

_____

课后拓展｜ 规模的错觉

著名的帕金森定律（Parkinson's Law）描述了各类组织中存在的一种怪现象：一个没有能力的管理者，会挑选两个比他能力更低的助手——挑选能力比自己高的人是万万不可能的，因为这会剥夺自己的权力；两个助手照此方法分别挑选两个更没有能力的助手……如此反复循环，最终组织会成为一个"无用者的大联合"。就像一个患了帕金森症的病人，看起来人数众多，规模庞大，但最终却会因膨胀而死。

帕金森定律突出反映了管理者对企业忠诚度的缺失和极端的自利心理，也从侧面说明了组织任用人才一定要以"有能者居之"作为标准。

请查找案例和相关资料，围绕下面两个问题提出自己的看法。

（1）帕金森定律对组织的危害有哪些？

_____

_____

_____

（2）如何破解帕金森定律？

_____

_____

_____

_____

学习单元四 基层管理者

情景引入

有一家汽车生产企业发现零件总是出现毛刺问题，严重影响零件合格率，每次都要重新对零件一一进行处理。负责零件检验工作的员工名叫李湖，有多年工作经验，他也发现了这个问题，并一直在寻找解决办法。

有一次，他在工具箱里看到一把锉刀，李湖尝试着用锉刀把毛刺锉掉，发现这个办法很好用。经过简单处理，零件就100%合格了。后来，李湖当上了班组长，不得不把工作重心放在如何提高零件生产效率方面，忽略了零件检验这个细小的工作环节。没想到一个月过后，零件的合格率急转直下。

看到这样的情况，李湖又来到一线检验零件，发现零件有毛刺，李湖马上就拿起锉刀把毛刺一个个锉掉。员工看到以后恍然大悟："这么好的经验，为什么班组长没有告诉我呢？"此后，班组人员开始按此方法锉掉毛刺，零件的合格率完全达标。

这个故事曾在华为公司内部引起很大反响，并引起华为管理人员的高度重视。从此，华为才有了"一帮一，一带一"的全员导师制度。

同样还是华为，原四通公司副总裁李玉琢从四通转到华为任职时，四通是一个声名赫赫的大企业，而华为的影响力要小得多。一个大企业集团的副总裁入职一个较小企业，华为总裁任正非却让他先从基层管理工作做起。道理只有一个：任何人做管理工作，都要了解基层，从基层做起。

课堂讨论

（1）基层管理工作是什么性质的工作，它的重要性体现在哪里？

（2）基层管理者需要具备什么素质？

> **教师提点**
>
> 要解决上面这些问题，需要掌握下列知识和技能：
>
> 1. 了解基层管理的领域；
> 2. 理解基层管理的性质和要求；
> 3. 掌握基层管理者的职业素养。

那些初次进入管理岗位的人，非常有必要深入了解基层管理。对学生来说，毕业后主要是进入基层管理岗位，因而有必要对基层管理进一步加深了解。

基层管理的领域

从管理层级上看，基层管理者是直接对操作层进行管理，因而有时也被称为"作业管理人员"。当然，作业管理人员的提法有局限性，常使人理解为是制造企业的基层管理者。不仅在制造企业，在非制造企业，基层管理也是必需的。

1. 制造业与非制造业的基层管理

基层管理存在于各行各业之中，简单地将其局限于制造业是不恰当的。每个行业的企业都需要恰当的管理，都需要管理者，当然也包括基层管理者。

> **辅助阅读2-13|　国民经济的三大产业划分**
>
> 　　在国民经济领域，世界各国把各种产业划分为三大类：第一产业、第二产业和第三产业。第一产业是指提供生产资料的产业，包括农业、种植业、林业、畜牧业、水产养殖业等直接以自然物为对象的生产部门。第二产业是指制造加工产业，有时也称为"工业制造产业"，是利用基本的生产资料进行加工并出售。食品加工企业、纺织企业属于轻工业，电子公司、机械制造等属于重工业。第三产业又称服务业，指第一、第二产业以外的其他行业，包括交通运输业、通信业、商业、餐饮业、金融保险业、行政、家庭服务等非物质生产部门。

工业制造业常常是各国经济的支柱产业，广泛地主导、影响着其他各行各业的管理学研究，因而人们普遍以制造业（manufacturing）与非制造业（non-manufacturing）来区分不同性质的企业管理活动。表2-12列出了制造业与非制造业常见的基层管理领域，并对其性质作了相关说明。

需要注意的是，不同企业对表2-12中的各类管理活动的定级、定位是不同的。

表 2-12　常见基层管理领域及说明

基层管理岗位	岗 位 描 述	行业情况及相关特征
车间管理	负责生产车间的管理工作	制造业领域较普遍，如车间主任
班组管理	管理一个较稳定的职能任务组	分生产型班组和任务型班组，在各类企业中都较常见
项目管理	负责小型项目实施	在科技型、知识型、工程建设类企业中较常见
采购管理	负责生产资料的采购与供应	在生产加工企业普遍存在，是生产管理的关键环节之一
库存管理	管理企业的原材料、在制品和制成品（商品）的存放与提取	生产型企业、加工业、商贸企业等较常见
后勤管理	对卫生、水电供应、日常办公等的支持性管理工作	普遍存在于各类企业中，其管理复杂度视企业规模大小而变化
人力资源管理	人才招聘、任用、考核、激励等	普遍存在于各类企业中，由职能部门统一管理
质量管理	产品质量标准设计、质量控制等	普遍存在于各类企业中，其具体管理内容视业务内容而定
安全管理	安全标准实施、监督等	含作业安全、人身安全、产品安全等多方面，如食品安全、建筑安全、化学品安全等
行政管理	日常办公纪律维护、接待管理等	在稍具规模的企业中，纪律检查、会议管理等都由基层管理团队完成
财务管理	资产、资金、成本核算管理等	普遍存在于各类企业中，由职能部门统一管理
客服管理	客户信息管理、服务水平提升等	一般由客服部门协调管理，分析客户需求，提供客户问题解决方案等
营销管理	广告宣传、促销、市场分析等	是围绕企业市场推广的管理工作，一般由营销部门（市场部）统一管理

定级（gradation）方面，在一些大型企业，项目管理、安全管理、财务管理等是协调跨度很大的管理领域，因而它们也可能由企业高层管理者来承担，如安全部门的安全部长（或主管安全的副总裁）、财务总监、后勤部长、行政总监等，都可能是高层管理岗位。但是，在规模较小的企业中，它们都可能交由基层管理者来承担。更进一步，即使这些岗位可能由高层管理者主导，但仍然需要为数众多的基层管理者来实施。

延伸思考

有一家商贸公司，主要业务是将中国瓷器销往欧洲。你认为在这个公司里，哪种岗位是核心的基层管理岗位？

定位（location）方面，不同性质的企业，其基层管理岗位即使是同一名称，也会表现出不同的价值特征。生产制造企业以生产活动为中心，因而围绕生产活动的车间管理、班组管理、采购管理、质量管理、安全管理等是管理的侧重面。而在非制造企业，项目管理、营销/销售管理、客服管理、班组（较倾向于团队式表现，如运输队、作业小组等）管理等则更重要。

2. 业务性与非业务性的基层管理

人力资源管理与生产管理领域都存在基层管理岗位，它们之间有何不同？差别在于业务活动的性质不同。从与业务活动相关度的角度划分，基层管理岗位可以具体分为业务管理岗位、直接支持管理岗位、组织支持管理岗位（见表2-13）。

表 2-13　基层管理岗位分类及示例

分　类	示　例
业务管理岗位	生产企业的车间管理、班组管理、作业管理等；商贸企业的销售管理、营销管理；运输服务企业的客服管理、订单管理等
直接支持管理岗位	生产企业的安全管理、采购管理（供应商管理）、设备管理等；科技企业的科技研发管理、商贸企业的进出货管理（库存管理）等
组织支持管理岗位	人力资源管理、财务管理、后勤管理、行政管理等

所谓业务管理岗位，是指企业核心业务的管理岗位，每个企业依据其业务性质不同而有所区别；所谓直接支持管理岗位，是指直接支持业务活动的管理岗位，是业务活动的直接条件；所谓组织支持管理岗位，是指组织系统方面提供的支持性岗位。

基层管理者的三种类型

概括起来看，业务管理岗位必然需要谙熟业务，因而突出要求具备业务上的专业素质；直接支持管理岗位虽然不是业务管理，但却是直接支持业务工作的，因而也必须熟悉业务工作，同时要掌握自身工作范围内的管理能力；组织支持管理岗位属于企业层面的职能管理范围，反映的是组织整体的协调需求。这些管理岗位的存在，是为了支持企业业务发展的，而不是为了管理而管理。因而，即使是组织支持层面的管理者，也必须有服务意识，既要学会相关领域的专业技能，也要以"管理服务"的态度与企业一线生产或其他业务紧密配合。

基层管理的性质

从层级上来看，基层管理者是最底层的管理者，受多个管理层级的约束。但是，基层管理者却是企业产生直接价值、直接创造经济效益的管理层。例如，生产制造企业必须通过高效的生产活动来创造价值，商贸流通企业需要通过销售人员的业绩创造价值，科研企业必须通过科研人员的科技成果创造价值……

辅助阅读2-14| 海尔的"倒金字塔"

2013年，海尔裁员16 000人，占全员的18%。2014年，海尔再次裁员万人。海尔总裁张瑞敏说，裁掉的主要是中间层，还有一些人是因为业务智能化之后不再需要。"外去中间商，内去隔热墙（指中层管理者）"，这是张瑞敏对组织结构调整的简短概括。

按照海尔的规划，2013年和2014年海尔总计裁员2.6万人。张瑞敏将裁员的原因归之为组织结构调整。近年来，海尔一直在推进转型，组织结构也在大范围调整。海尔希望打造倒金字塔结构。企业一般是金字塔式的组织结构，最底层为员工，上面为各层级领导。海尔希望反过来，领导要为员工服务，为基层服务。

基层管理的性质如图2-6所示。

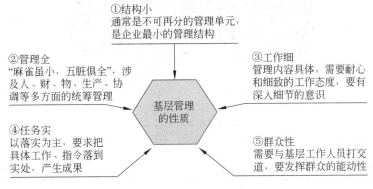

图2-6 基层管理的性质

相对高层管理者而言，基层管理者所管理的事务范围要小很多。例如班组长，其管理工作通常只是在有限的人员和业务构成的活动范围内，是企业最小的管理单元。结构小是一个显著特征。但是，基层管理者的管理对象是丰富的。同样以班组长为例，其管理工作

涉及管人、业务生产、财务、设备等多个方面，更像是一个微缩的小型独立单元。

当然，由于基层管理是直接针对业务操作层面的，需要与一线工作人员协调落实，由此体现出"工作细""任务实""群众性"等特征。基层管理的这些特征，无一不要求管理者严肃、认真对待。

基层管理者的精进意识

所谓精进意识（diligent consciousness），是指精明上进、锐意求进的意识。前文说过，管理者必须有道德、有能力（包括执行力、控制力和理事力等），具备相应的技能（包括概念技能、人际技能、技术技能等）。这些能力和技能从何而来呢？答案是从平时工作历练中来。

基层管理者必须把自己在管理活动中的行动视为一个不断进步的学习过程，不断磨炼自己各方面的才能。在学习和历练的过程中，基层管理者必须培养精进意识，包括服从意识（obey consciousness）、团队意识（team consciousness）、业务钻研意识和管理精进意识。

基层管理者的精进意识

1. 服从意识

从上下级关系看，基层管理者必须有服从意识。服从意识是管理者忠诚度、执行力的综合体现。它表现为对企业的工作安排、任务指令尽全力执行。绝大多数企业会要求基层管理者具有高度的服众意识，这通常出于两个方面的原因：第一，基层管理者必须让自己的管理工作服务于企业整体需求，而不能各行其是；第二，具备服从意识的基层管理者通常也是可塑性较强的管理者，是能够为企业所用的管理者，因而企业也将赋予其更大的成长空间。

2. 团队意识

从对下级的管理活动而言，基层管理者必须有团队意识。所谓团队意识，是指基层管理者必须重视团队力量，必须团结所有人来推进任务的达成。团队意识要求基层管理者必须将自己视为团队一员，融入团队。

辅助阅读2-15| 团队意识中隐含的冲突

在管理实践活动中，基层管理者面临一种困境：他既是管理者，必须维护自己的权威，从管理者身份出发履行管理职责；同时，基层管理工作的群众性特征要求，基层管理者不能以管理者的身份居高临下，而应深入群众之中。这种隐含的冲突是领导学研究的重要内容，也是基层管理者要体悟、学习的内容。

3. 业务钻研意识

从操作层管理的定性来看，基层管理者必须有业务钻研意识。一个电子生产车间的车间主任，不懂得业务操作，如何带领员工们把生产工作做好？遇到生产难题如何解决？一个主管采购的基层管理者，不懂得商品质量、安全运输要求，如何指挥、协调采购任务？不熟悉业务，是无法落实管理任务的。因此，任何一个立志做管理工作的人，都必须做好心理准备：必须经历一段时间的业务学习，才能胜任管理工作。当然，业务钻研意识不仅是成为管理者的必要条件，也是个人职业发展的要求。

4. 管理精进意识

所谓管理精进意识，是指能够不断创新管理、不断改善自身的管理水平。在现实生活中，业务钻研与管理精进常常是一组潜在的冲突对象。组织行为学领域的研究发现，那些具备业务专长的人更容易专注于业务，而不是履行管理职责，带领团队一起做到最好。真正优秀的管理者必须树立一种意识：牺牲而不是执着于表现自己的专业

延伸思考

心理学研究发现，有才能的人更喜欢表现自己的才能。你觉得这对管理工作有什么不利影响？

才能，通过自己的专业才能为团队的整体进步作出贡献。换言之，专业才能应当服务于管理需求，而不是仅凭自身的专业喜好来行动。正如管理学大师彼得·德鲁克所言："管理者应当考虑的是应该做什么，而不是想做什么或者能做什么。"

单元知识逻辑图

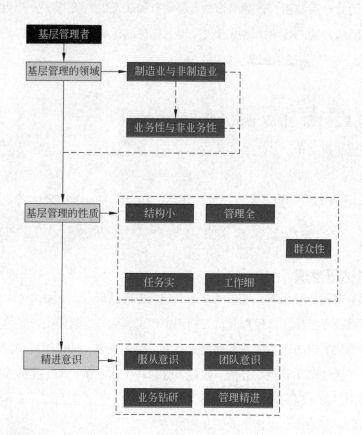

技能演练

课堂实战｜ 班组长的权力与能力辨析

在企业里，副总裁就那么几位，班组长却很多。很显然，副总裁的权力要比班组长大得多。但现在管理界却流行着另一种观点：车间主任没有班组长权力大，甚至部门主任都没有班组长权力大。理由是：车间主任和部门主任都要为班组长服务，到了班组长的"地盘"都要尊重班组长。这有点像学校领导过问班级的事，还是得听班主任的。当然，我们都知道，班组长不是"大官"，其权力大不是因为他"官位"高。

现在请同学们讨论两个问题：班组长的权力从哪里来？班组长什么情况下会丧失权力？请分小组讨论，结合本章所学知识，填写完成表2-14。

表2-14 班组长的权力与能力

工作内容	可以做决定吗	为何有权力	何时会丧失权力
	□可以 □部分可以 □不可以		
	□可以 □部分可以 □不可以		
	□可以 □部分可以 □不可以		
	□可以 □部分可以 □不可以		
	□可以 □部分可以 □不可以		
	□可以 □部分可以 □不可以		
	□可以 □部分可以 □不可以		
	□可以 □部分可以 □不可以		

具体谈谈你们对下列问题的综合认知：

1. 能力与权力有什么关联？

2. 权力是用来做什么的？

3. 班组长需要具备什么样的能力？

课后拓展| 作业标准管理试验

作业标准管理在企业中是一项非常严肃、非常重要、非常基础的一项管理内容，是基层管理工作要特别关心的一个管理领域。作业标准除了工艺标准（如造手机有手机的技术标准）之外，其他方面都是工作方法和管理方法的标准。

现在以收拾宿舍为例，假设学校下令整改学生宿舍的脏、乱、差。但究竟达到什么样的标准才算最佳呢？要求班级成员课后收拾宿舍，拟定出具体标准，填写完成表2-15。

表 2-15　宿舍清理标准汇总

区域	问题	表现	改正方式	标准说明
宿舍外走道、地面	水渍、积水	在过道洗漱、洗衣服、倒水	谁错谁改正，一天一次按标准由宿舍长检查	过道无明显积水；湿衣服不许挂走道；水倒进专用池（桶）
	垃圾	纸、烂布、拖把	设垃圾集中处，由宿舍长协调，全员参与	无可见垃圾
	物品堆放	水桶、消防器材、生活用品	物归原处，由各宿舍长协调，全员参与	无非必要物品堆放
	地面清洁	灰尘、污渍、口香糖	全面清扫、刮除，由宿舍长协调，全员参与	清洁、无污物
宿舍门、过道窗台、玻璃				
门后空间				
生活用品摆放区域				
宿舍过道				
宿舍墙面				
床底、床顶				
⋮				

说明：表中内容仅供参考，同学们可自行制作表格。

第三章
管理系统

问题引入

　　王聪是上海一家服装生产企业销售推广部的副部长，手下有三个人。上任没多久，由于主管领导出国考察，于是公司安排王聪负责组织参加上海服装展览会的各项事情。服装展览会的准备工作很多，包括制作宣传手册、挑选样品、联系展台、打包运输等。更棘手的是，王聪发现有些好的产品居然没有库存了，需要让生产线上的工人尽快赶制。这么多的事要做，自己手下的三个人显然不够。正忙得焦头烂额之际，王聪在学校工作的两个同学因为放暑假正好可以过来帮忙，只需给点劳务费、报销前往上海的往返车费、住宿费就可以。王聪也没往深了想，觉得同学的要求合情合理，就满口答应了。

　　前前后后忙了近一个月，服装展览会总算圆满结束了，王聪的能力得到了公司上下的一致肯定。几天后，王聪拿着票据找财务部门报销他同学往返的车票钱、住宿费，还要财务部门给他同学发劳务费。财务部的人瞪大眼睛告诉他："这不符合公司制度，这些人是谁都不知道，怎么可能给他们发劳务费呢？"一番解释之后，财务部的人建议王聪找人力资源部跟他同学确认劳务关系，签订用工合同，这样才能正常报销。于是，王聪找到人力资源部说明情况，人力资源部认为这样做严重违反用工纪律，存在极大风险，建议王聪让部门主管向上级副总打报告，副总签字后，还要让他同学来公司补办兼职手续，这样才能正常报销。

转来转去，王聪被弄得晕头转向：这究竟怎么回事？

想一想：这些部门为什么不给王聪办理？人力资源部为什么说这样做存在风险呢？财务部为什么不给王聪报销？

学习目标

● 知识目标

1.了解企业管理系统的基本组成

2.了解企业各管理系统之间的联系

● 能力目标

1.掌握各管理系统的协调合作及相应要求

2.掌握基层管理工作在管理系统中的作用和要求

管理系统概述

企业管理系统（management system）是企业为实现各项管理职能而设置的具有特定结构的功能系统。当管理者进入企业开始从事管理工作的时候，他实际上是进入了企业的管理系统。因此，要想成为合格的管理者，必须对企业管理系统进行全面了解。

在企业管理系统中，既有基础管理系统（foundation management system），也有专门管理系统（specialized management system）。基础管理系统主要包括企业管理的组织管理系统、职能管理系统和运营管理系统等。专门管理系统是指企业根据实际管理需要建立的、承担特殊功能的系统，是一种功能强化系统，如文化管理系统、决策管理系统、信息管理系统等。不管何种企业，其基础管理系统都是基本相同的。

如同人体一样，企业管理系统中的每一个子系统都有其自身的结构和细分子系统，每一个细分子系统也都有它特定的功能，它们之间紧密联系，共同构成企业管理的总系统，完成企业管理的任务与职能。

从管理学基础的学习目标出发，本书集中阐释企业管理系统中的基础管理系统，包括组织管理系统、职能管理系统和运营管理系统（见图3-1）。

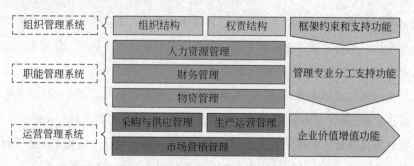

图3-1 企业基础管理系统

如图 3-1 所示，在企业的基础管理系统中，组织管理系统由组织结构系统和权责结构系统构成；职能管理系统由人力资源管理（human resource management）系统、财务管理（financial management）系统、物资管理（materials management）系统构成；运营管理系统由采购与供应管理系统、生产运营管理系统、市场营销管理系统构成。企业的组织管理系统和职能管理系统对企业的价值增值起框架约束、管理分工支持和保证作用，企业的运营管理系统直接控制和实现企业的价值增值。

管理者无论处于哪一个细分管理系统中，都不可避免地要与其他一个或者几个子系统发生关联。也许有人会说："人力资源管理是很重要，但它们不是由人力资源部做的吗？"确实，在大型企业中，人力资源管理包含的许多工作经常是由人力资源部独立负责的。但是，并非所有的管理者在其工作的企业中都有正式的人力资源部门，即便是那些设有人力资源部的企业，管理者仍然需要从事一些人力资源管理活动，例如提出招聘需求、审阅申请表、与申请人面谈、培训新员工，以及为下属提供职业发展建议等。所以，不论企业是否设立人力资源部，每个管理者都或多或少要承担人力资源管理活动。其他各项管理子系统与管理者的关系也基本如此。

严格意义上说，无论是否存在专门的职能管理部门，管理者的管理活动都是在企业的组织结构和权责结构的框架约束与支持下发生的，而且总是会与人、财、物、生产、客户这五个方面发生联系，这就要求管理者掌握一定的管理人员、财务、物资、生产、客户的知识和技能（见图 3-2）。本章中，我们将概要讲解企业中的基础管理系统，以便对企业管理系统建立必要和初步的认识。

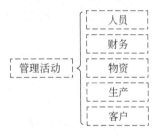

图3-2 管理者的活动范围

学习单元一
组织管理系统

情景引入

20 世纪 80 年代末，当郭士纳接手 IBM 的时候，他发现自己接手的是一个蹒跚迈步的"老头"。郭士纳形象地称这个"老头"为"大象"。这是一头怎样的"大象"？一直以来，IBM 都被称为蓝色巨人，其业务遍及全球，就连现在众所周知的微软、苹果等在当时也不得不敬畏 IBM 这个庞然大物。但到了 20 世纪 80 年代末，IBM 结构复杂、机构臃肿，几乎被后起之秀吞噬。于是，一场声势浩大的变革开始了，这场变革被称为"让大象跳舞"。

几乎与 IBM 的变革同时，惠普公司也开始了一场精简组织结构的管理运动，当时的惠普总裁约翰·杨（John Young）意识到，庞大、复杂的组织结构正在拖垮公司，拖慢企业对市场的反应速度。约翰·杨听说公司在开发一组高速计算机工作站时，因为在技术决策上无休止地开会，结果使开发过程延期了一年多。惠普公司原先为促进各工作小组之间的沟通和更好地评估各项决策而设立的 38 个内部委员会，不仅增加了成本，还限制了创新，延缓了决策。例如，仅仅是为公司开发出的第一代计算机软件取个名字，竟然就用了 9 个委员会、近 100 人，讨论了 7 个月时间。

约翰·杨立即着手改革公司组织结构，以解决这一问题。他取消了公司的委员会机构设置，并采取措施实现组织扁平化。他将计算机业务分为自治的两个集团：一个集团负责通过代理商销售个人微机、打印机和其他产品；另一个集团负责向大客户推销计算机工作站和小型机。他还把惠普公司的销售力量一分为二，使每个集团拥有自己的销售队伍。结果是令人鼓舞的。一位现在只需与 3 个委员会而不是 38 个委员会打交道的总经理这样评价说："我们正在做更多的生意，正在以更少的人将产品更快地送出去。"数据也证实了约翰·杨重组惠普公司组织机构的成功：在 1991 年至 1992 年间，惠普公司的季度利润增加了 40%。

课堂讨论

（1）什么是组织结构？什么叫组织扁平化？

（2）组织结构与管理活动有什么关系？

> ### 教师提点
>
> 要解决上面这些问题，需要掌握下列知识和技能：
>
> 1. 了解企业的组织管理系统；
>
> 2. 理解组织结构、权责结构和企业管理模式的适用性；
>
> 3. 掌握组织结构和权责结构对管理活动的影响。

内容精讲

企业管理者必然身处企业组织管理系统中，依据企业组织结构和权责结构所规定的管理职位、权责规范，行使管理权力，履行管理职能。

组织结构（organizational structure）和权责结构（authority structure）是企业管理系统中最基础的构成部分，两者共同构成了企业组织管理系统。组织结构限定的是企业各种资源和管理活动的物理结合方式，我们可称之为"空间布局"，它指导组织内部的工作安排和组织成员权责的分布。权责结构是在组织结构分布的基础上，对各结构单元的管理权利和责任进一步加以限定所形成的权责分布。

企业的组织结构

企业的组织结构分为五种基本类型，分别是直线型结构（linear structure）、职能型结构（functional structure）、直线—职能型结构（line and function structure）、事业部制结构（divisional structure）和矩阵式结构（matrix structure）。

1. 五种基本的组织结构形式

表 3-1 归纳总结了上述五种组织结构及其各自的特征和优缺点。

表 3-1 五种组织结构及其各自的特征和优缺点

结构	特征	优点	缺点
直线型	每个管理者直接管辖其直接下属，每个人也只能向直接领导报告，没有专门的职能机构	简单，权力集中，责任明确，垂直管理，便于统一指挥	管理者负担过重，对管理者能力要求较高
职能型	按职能分工，实行专业化管理，下级员工除了受直线管理者的领导外，还必须接受上级各职能部门的领导	管理分工较细，便于深入工作，能促进职能部门任务的专业化，减轻了管理者的负担	容易出现多头领导，造成管理混乱
直线—职能型	在直线型结构的每一领导层中设置必要的职能部门，以协助该层次的管理工作	既保持统一指挥，又加强专业化管理，从而提高管理效率	下级缺乏自主性，各职能部门不易协调，信息传递较慢，灵活性不足
事业部制	分权制的组织形式。在公司总部下设置相对独立的事业部，各事业部有较大的自主权	自主性强，利于调动积极性，利于培养管理人员，利于最高管理层脱离日常事务	对管理能力要求较高，增加了管理层次及成本，事业部之间的协调欠缺，容易形成本位主义，整体性较差
矩阵式	围绕专门任务成立跨职能的专门机构，既有按职能划分的垂直领导系统，又有按产品或项目划分的横向领导系统	机动灵活，可随时成立或解散，任务明确，目的性较强，效率较高	成员从各职能部门调配，有双重领导的特征，管理起来比较困难

2. 理解组织结构的形成

无论企业采取何种形式的的组织结构，它都是人为设计的，属于组织结构设计（organizational design）的范畴。在设计组织结构的过程中，需要充分考虑企业的管理职能、管理层次、管理部门、管理职权如何在横向和纵向两个维度上进行有机结合。职能、层次、部门、职权这四个要素在横向和纵向上的分布，决定了企业组织结构的最终形式。

（1）职能结构。职能结构（functional structure）是指实现组织目标所需的各项管理和业务工作的分工关系，其考量维度包括职能交叉（重叠）、职能冗余、职能缺失、职能割裂（或衔接不足）、职能分散、职能分工过细、职能错位、职能弱化等方面。职能结构解决的问题是：企业应该设计多少个和什么样的职能单元，并如何让这些职能单元恰当地结合起来。

（2）层次结构。层次结构（hierarchical structure）是指管理层次的构成（纵向结构），其考量维度包括管理人员分管职能的相似性、管理幅度、授权范围、决策复杂性、指导与控制的工作量、下属专业分工的相近性。层次结构解决的问题是：企业的管理系统究竟应分为多少级才能有效发挥管理职能。

（3）部门结构。部门结构（department structure）是指各管理部门的构成，其考量维度主要是一些关键部门是否缺失或是否应当优化。部门结构是层次和职能结构的具体化和机构化，目的是确保各层次的管理任务及各项管理职能有具体的机构来承担。

（4）职权结构。职权结构(authority structure)是指各层次、各部门在权利和责任方面的分工及其相互关系，主要考量部门、岗位之间的权责关系是否对等，以及是否符合企业管理需要。职权结构区别于上面三个要素，呈现出相对"软"的性质，实质上就是我们接下来要讨论的权责结构。

任何一种组织结构都存在纵向的管理层级和横向的职能分工，区别仅在于各自的侧重点。如图3-3所示，侧重于管理层级的组织结构，可以称为"层级式结构"，直线型结构就是典型的层级式组织；侧重于职能分工的组织结构，特点是以组织专门任务为中心、管理层级较少，可以称为"扁平化结构"，职能型结构、矩阵式结构更多地表现出扁平化结构的特点。

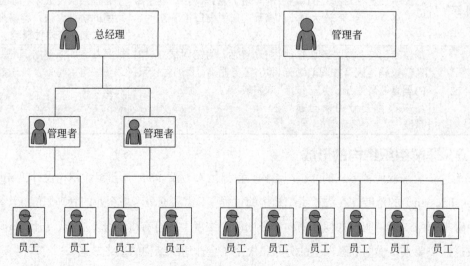

图3-3　层级式结构与扁平化结构

企业的权责结构

权责结构指的是企业组织结构中的职权结构。传统教科书一般将职权结构列入组织结构之中讲解，但考虑到职权结构的特殊性，我们在此将其单列进行讲解。

郭士纳在执掌 IBM 后总结自己的管理风格时曾说："我很少有等级制度的观念。无论是谁，也无论其职务高低，只要有助于解决问题，大家就要在一起商量解决，要将委员会会议和各种会议减少到最低限度。取消委员会决策制度，让我们更多一些坦率和直截了当的交流。"从这句话可以看出，即使企业的组织结构是固定的、不变的，但权责结构是需要根据企业管理的需求进一步设计的。某一个层级、某一个职能单元，其权力和责任会受到企业高层管理者意志的约束，最终会与企业的组织结构结合起来，表现出截然不同的管理模式。

理解企业权责结构的特性，可以从两个方面入手：其一，各级和各部门管理者的管理权限；其二，员工群体对管理活动的参与度。

1. 集权与分权

集权（centralization）和分权（decentralization）指的是组织管理权限集中或分散的程度。集权是指经营管理权在组织系统中较高层次的一定程度的集中；与此相对应，分权则是指决策权在组织系统中较低管理层次的较大程度的分散。

（1）集权与分权的相对性。集权和分权是一组相对的概念。绝对的集权意味着组织中的全部权力集中在最高管理者一人手中，没有任何中间管理人员，也没有任何中层管理机构。这就好比医院只有院长有管理权，而不设内科、外科等科室主管。这显然是不可能的。绝对的分权则意味着全部权力分散在各个部门，甚至分散在各个执行者、操作者手中。这种情况也是不现实的。真实的情况是，要么集权的成分多一点，要么分权的成分多一点。所谓集权与分权，其实质是管理权力的分散程度。

有三个关键的标准可用于判定企业的权力分散程度：决策的数目、决策的重要性及影响面、决策审批手续的繁简。

首先，基层决策数目越多，分权程度越高；上层决策数目越多，集权程度越高。

其次，若较低一级管理层次作出的决策事关重大，涉及面较广，可认为该组织的分权程度较高；反之，则集权程度较高。例如，只允许分公司作出有关经营管理方面决策的公司，其分权程度就低于那些允许分公司作出有关财务与人事方面决策的公司。

最后，在不需要审批决策的情况下，分权程度高；在做出决策后还必须呈报上级领导审批的情况下，分权程度低；如果在做决策前必须请示上级领导，那么分权程度更低。此外，较低一级管理层次在决策时，需要请示的人越少，分权程度就越高。

（2）管理权限与管理活动。企业是倾向于集权还是分权，对管理活动影响很大。

集权的特点在于经营决策权大多集中在上层，中下层只有日常业务决策权限。集权的实质是对下层管理者及其管理活动实行严格控制。集权可能造成基层管理者失去主动适应变化和主动调整管理活动的应变能力。基层管理者甚至包括中层管理者，制定任何一项政策，使用任何一种企业资源，都必须经由层层审批，这会大大降低中下层管理者的灵活度，使管理活动变得程序化、官僚化，中下层管理者的自主性也会大大降低。

分权的特点在于中下层管理者有较多的决策权；上级的控制较少，往往以完成规定的目标为限；各部门在企业统一规划下可独立经营，实行独立核算，有一定的财务支配权。侧重于分权的组织中，中下层管理者承担着与权利同等的责任，必须对自身权力范围内的所有经济事务独立负责，因而压力更大，能力和素质要求更高。

2. 员工参与模式

员工在多大程度上参与企业的管理活动，也是考察企业权责结构的一个重要维度。关于员工参与管理，美国行为科学家麦格雷戈（McGregor）是这样定义的：员工参与管理是为发挥员工所有的能力，并为鼓励员工对组织成功做更多的努力而设计的一种参与过程。其隐含的逻辑是：通过员工参与影响员工自身的决策，增加他们的自主性和对工作的控制。

集权导致程序化、官僚化

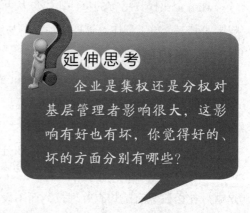

延伸思考

企业是集权还是分权对基层管理者影响很大，这影响有好也有坏，你觉得好的、坏的方面分别有哪些？

辅助阅读3-1|　员工参与管理的理论追溯

员工参与管理的理论基础是人性假设。20世纪30年代，美国心理学家梅奥在霍桑实验后提出了"社会人"假设，认为人的工作以社会需要为动机，人们希望管理者能够满足自己的社会需要和自我尊重需要。持这种人性假设的管理者提出了员工参与管理的理论，旨在让员工在不同程度上参与企业决策。

20世纪50年代末，麦格雷戈等人提出了"自动人"的人性假设，并结合管理问题将其概括为Y理论。这种理论认为，人有自我实现的需要，人的才能和潜力充分地发挥出来，人才能感受到最大的满足。麦格雷戈认为，在适当的条件下采取参与式的管理，鼓励人们把创造力投向组织目标，使人们在与自己相关的事务决策上享有一定的发言权，可为满足其社会需要和自我实现需要提供机会。

（1）员工参与的具体表现形式。在管理实践中，有意采用员工参与管理的企业进行了诸多尝试，这些成功经验被归纳为多种员工参与管理的形式，常见的有分享决策权、代表参与、质量圈和员工股份所有制（见表3-2）。

延伸思考
党员小组活动、员工提案管理制度算不算员工参与管理的形式？

表3-2 员工参与管理的形式

形 式	定 义	说 明
分享决策权	下级在很大程度上分享其直接监管者的决策权	当工作变得越来越复杂时，管理者常常无法了解员工所做的一切，所以选择最了解工作的人来参与决策，其结果可能是更完善的决策。共同参与决策还可以增加对决策的承诺，如果员工参与了决策的过程，那么在决策实施过程中他们更不容易持反对意见
代表参与	员工不直接参与决策，而是选出一部分代表进行参与	通过立法要求企业实行代表参与，这种模式是在组织内重新分配权力，把员工放在同资方和股东更为平等的地位上，常用的两种形式是工作委员会和董事会代表
质量圈	由一组员工和监管者组成的共同承担责任的工作群体	质量圈里的人承担着解决质量问题的责任，对工作进行反馈并对反馈进行评价，但管理层一般保留建议方案实施与否的最终决定权
员工股份所有制	员工拥有所在公司一定数额的股份	员工除了持有公司的股份，还需要定期被告知公司的经营状况，并拥有对公司经营施加影响的机会。这使员工将自身利益与公司利益联系在一起，并在心理上体验做主人翁的感受

需要注意的是，每个企业的实际情况不同，其适用的员工参与形式也是不同的。而且，员工参与管理的形式会随时代的发展而不断进步。

（2）员工参与对管理者的影响。当下的企业群体中，越来越多的企业正在采用员工参与管理。问题是，员工参与如何影响管理者的管理权责？

① 平等关系（equal relationship）。越是强调员工参与管理，就越意味着必须尊重、挖掘员工的思想和创见，不能将员工视为严格意义上的下属，而只能视为分工不同的个体。企业管理者必须平等对待员工，共同研究和讨论企业的重大问题。

② 关注激励。在员工广泛参与管理的企业中，管理者的独断权力遭到侵蚀。管理者对下属的控制力更多地体现为相互之间坦率的沟通以及科学的激励。

③ 责任分担。在员工广泛参与管理活动的企业中，通常都会有员工对自身工作负不同程度责任的自我管理（self-management）机制。这种管理机制促进员工参与，也将管理责

任进一步分担到员工个体，激发员工的自觉性。

员工参与有利于管理决策

总的来看，员工参与管理可以让管理者获得更广阔的管理视角，能减轻管理者的负担。而对基层员工而言，他们可以感受到管理者的信任，表现出强烈的责任感。同时，基层员工也因能参与商讨与自己有关的问题而受到激励。

📖 辅助阅读3-2| 日本京瓷公司的阿米巴经营

1964年，为了保持京瓷公司（Kyocera Corporation）的发展活力，稻盛和夫独创了阿米巴经营（Amoeba Mangement）。阿米巴经营是指将组织分成小的集团，通过与市场直接联系的独立核算制进行运营，培养具有管理意识的领导，让全体员工参与经营管理，从而实现全员参与的经营方式。

阿米巴指的是企业、工厂或车间中形成的最小基层组织，也即最小工作单位，如一个部门、一条生产线、一个班组，甚至于每个员工。每个人都从属于自己所在的阿米巴小组，每个阿米巴小组平均由十多人组成。根据工作内容不同，有的阿米巴小组有50人左右，而有的只有两三个人。

每个阿米巴都是一个独立的利润中心，就像一个中小企业那样活动，虽然需要经过上司的同意，但是经营计划、绩效管理、劳务管理等所有经营上的事情都由它们自行运作。每个阿米巴都集生产、会计、经营于一体，再加上各个阿米巴小组之间能够随意分拆与组合，这样就能让公司对市场的变化做出快速反应。

单元知识逻辑

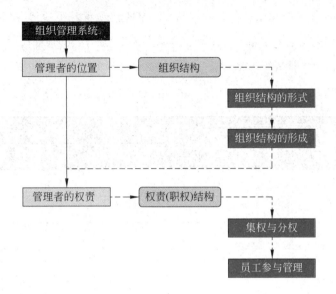

组织管理系统

管理者的位置 → 组织结构

组织结构的形式

组织结构的形成

管理者的权责 → 权责(职权)结构

集权与分权

员工参与管理

技能演练

课堂实战| 集权与分权的利弊分析

采用不同的组织结构形式，其集权与分权程度是不一样的。即使采用同一种组织结构形式，也会有企业管得严，有企业管得松。这对基层管理者的影响很大。管得严，意味着基层管理者没有多大权力，有时即使是一件小事也要经过层层审批。这对管理者的工作究竟是有利还是不利呢？对待这个问题要有理性的态度。请从基层管理者的管理工作出发，分析不同角度（可增加角度）下集权与分权对基层管理者的影响，理清各自的利弊，填写完成表 3-3。

表 3-3　集权与分权的优劣对比

角度	集权	分权
任务清晰度		
人员规范性		
判断力强度		
责任强度		
问题的差错率		
管理员工的难易度		

📑 **课后拓展|** 员工参与管理的促进

　　企业所处的环境变化越快，单纯依赖指令管理就变得越不适用。但是，员工参与管理也存在很多挑战，如员工能力不足、意愿不强等。请你查阅资料，把员工参与管理的挑战逐项列出来，试着写出针对每一项挑战应该采取的措施，填写完成表 3-4。

表 3-4　员工参与管理的挑战与应对

面临的挑战		应对措施	
挑战	描述	解决思路	说明

学习单元二
职能管理系统

▣ 情景引入

　　回到本章开篇"问题引入"中关于王聪报销一事的讨论。为了解决报销问题，王聪无奈只能等主管领导（推广销售部的部长）回国。回国后，王聪有点不平地向领导诉说了这件事。部长很耐心，肯定了他的工作能力，说这件事完成得很好。但是，部长也批评了王聪：第一，王聪本身没有招聘员工的权力，临时用工未经部长审批；第二，王聪的费用报销不符合公司财务管理规定，按原则是不能报销的；第三，王聪找的这些人在工作过程中使用的物料、设备等，没有经本部门正规调配，一旦出现问题无法分清责任归属。

　　听了部长的解释，王聪认识到，企业的用人、管事都不是简单的事。作为一名基层管理者，在进行人、财、物管理时，要遵循各项制度和规定，也要受到企业其他方面的制约，这是由管理者在整个管理系统中的地位所决定的。

课堂讨论

（1）企业的人、财、物管理究竟是怎么一回事？

（2）基层管理者从事管理活动时，与企业的人、财、物管理系统会发生哪些关联？

教师提点

要解决上面这些问题，需要掌握下列知识和技能：

1. 掌握企业人力资源招聘、评价和薪酬管理的基本内容；

2. 掌握企业财务管理的主要内容；

3. 掌握设备、原材料和存货管理的基本内容；

4. 了解基层管理者与人、财、物管理的关系。

内容精讲

企业的职能管理系统是指由履行不同管理职能、承担不同管理任务和职责的组织单元构成的基础管理系统。企业的职能管理系统主要包括人力资源管理系统、财务管理系统和物资管理系统。

职能管理系统带有较强的专业性，例如人力资源管理是一门专业，财务管理也是一门专业，物资管理同样如此。在规范化管理的企业中，通常都会单独设立管理机构，具体负责人力资源管理、财务管理和物资管理。

人力资源管理

人力资源管理（human resource management）是从西方现代管理学理论中演变出来的，这一管理概念形成于 20 世纪 70 年代末。戴维·乌尔里克（David Ulrich）被誉为人力资源管理的开创者，他最早提出了人力资源的概念。在此之前，人力资源管理被称为人事管理（human management）。

人力资源（human resource）是指一定时期内组织中的人所拥有的能够被企业所

91

用，且对价值创造起贡献作用的教育、能力、技能、经验、体力等的总称。人力资源的本质是人所具有的脑力和体力的总和，可以统称为劳动能力。

基于对人力资源的上述理解，人力资源管理可以理解为将人作为一种经营资源，为了使这种资源最大化地发挥价值而进行的职能管理活动。

1. 人力资源管理的职能

图3-4 描绘了企业人力资源管理的八项主要活动或步骤，构成了人力资源管理的三大基本职能。这些职能如果发挥得当，工作得到妥当实施，基本就可以确保企业配备到能干的高绩效员工，并确保员工在较长时期内保持良好绩效水平。

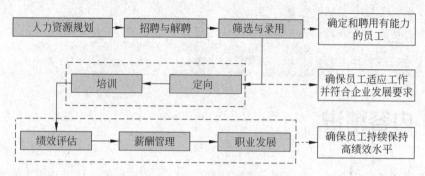

图3-4　人力资源管理的过程与职能

图 3-4 中的前三个步骤分别是人力资源规划、招聘与解聘、筛选与录用，目的在于确定和聘用有能力的员工，这是人力资源管理的第一项职能；选聘好了有能力的员工，还要通过定向和培训帮助他们适应工作岗位，并确保他们的技能和知识不断得到更新，这是人力资源管理的第二项职能；此外，人力资源管理的步骤还包括绩效评估、薪酬管理、职业发展，其目的在于帮助员工保持较高的绩效水平，这是人力资源管理的第三项职能。

（1）确定和聘用有能力的员工。既然人是企业的资源，那么企业就必须寻找到最适合的人，并且恰当地使用人。人力资源规划、招聘与解聘、筛选与录用就是为这一目的而存在的。

① 人力资源规划。人力资源规划是指通过人力资源需求分析（评价企业现有人力资源状况、预估企业将来人力资源需求），对企业人力资源管理提出完整的规划方案。它是指导未来一段时间企业人力资源管理活动的基本依据。人力资源规划的目的是确保企业的人力资源在可预见的时间内实现供需平衡。

② 招聘与解聘。招聘（recruitment）是指寻找、确定和吸引有能力的应聘者的过程。解聘（dismissal）是指企业人数过多或人员不适用的情况下，通过解雇来解决冗员问题。

③ 筛选与录用。筛选（screening）和录用（employ）是指从众多求职者中挑选出最适合企业需求的人员，并加以录用的管理活动。本质上，筛选是一种预测行为，它需要预测

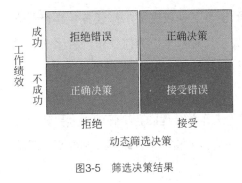

图3-5　筛选决策结果

哪一位应聘者能够胜任工作。例如，对于销售代表这一职位，企业应当能够预测出哪一位应聘者将会取得骄人的业绩。通过筛选会产生出图3-5所示的四种结果，其中两种结果说明决策正确；另两种结果说明决策错误。如果错误地拒绝了一位将在以后工作中有成功表现的候选人，或者错误地接受了后来表现极差的候选人，那就说明筛选过程有问题。

（2）确保员工适应工作并符合企业发展要求。如果录用的人不能胜任工作，那对企业来说就是一种人力资源浪费。现实中，大部分求职者未必能够立即适应工作岗位。而且，在发展过程中，企业的业务工作和管理工作都会随着时间推移而发生变化，企业必须想办法促使员工的工作能力跟上这种发展变化的要求。为了确保员工适应工作并符合企业发展要求，人力资源管理者必须做好定向和培训工作。

① 定向。定向是指在了解新入职员工的性格、兴趣、能力水平和能力倾向的基础上，确定员工的工作内容、工作岗位，同时通过向其介绍岗位和企业情况以及具体的工作指导等方式，使之适应企业环境与文化。定向的主要目的是减少新员工在新工作中可能产生的焦虑感，使之尽快熟悉工作岗位、部门乃至整个企业，帮助他们尽快完成从外部人到内部人的转变。

② 培训。培训的目的是持续改善员工工作能力，包括改善员工的知识、技能、态度和行为等。管理者必须认识到，由于工作场所的不断变化，培训是必要的。另外，由于工作的重新设计或技术创新所引起的变化，也使员工培训成为必要。较为明显的培训需求信息与生产率直接有关。产量减少、质量下降、事故频发以及废品率上升等都反映企业工作绩效在下降，上述任何情况的出现都表明员工的技能需要改善，这时就应当组织培训。当然，前提是员工绩效下降不是因为员工不努力。

延伸思考

　　如果管理者总是向上级诉苦："员工能力不行，所以才导致这样的局面。"你认为管理者这样做合适吗？

（3）确保员工持续保持高绩效水平。人力资源管理的第三项职能是确保员工持续保持高绩效水平。这一职能的实现需要通过三个步骤：明确员工的绩效水平；对员工的绩效进行结果处理；合理规划员工职业发展。

① 绩效评估（performance evaluation）。为了弄清楚员工的绩效水平究竟处在什么水平上，企业需要对员工进行系统的绩效评估。绩效评估的实质是对员工最近时间段或过去时

间段的工作表现进行评价。绩效评估并非简单地给出员工是否完成工作任务、是否达成绩效要求的结果，而是要具体评估员工绩效究竟处于何种水平、为何处于该种水平。绩效评估的目的是为绩效结果处理——确定员工薪酬和开展培训等——提供依据。

②薪酬管理（salary management）。薪酬管理的目标是通过设计一个具有成本效益的薪酬结构，以吸引和留住能干的人才，并激励他们努力工作。合理的薪酬管理制度要让所有员工都认为是公平、公正的。薪酬管理通常与绩效评估结果相联系，薪酬福利要真实反映员工工作状态和绩效结果。

③职业发展（professional development）。职业发展是指帮助员工更好地规划自己的职业生涯，以企业与员工双赢的方式，谋求员工发展方向、方式与企业发展方向、方式相匹配。企业为什么要关心员工的职业发展？换句话说，管理者为什么要把时间花在员工的职业发展上？着眼于员工的职业发展是一种长远眼光，有效的职业发展计划将确保企业拥有必要的人才，提高企业吸引和留住高素质人才的能力。

2. 管理者与人力资源管理

管理者需要用人，涉及对人的管理的活动都属于人力资源管理。除了人力资源部需要承担人力资源管理的任务，管理者本身也是人力资源管理的主体。管理者在从事与人力资源管理相关的工作时，需要做到以下三点。

（1）控制人力资源数量。控制人员规模是管理者的一项重要管理内容，其目的是培养精简、能干的队伍。人是企业的重要成本，企业必须寻求用最恰当的人员规模来完成各项管理活动和业务活动。"恰当的人员规模"意味着在特定的任务活动中人员既不能过多，也不能过少，要求的是人员数量与业务活动的均衡。为了实现这一目标，管理者必须参与甚至主导人力资源规划、业务活动分析、人员需求确定、招聘与解聘等各项人力资源管理活动。

（2）控制人力资源质量。人力资源质量包括两方面的内容：人员质量和人员管理质量。人员质量是指员工的工作胜任能力；人员管理质量是指管理者调用、支配员工的科学性和有效性。人员质量与人员管理质量息息相关，因为员工能否胜任工作，不仅取决于自身的能力水平，还取决于管理者的授权、资源支持、激励方式等。

（3）持续进行员工能力开发。从员工的能力水平和业务发展要求出发，对员工的能力成长、人员结构进行合理的规划，也是管理者必须关注的重点内容。员工能力开发是一项长期任务，是管理者在人力资源管理方面的重要工作，它可以通过有目的的能力测验、在岗培训、继续教育来完成。一些企业创新性地运用师徒制、帮带制等管理模式，其实质就是在日常工作中对员工进行能力开发。

财务管理

财务管理（financial management）是指企业按照财务收支规范，对企业的资金、成本费用、利润等进行专业管理的职能管理活动，其目的是确保企业财务安全、规范，有效服务于企业目标的实现。

1. 企业财务管理的职能

企业财务管理的主要职能如表 3-5 所示。

表 3-5 企业财务管理的主要职能

序号	职能	说明
1	财务决策	对涉及企业全局性的重大事项提出决策，以制定与企业目标相一致的财务管理目标；同时，对各种具体目标做出决策，如选择什么样的筹集渠道和筹集方式，决定什么样的投资方向和投资规模，企业生产经营的各个环节如何安排资金投放，怎样组织收入，怎样确定分配方案等
2	财务预测	根据财务活动的数据资料，结合现实的要求和条件，对企业未来的财务活动和财务成果进行科学的预计和测算
3	财务计划	在财务预测的基础上，对企业经营目标和财务目标的系统化和具体化，是财务监督控制和财务分析的主要依据
4	财务监督与控制	将财务活动的实际成果与财务计划目标相对照，发现差异，找出原因，采取措施，纠正计划执行中的偏差，以确保财务计划目标的实现
5	财务分析	以核算资料为主要依据，对企业财务状况和财务成果进行评价，分析影响计划执行的因素，挖掘企业潜力，对企业未来前景提出改进建议

2. 管理者与财务管理

财务管理是一项专业性很强的管理活动，涉及财会、金融、投资、税收等专业知识。一般管理者（非专业财务管理人员）虽然不用从事具体的财务管理工作，也不需要掌握太多的财务专业知识，但在成本费用控制、利润创造、规范管理等方面必须负起相应的责任。

（1）成本责任。所谓成本责任（cost responsibility），是指管理者在成本发生、产品成本识别、成本降低三个方面承担的管理责任。管理者在其职能范围内对成本的发生负有责任。企业要实现利润最大化，必须确保其所有经营活动都是经济上最优的。所以，不论管理者身处哪个部门、管理哪些环节，都需要进

管理与财务息息相关

行成本管理和控制。

① 识别成本如何发生：成本动因（cost driver）。为控制成本并寻找降低成本的方法，管理者必须知道成本发生在哪里，哪些业务活动引发了成本的发生和提高。这些引起成本发生和提高的活动，就叫成本动因（见表3-6）。

表3-6　成本动因及其举例

成本动因	成本动因举例
生产成本	生产周期过长、设备故障产生的作业等待
物料成本	物料瑕疵使产品次品过多、工艺不过关造成物料浪费
人员成本	员工工作不规范、重复动作，导致作业成本增加

成本动因亦称成本驱动因素，是指导致成本发生的因素，即成本的诱因。管理者应认真研究成本动因，制订最佳方案，以降低成本。例如，运输部门主管要求货车司机挑选最短的距离或者使用满载方式进行运输；车间主管利用周末安排人员检修设备，降低设备对生产活动的成本影响等。

② 清楚产品的成本构成：作业成本法（activity-based costing, ABC）。作业成本法是一种比较先进的成本核算方法：首先将成本分配到每一项作业；其次按产品或服务所使用的作业量将其分配到与之相关的产品或服务上。运用作业成本法，管理者能够准确计算现有产品和服务的成本，这对于企业改善经营过程，以及为资源决策、产品定价及组合决策提供完善的信息等，都有着十分重要的作用。

③ 寻找降低成本的方法。产品成本是合理的吗？与市场上同类产品相比是有成本竞争优势的吗？如果没有竞争优势，或者产品成本有较大的降低空间，管理者就必须寻找方法，依据成本动因和分析，识别不必要的成本，并想办法削减成本。

（2）利润责任。利润（profit）是企业收入减掉成本后的余额。没有利润，企业不可能延续。员工薪酬、支持经营活动运行的资金等，都来源于利润。因此，利润管理是企业财务管理的重要方面。所谓利润责任，是指管理者在提高企业利润方面承担的管理责任。

管理者在利润管理方面的责任主要表现在以下两个方面。

延伸思考

某小组长受领导之托，于办公时间内出外办理公司业务，为了节省20元打车费，他花了很长时间等公交车，回来受到领导批评。你觉得这个小组长哪里做错了？

① 利润过程。原则上，企业的所有经营活动都是为了创造利润，因而企业的经营活动过程也是事实上的利润创造过程。这个过程能否创造利润，创造多少利润，构成了利润管理的核心。管理者对利润过程的管理，涉及利润目标、利润增长要求、为实现利润投入多

少资源等内容。可以这样理解：假设企业对利润增长是有既定目标要求的，在这个目标要求下所需要投入的资源、资源使用方式、利润变动等情况，都是利润过程管理的内容。

② 利润结果。利润结果是对利润过程进行管理后自然而然产生的，对利润结果的管理涉及利润考核、利润目标核定、利润结果奖惩等内容。

企业中的任何一个管理者，都应当关注利润以及与利润相关的成本费用、利润结果管理等内容。我们前面所谈到的"阿米巴经营"，其核心就是将每一个人、每一个小组作为利润中心，承担相应的利润责任。

📖 **辅助阅读3-3| 利润中心制**

利润中心制是指将企业中每个可以独立的最小的组织单元（可以是班组、车间等，甚至是几个人组成的小组）进行独立的利润核算，并以利润创造的多少对组织单元内的人实施奖惩。

利润中心制是企业推行利润管理的全方面体现，它具有以下几方面的显著成果。

（1）每个人都必须关注利润结果。过去，员工可能只关心完成任务，而根本不在乎这一任务的完成究竟对企业的利润有何贡献。利润中心制要求员工必须从利润结果思考每一项任务的价值和每一项行动的正确性。

（2）每个人都必须自主思考利润创造的方式。引导组织单元以最佳的方式创造更多利润，是利润中心制的一项重要功能，它要求员工开创性地思考工作的方式、方法。

（3）每个人都必须努力降低成本。由于成本是和利润相联系的，因此利润中心制也使相应的组织单元努力降低自身经营的成本。

（3）规范管理责任。在财务管理活动中，成本费用的规范化管理是非常重要的一项内容。而且，成本费用的分类非常复杂，核算与分配方法也不尽相同。管理者虽然不必进行细致的会计科目分类，但仍要学会区分各类成本费用，以真实地反映投入产出现状。

📖 **辅助阅读3-4| 不规范的财务行为**

某小型企业的管理者为了核算方便，将所有人员的工资统一记入"工资费用"一个科目，而没有按照生产人员、管理人员、销售人员分别进行核算。表面看，这些成本费用都属于工资费用，但不同人员的工资有不同的会计分配方法。比如，生产人员的工资应计入产品成本，管理人员的工资则通常计入管理费用。如果不加以区分，就会使财务核算工作陷入困境。企业也就无法正确区分成本费用的来源，成本费用控制更是无从谈起。

在上面这个例子中，把不同人员的工资混在一起，财务人员将无法核算出产品的真实成本，也无法核算出营销的真实成本。由此可见，管理者进入任何一个企业，都应该认真了解该企业的财务管理规范，与财务管理部门密切配合。

物资管理

物资是指企业生产经营过程所涉及的各种有形资产，包括设备、原材料、存货（库存）等。物资管理是指对各种物资的获取、使用、储备等进行管理。

1. 物资管理的职能

物资具有两个性质：第一，它是企业的资产，是非货币资产；第二，它是企业的生产资料和生产工具。这两个性质决定了企业的物资必须得到恰当的管理，既要保障资产不受损害，资产权益得到合理保护，还要让这些物资有效地服务于企业的生产活动。企业物资管理的基本职能有两个。

（1）设备管理。在工业制造企业，设备有着举足轻重的作用。例如，生产一部手机，需要用到各种模具来制造那些肉眼无法看到的芯片、线路，这里的模具就是设备。设备既是知识、技术的有形化，也是生产力提高的重要保障，甚至是生产活动的基础和前提条件。

设备管理（equipment management）是一项日常性工作，也是一项专业性工作。设备故障意味着成本增加、交货延迟或销售损失，要想高效提供产品和服务，必须做好设备维修和保养工作。设备管理就是对各项生产设备进行使用规范、维护保养的过程，基本内容包括设备检查、设备修理与设备日常维护。

（2）原材料与存货管理。存货是指企业日常活动中持有的以备出售的产成品或商品、处在生产过程中的在产品、在生产过程或提供劳务过程中耗用的材料和物料等，包括在途物资、原材料、在产品、库存商品、发出商品、委托加工物资、周转材料七大类。其中，原材料是生产的基本原料，原材料的好坏影响最终产品的好坏，原材料是否能准时供应，会对产品的生产进度产生影响，进而影响企业生产效率和经济效益。在产品、库存商品等其他物资与原材料同等重要，它们要么是企业待出售的资产，要么是企业生产活动必需的支持性物资。存货会占用企业资金，因此必须严格进行控制和管理。

原材料与存货的管理职能集中体现在四个方面：保证物资供给；减少物资对资金的占用；确保物资安全；提高物资投入的收益率。

2. 物资库存管理

库存管理（inventory management）是指企业对物资的仓储、发货、提取、使用登记等进行管理。不同部门的人员，其对库存的态度大相径庭。例如，销售人员通常更喜欢拥有大量库存，这样他们无须等待就可以满足客户需求；财务人员则会用不同的眼光看待库存，他们往往认为，高库存意味着大量的资金沉淀，而这些资金原本可以用来还债，或用于其他更有利可图的事情。从管理学的角度看，库存过高或过低都不是好事，库存管理的目标除了物资安全、使用规范这些基础要求之外，最具挑战的目标在于维持适当的库存水平，这就需要管理者掌握相应的决策规则，以回答下面两个基本问题：① 应在何时下达补充库存的订单？②应当订购多少？

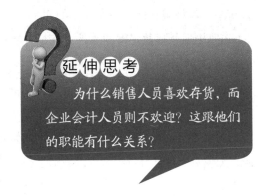

延伸思考

为什么销售人员喜欢存货，而企业会计人员则不欢迎？这跟他们的职能有什么关系？

这些决策规则指导着管理者对当前的库存状态进行评估，并决定是否有必要采取某些行动，如补货。不同类型的库存管理系统体现了决定何时补货、补多少的不同规则。有些系统根据时间进行决策，而另一些系统则是根据库存水平进行决策。据此，我们将库存管理系统分为以下两种类型。

（1）定期盘存系统。定期盘存系统是按照相同的时间间隔对库存水平进行盘存，每次盘存都要进行订购，以使库存水平提升到预期的数量。这种系统尤其适用于零售商订购多种货物的情况。采用这种系统，再订购数量以每种库存品目所涉及的最大库存水平为基础。用再订购数量加上现有库存和已订购数量，再减去预期的前置期需求量，就可以得到最大库存量，用公式表示为

$$再订购数量 = 最大库存 - 现有库存 - 已订购数量 + 前置需求量$$

现有库存是实际存有的数量。如果系统允许延期交货，那么现有库存数量可以为负，至少理论上可以如此。如果不允许，那么一旦出现缺货，将使现有库存为零。已订购数量指已经发出采购订单但还未完成交货的数量。减去已订购数量，是为了确保同一批商品不会重复下达订单。

采用定期盘存系统，盘存周期是固定的，再订购数量则会发生变化。该系统适用于跟踪库存水平很困难，且缺货与安全库存的成本不太高的情况。由于不能对库存进行持续跟踪，因而发生缺货的可能性很大。通过安全库存（前置需求量），可以避免这种情况。

（2）再订购点系统。在再订购点系统中，规定一个特定的库存水平来决定发出订购固定数量的库存品目清单。一旦现有库存达到预先确定的库存水平（即再订购点），如果目前不存在在途订单，就可以发出一份预先规定数量订单。再订购点的确定，要保证发出订单时的手头库存足以满足前置期的需求。

双箱系统是一种简化的再订购点系统。在这种系统中，零件被存储在一大一小的两个"箱子"中，"小箱"中通常盛放足够的零件以满足补货前置期间的需求，"小箱"中的所有零件只来自"大箱"，直到用完为止。一旦"大箱"腾空，即发出补货订单，在收到补充订货之前取用"小箱"的零件。双箱系统的好处在于，它无须保存库存使用的实际细节记录，无须对库存进行持续盘点以确定是否应下达再订购单。

📖 **辅助阅读3-5｜ 库存管理的优先问题：ABC分类法**

　　企业内部的库存物资种类繁多，管理者无法面面俱到，使用同等精力对待。ABC分类法旨在帮助管理者着重加强对重点物资的管理。这种分类思想起源于意大利经济学家帕累托提出的"二八法则"——20%的富人占据了80%的财富。库存物资也存在类似的规律。通过大量的库存管理实践，人们逐渐总结出，企业的库存物资根据其总库存价值和使用量，可以具体分为以下三类（见表3-7）。

表3-7　库存物资分类表

类 别	名 称	占总库存价值的比例	占总使用量的比例
A	高价值品目	70% ~ 80%	10% ~ 20%
B	中等价值品目	15% ~ 20%	20% ~ 25%
C	低价值品目	5% ~ 10%	60% ~ 65%

表3-7所示的分类可表示为图3-6。

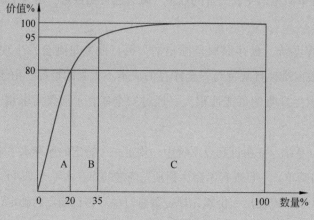

图3-6　库存物资分类图

依据库存物资的上述分类,管理者在实践中要首先识别出 A 类物资,然后是 C 类物资,最后剩下的便是 B 类物资。对于不同类型的库存物资，管理者应差别对待：A 类物资应严密监控，要有详细库存记录，订购量与再订购点的数值要保持精确和随时更新；B 类物资一般控制即可，订购数量需相对准确，但库存记录、订购量和再订购点的数值更新不用太频繁；C 类物资只需较少控制，通常一次订购 6 个月到 1 年的供应量，库存记录也相对简单。

单元知识逻辑图

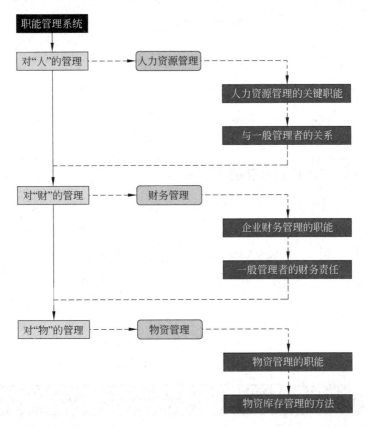

技能演练

课堂实战｜ 成本大搜罗

对任何企业来说，成本管理都是重中之重。无论管理者身居何位，都或多或少要

承担成本管理的责任。对于管理者而言，做好成本管理的第一步，是要准备识别成本动因。假设你是某服装生产企业的厂长，你能列举出本企业存在哪些成本动因吗？说说你的理由，填写完成表3-8。

表3-8　成本动因及理由

成本动因	你的理由

课后拓展 | 双箱系统的拓展应用

双箱系统在现实生活中有很多用途。例如，上学要备两支笔，其中一支没墨水了，可以立刻拿出另一支备用的，同时将没墨水的笔赶紧补充墨水。再例如，一些管理较好的公共卫生间，往往备有两个纸槽，当某个纸槽缺纸的时候立即补纸，同时启用另一个。在管理实践中，双箱系统也不仅适用于库存管理，而是可以广泛运用于各个领域。请你根据表3-9的提示，结合具体案例，说明双箱系统的运用方法。

表3-9　双箱系统的拓展运用

应用项	运用方法	具体案例
人员管理		
时间管理		
资金管理		

学习单元三
运营管理系统

情景引入

国际自行车工业公司（NBIC）是大名鼎鼎的日本松下集团的子公司。这家公司从 1987 年开始生产松下牌自行车。NBIC 的一个创举是在公司引入个性化订单系统：自行车爱好者可以在公司提供的 18 种模式、199 种颜色的模型中选择赛车、脚踏车、山地车等 800 万种车型。

NBIC 有一个卓越的运营管理系统，其程序是这样的：顾客可以先到当地松下自行车商店，在一架专门的车架上接受测量，提出自己的要求；然后，店主会将顾客的自行车说明书传真给工厂的主控制室。在主控制室，顾客提出的要求被输入进电脑中，而电脑会自动在三分钟内给出 CAD 图纸（注：有生产设计参数的三维结构模型图），并且产生一个条形码。条形码包含了每个生产环节的要求，生产人员只需扫描一下条形码，就可以知道顾客的要求。

机器人参与生产工作，大大提高了工作效率。当然，有些环节还是必须人工完成的，例如组装工作。组装时，需将顾客的名字制作成精美的铭牌，装配在自行车上。这样，大概三周左右，顾客就能收到一辆按自己要求生产的、印有自己名字的自行车。

课堂讨论

（1）什么是运营管理系统？

（2）运营管理的性质和要求是什么？

> ### 教师提点
>
> 要解决上面这些问题，需要掌握下列知识和技能：
>
> 1．理解运营和运营管理系统的概念；
>
> 2．了解企业价值增值的过程；
>
> 3．了解生产管理的相关内容与要求；
>
> 4．了解营销管理的相关内容与要求。

内容精讲

运营管理（operation management）的概念有多种定义，我们这里特指"从原材料输入到利润输出"的"转化"过程，这一"转化"过程以"生产"为中心环节，前端是采购与供应管理，后端是营销和销售管理。上述三者统称为运营管理系统，反映的是一系列作业中的增值步骤。

采购与供应管理

统计数据显示，在产品销售成本中，采购成本一般占 60% 左右。由此可见，采购环节的管理水平直接影响着企业的经济效益，采购在企业价值链中处于重要地位。

1. 采购管理的职能

采购（purchasing）并不是单纯的购买行为，而是指从市场预测，经过有选择的商品交易，直到采购商品入库为止的全部过程。如图 3-7 所示，企业的采购过程一般可分为四个阶段：准备阶段、决策阶段、供需衔接阶段和进货作业阶段。

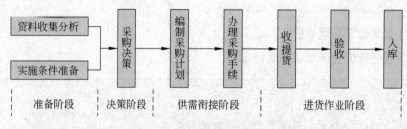

图3-7　采购的一般流程

2. 采购与供需均衡

采购的目的是对生产活动实现有效供应，是生产的前置阶段。采购管理的目标是满足生产的动态需求，实现供需均衡。所谓供需均衡，是指物资供应在时间（不先不后）、空间（必要位置）、质量、数量（不多不少）、成本（订单要求）方面与生产活动的物资供应需求实现较佳的动态匹配。

辅助阅读3-6｜ JIT订单驱动采购与及时供应

JIT（just-in-time）订单驱动采购是指供应商在需要的时间里，向需要的地点，以可靠的质量，向需求方提供需要的资料。

在传统采购模式下，需方同供方经过洽谈下达采购订单，供方接受订单后进行加工制造。在这个过程中，需方要不断跟踪，然后检查质量，储存成品在自己仓库，最后根据订单时间发货到需方。需方接到货物后还要进行一次检验，然后入自己的原料或配件仓库，等生产需用时发送到生产线。换言之，在传统采购模式下，采购的目的是为了补充库存，即为库存采购。

在JIT订单驱动模式下，需方和供方是供应链上可靠的合作伙伴。采购作业通过电子商务，一次性把需方的采购订单自动转为供方的销售订单，质量标准经过双方协议，由供方完全负责任保证，不需要两次检验。由于信息的通畅和集成，采用在需方的VMI（vendor managed inventory）方式——在一个共同的协议下由供应商管理库存，并不断监督协议执行情况和修正协议内容，使库存管理得到持续改进的合作性策略——把供方的产品直接发货到需方的生产线，并进行支付结算，减少供需双方各自分别入库的流程。

换言之，在JIT订单驱动模式下，减少了需方下达订单、接受转换、生产跟踪、质量检验、入库出库和库存积压等环节，采购目的是满足生产线上的需要，同时可以降低采购成本、库存成本。

生产运营管理

当我们将运营视为转化过程时不难看出，企业的盈利基础在于将输入的资源转化为向外部顾客提供的产品或服务。在这一转化过程中，每个职能部门都有自己的运营过程，从而为其他部门提供产品或服务。

事实上，输出往往表现为实物产品和服务的综合，很少有单纯的服务或单纯的产品。当然，产品与服务的区别也是明显的。例如，产品可以储存，而服务在提供时就被消耗掉。尽管这两种输出之间存在差异，但转化过程却是类似的，所以，我们将一起研究对产品和服务的运营管理。

1. 生产运营模式

不同的企业可能采用不同的模式完成转化过程，这取决于企业的业务特点、输出产量，以及生产是否要求柔性。所谓柔性生产（flexible production），是指当生产变量发生变化时，企业的生产系统仍然能够依据变化而经济运行的能力。表3-10列举了几种常见的生产运营模式。

表 3-10　生产运营模式及其特点

过程概况	工艺专业化		混　合	对象专业化	
产量	最低	低	中等	高	最高
柔性	最高	高	中等	低	最低
生产运营模式	项目工程(工程建设、网络系统安装等)	单件生产（制造维修服务、图纸审核等）	批量生产（重型设备制造、印刷服务、水泥搅拌等）	重复生产（自动装配、照单处理等）	连续生产（钢铁厂、酿酒厂、24小时营业厅等）

（1）项目工程（project）。工程建设、网络系统安装以及产品研发等通常都是一次只完成一件工作，称为项目。由于每次过程中都有许多不同的活动，运营管理者必须分别处理。所以，其管理柔性很大，必须适应不同项目的具体特征。

（2）单件生产（job production）。例如修理一台计算机或安装某种电路板的装配线，其产量低，但各个阶段都包括许多不同的工作，要求员工的工作有很强的柔性。

（3）批量生产（batch production）。批量生产是间歇性的，输出的是标准的、熟悉的部件。尽管批量生产与单件作业相似，但由于其输出在批与批之间是类似的，这就减少了单件作业中可能出现的一些始料未及的问题。

（4）重复生产（repeatable production）。在这种生产运营模式下，员工和设备都是为了完成较少的几项工作，输出的产量较高。过程的连续性与一致性使得人们常常将过程视为一个完整的产品流而非一些单独过程或职能的集合。计划、排产、盘点和控制都是对离散单元进行的。重复性服务包括表格处理、商标注册、美容服务等。在制造业中，机器制造还是电子行业，都普遍采用这种模式。

（5）连续生产（continuous production）。连续生产通常被称作流程作业。液体、颗粒状、片状和球状物品的生产以及采矿、采煤等，都属于

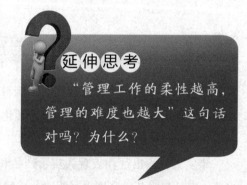

延伸思考

"管理工作的柔性越高，管理的难度也越大"这句话对吗？为什么？

这一类型。生产小型、离散的产品（如牙签）也同样归入流程作业。对这类产品的计划、规划和控制是按产量进行的，而不是按单件进行的。这种模式下，输出的产品量很高，但生产柔性较弱。类似于重复生产，管理者从产品的角度看待连续生产的过程，而非单独的过程或职能。人力与设备都是专业化的，采用这种模式的多属资金密集型企业，如钢铁、水泥和玻璃生产等。

重复生产与连续生产都要求事前进行精密计划，但是操作和控制的过程却相对简单，只需要通过一套严格的、规范化的程序和规范对过程实施监控。

2. 生产运营管理的职能

无论运营模式如何，生产管理（production management）的基本目标依然是从各个方面改进绩效水平，使其达到顾客满意的水平。运营管理的核心职能是为顾客提供高质量的产品和服务。这一核心职能是通过科学的生产计划准备和生产现场作业管理来实现的。

（1）生产准备：确保及时、科学响应生产任务。一些企业草草制订生产计划，便立即开始落实生产，生产开始后便发现因预先准备不够充分而造成安全、质量等方面存在隐患，生产也因此被迫暂停。为避免这种情况发生，企业必须预先做好生产准备工作。事实上，生产活动的各类资源不能等到生产任务下达后再去准备，而应规划好生产过程控制的前置阶段，为随时可能下达的任务时刻做好准备。

以设备保养维护为例，无论其处于生产或闲置状态，都应有计划地进行维护。如果等到任务即将开始才去维护，那么所花费的时间和精力都可能大大超出预期。

（2）生产现场：控制作业进程，防止作业异常。生产现场的作业管理是产品在制的过程管理。大部分的基层管理者从事的都是生产现场的作业管理工作。一般而言，中高层管理者也需要熟悉生产现场作业管理，以便恰当地进行管理决策和业务协调。

作业现场管理的核心是控制作业进程，防止作业异常，它通常是对五大现场元素和生产动态进行管理。五大现场元素具体指 4M1E（人、机、料、法、环），它们是与生产息息相关的元素。任何一个元素存在异常，都会影响到生产的正常运作。

辅助阅读3-7| 4M1E：现场管理的关键元素

人（man）：指在现场的所有人员，包括管理者、生产人员、仓储人员、物流人员等。

机（machine）：指生产中所使用的设备、工具等生产用具。

料（material）：指物料、半成品、配件、原料等产品用料。

法（method）：指方法和技术，包括作业标准、工艺指导书、操作规程等。

环（environments）：指生产环境，包括车间环境和公共环境。

现场管理的元素是确定的，但它们从来都不是静态的，几乎所有元素都会随时发生变化，这意味着现场管理本身也需要具备柔性，需要管理者具备应变力和适应力。

市场营销管理

2004 年，美国市场营销协会（American Marketing Association，AMA）公布了市场营销的定义：市场营销既是一种组织职能，也是为了组织自身及利益相关者的利益而创造、沟通、传递客户价值，以及管理客户关系的一系列过程。营销管理的核心职能是完成企业商品与客户的交换，实现利润。

在企业经营活动中，营销管理（marketing management）是一项非常特殊的活动，它几乎涉及企业经营的所有要素，对内涉及生产材料、产品、价格、市场战略等，对外涉及消费者、竞争者、经济形势，甚至政府公共关系。可以说，所有影响产品销售的要素，都是营销管理的要素。在市场营销理论的发展过程中，有三个重要理论为我们概括出了市场营销管理所包括的各种要素。

1. 4P 和 4C 理论

4P 营销理论（the marketing theory of 4Ps）产生于 20 世纪 60 年代的美国。1953 年，尼尔·博登（Neil Borden）在美国市场营销学会的就职演说中创造了"市场营销组合"（marketing mix）这一术语，其意是指市场需求或多或少在某种程度上受到所谓"营销变量"或"营销要素"的影响。为了寻求一定的市场反应，企业要对这些要素进行有效的组合，从而满足市场需求，获得最大利润。杰罗姆·麦卡锡（McCarthy）于 1960 年在其《基础营销》（*Basic Marketing*）一书中将这些要素概括为以下四个：product（产品）、price（价格）、place（渠道）、promotion（促销）。

> 📖 **辅助阅读3-8| 4P营销理论中的营销四要素**
>
> 产品（product）：注重产品功能，要求产品有独特卖点，把产品功能诉求放在第一位。
>
> 价格（price）：根据不同市场定位制定不同的价格策略，产品定价依据是企业的品牌战略，注重品牌含金量。
>
> 渠道（place）：企业并不直接面对消费者，而是注重经销商的培育和销售网络的建立，企业与消费者的联系是通过分销商进行的。
>
> 促销（promotion）：企业注重通过改变销售行为来刺激消费者，以短期行为（如让利、买一送一等）吸引其他品牌的消费者或导致提前消费，从而促进销售增长。

从本质上讲，4P 理论是以企业为中心的，4P 理论所涉及的四个要素都是以企业为中心来设计的：生产什么产品，制定什么样的价格，以何种渠道销售，如何进行促销。这一理论忽略了顾客作为购买者的利益诉求，忽略了顾客是整个营销服务的真正对象。4C 理论的出现正是为了克服 4P 理论的这一弊端。

4C 理论所包含的四个要素是：① customer，用"客户"取代"产品"，是指要先研究客户的需求与欲望，然后再去生产、经营客户确定想要购买的产品和服务；② cost，用"成本"取代"价格"，了解顾客满足其需要与欲求所愿意付出的成本，再确定相应的价格策略；③ convenience，用"便利"取代"地点"，意味着制定分销策略时要尽可能让顾客方便；

④ communication，用"沟通"取代"促销"，"沟通"是双向的，"促销"是单向的。

4P以企业为出发点

4C以顾客为出发点

4P 理论与 4C 理论的比较见表 3-11。

表 3-11　　4P 理论与 4C 理论的比较

理　　论	4P		4C	
提出时间与代表人物	20 世纪 60 年代中期，麦卡锡		20 世纪 90 年代初期，劳特朗	
具体阐释	产品 product	服务范围、项目，服务、产品定位和服务品牌等	客户 customer	研究客户需求欲望，并提供相应产品或服务
	价格 price	基本价格、支付方式、佣金折扣等	成本 cost	考虑客户愿意付出的成本、代价
	渠道 place	直接渠道和间接渠道	便利 convenience	考虑让客户享受第三方物流带来的便利
	促销 promotion	广告、人员推销、营业推广和公共关系等	沟通 communication	积极主动与客户沟通，寻找双赢的认同感

2. 4R 理论与营销思考

4P 理论和 4C 理论分别从企业角度、客户角度提出了营销管理的关键思路和要素，即企业导向和客户导向。但是，在市场竞争越来越激烈的时候，"竞争关系"也被认为是企业产品能否成为客户选择的一个重要因素。如何参与激烈的竞争？ 2001 年，艾略特·艾登伯格在其《4R 营销》一书中提出 4R 理论，正是基于上述背景。

4R 理论包括的四大要素是关联（relevance）、反应（reaction）、关系（relationship）、报酬（reward）。

辅助阅读3-9| 4R营销理论中的营销四要素

关联（relevance）：4R理论认为，企业与客户是命运共同体，建立并发展与客户之间的长期关系，是企业经营的核心理念和最重要内容。

反应（reaction）：在相互影响的市场中，对经营者来说最现实的问题不在于如何控制、制订和实施计划，而在于如何站在客户的角度确定商业模式。

关系（relationship）：在企业与客户的关系发生了本质性变化的市场环境中，抢占市场的关键已转变为与顾客建立长期而稳固的关系。与此相适应，产生了五个转向：从一次性交易转向强调建立长期、友好合作关系；从着眼短期利益转向重视长期利益；从客户被动适应企业单一销售转向客户主动参与生产过程；从相互利益冲突转向共同和谐发展；从管理营销组合转向管理企业与客户的互动关系。

报酬（reward）：任何交易与合作关系的巩固和发展，都是经济利益问题。合理回报既是正确处理营销活动中各种矛盾的出发点，也是营销的落脚点。

3. 管理者与营销管理

营销管理的核心在于解决这一问题：企业怎样做才可能使顾客产生购买的想法？产品质量好，顾客可能会购买；价格低一点，顾客也可能购买；购买渠道方便一点，顾客也可能购买；促销能给顾客实惠，也可使顾客购买；送货时间快一点，顾客也可能购买；沟通态度好一点，多一点信任，也可以使顾客购买……企业所有的活动，都能直接或间接地支持或损害营销工作的成效。

延伸思考

说说看，你购买一件商品时最在乎的是什么？

有观点认为，在竞争激烈的市场环境中，企业应当变成"营销中心"（或称"营销导向型组织"），即企业的所有活动应围绕市场营销工作的有效开展来设计，这会导致企业内部管理结构、管理模式、管理对象及其性质发生重大变化。换言之，企业管理系统所存在的特性，将因为"有效营销"的需求而被重新定义、塑造。戴尔公司的崛起，就是这一观点的最好例证。

辅助阅读3-10| 戴尔直销与管理模式

戴尔（DELL）是国际著名的计算机销售公司，以其直销模式享誉全球。戴尔最初创立的时候，创始人迈克尔·戴尔还是一个20岁左右的大学生。他当时发现，很多的计算机批发商积压了大量的库存，无法销售出去，而终端消费者（顾客）却无法找到合适的产品。于是，戴尔以最低的批发价采购这些计算机，并登出广告销售。

迈克尔·戴尔着力于解决两个问题：①直接送达客户手中，这可以理解为4C理论中的"便利"；②完全按客户需求"个性化定制"，这可理解为4C理论中的"客户"。

戴尔改变了企业管理系统的运行模式。戴尔本身不生产电脑，而是外包给生产商，戴尔只控制产品标准和质量，其组织结构更像是围绕客户需求建立起来的"销售反应中心"，运营管理和职能管理工作以响应客户的需求为基本要求，以响应速度和质量为评价标准，这使它的管理更侧重于市场反应……时至今日，戴尔的直销模式仍是很多企业学习、效仿的对象。

从戴尔的案例可以看出，管理者需要对营销工作起到服务与支持作用。任何不能对营销工作起服务或支持作用，甚至起损害作用的管理活动，都应当被质疑其存在价值，重新评估其合理性或精简其管理活动。

单元知识逻辑图

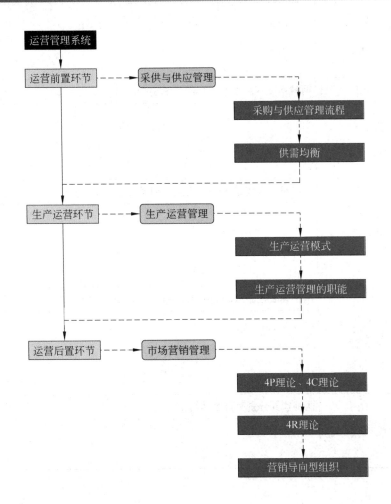

技能演练

课堂实战| 区别代工厂商与品牌厂商

代工厂商与品牌厂商是生产制造领域广泛存在的一组"伙伴"，前者的典型代表是富士康；后者则是苹果公司。苹果公司并不具体从事生产制造，而是专注于技术和产品创新，把生产任务外包给类似富士康这样的代工厂商。当然，还有另外一种模式，即自主品牌生产企业，如丰田汽车公司等，不仅有自己的品牌，而且自己负责生产、组装。

请根据表 3-12 的提示，具体说明代工厂商与品牌厂商在运营管理上的差异。

表 3-12　代工厂商与品牌厂商的生产运营差异

差　　异	说明及举例
运营重点	两种模式在生产运营过程中关注的重点分别是什么？
标准研发	两种模式在生产运营标准方面有何差异？
管理确定性	两种模式在管理的确定性上有何差异？
盈利方式	两种模式在获取利润的数量和方式上有何差异？
风险倾向	两种模式分别有什么风险？

课后拓展｜ 广告案例分析

广告是一项具体的营销工作。本质上讲，广告就是利用各种媒介资源"广而告之"，属于 4C 理论中的"沟通"。广告贵在有创意，吸引人。利用广告进行沟通，是一项非常讲究艺术性的工作。表 3-13 列举了广告沟通的基本要素，请你选择一个自认为最有吸引力的广告，按要求将表格填写完成。

表 3-13　广告案例分析

广告案例描述：	
沟通要素	优　点
我（他）是谁？	
我（他）有什么可以说？	
我（他）要说些什么？	
我要（他）怎么说？	
他（我）是谁？	
他（我）为什么要听？	
他（我）想听些什么？	

第四章
管理过程

问题引入

　　1991年，联邦快递（FedEx）积极开拓亚洲市场，由资深营运副总约瑟夫（Joseph）负责。约瑟夫面临的局面是，亚洲国家的员工并不怎么认同美国公司的管理文化（management culture），且亚洲国家的快递员也不像美国本土的快递员那样受人尊敬，因而员工自身也并不乐意追求联邦快递所号称的"让客户100%满意"的目标。

　　了解到这些情况后，约瑟夫第一步是建立分区授权机制，亚洲区的主管可以按照当地情况做业务策略上的调整；第二步是着手培养员工的客户服务意识。第一步很容易就落实下去了，但第二步迟迟不见效果。为什么呢？他们从统计中发现，许多运务员具有娴熟的应对技巧及争取客户的能力，但因必须花费很多时间在货物处理上，例如从取件、送件、记录资料，以及在各据点与转运中心装货、卸货及分拣，所以无法与客户做更多的互动。

　　于是，联邦快递在1994年重新检讨了运务员的角色，决定增设理货兼职人员，负责将卡车上的包裹卸下，并分拣、重新装至不同的货柜上，最后再载送到机场或集货场。此举不仅有效降低了处理成本，而且让运务员有更多时间与顾客接洽，可以把重心放在服务顾客上。经美国试行一段时间后，联邦快递将这一模式导入亚洲。在公司不间断的教育下，培养了运务员对服务品质的认知，整体提升了顾客满意度。

想一想：管理者都要做什么工作？承担什么管理职能？管理者应按照什么样的过程来推进这些工作？

学习目标

● 知识目标

1. 理解管理职能的概念

2. 了解管理过程的基本环节

3. 了解各管理环节的主要功能

4. 了解企业各个管理环节之间的联系

● 能力目标

1. 掌握决策的性质和决策制定原则

2. 掌握计划生成的过程和基本要求

3. 掌握计划实施的要求和方法

4. 掌握过程控制的基本逻辑和原则

5. 掌握评价和激励的一般要求

6. 掌握持续改善的相关内容和要求

管理过程概述

"管理是一个过程，一个由不同管理职能（management functions）组成的循环过程。"这句话是管理过程（management processes）学派的核心观点。在管理系统中，管理者总是会按一定的顺序实施和开展管理活动，并构成一个有序的、不间断的履行管理职能的活动过程，这就是管理过程。理解"管理过程"的概念，需要从两个方面入手：一是管理职能；二是职能实现的过程性特征。

管理职能是管理者所行使的决策（policy decision）、计划（planning）、组织、领导（leadership）和控制（controlling）等职能的统称。显然，管理者无论在什么样的企业中，或者处在何种管理职位上，都必须做好管理工作，履行管理职能。法约尔将管理职能归纳为五个方面：计划、组织、指挥、协调和控制。依法约尔所言，管理者要做好计划工作、做好人员和资源组织工作等。赫伯特·西蒙的观点则是，管理就是决策。依西蒙的观点，管理者要做好决策工作。除此之外，还有各式各样对管理职能的理解。

核心问题在于，无论如何区分和界定管理职能，所有这些职能都是相互联系、相互融合的，而不是孤立存在的。当管理者履行这些管理职能的时候，这些管理职能会表现出行动上的先后次序、过程上的阶段性特征（见图 4-1）。

图 4-1 管理过程与管理职能

（1）决策与计划。决策是对企业经营方向、内容和方式的判断，是管理活动的开始，对应企业经济事务的筹备阶段。其任务是界定某项经济事务该不该做、值不值得去做、怎样去做。决策与计划紧密联系，计划是为了实现决策所确定的目标预先进行的行动安排。决策是计划的前提，计划是决策的延续。

（2）实施与控制。计划还表现为对后续管理职能的制约。法约尔提出的五项管理职能中，计划处于首要地位，组织、指挥、协调和控制等管理职能接续计划，是计划的延续，其实质是计划的实施以及对经济事务运行过程的控制。这些职能内容可以归纳为对企业经济事务运行过程的实施与控制，对应企业经济事务的运行（执行）阶段。

（3）评价与激励。某项经济事务的运行结果是否实现了计划预定的目标要求？如何考核计划实施的成效和人员的工作表现？如何激励参与者，使其付出更大努力？要解决这些问题，就必须对实施结果作出评价，必须寻找方法改变员工态度和行为表现——这就是管理过程中的"评价与激励"环节。评价与激励相关，评价是激励的基础，评价本身也包含着激励的作用。

（4）持续改善。不能把管理过程当成一个单向度的、直线的过程，管理活动是周而复始的、持续改善的过程。在每一个相对独立的管理过程阶段性结束之时，必须重新审视管理活动的效果，必须着眼于发现管理过程中的各类问题、差距，并在新的管理活动中加以修正……如此循环反复，不断提高管理水平和运营水平。

学习本章内容，一方面要充分了解管理过程的性质和职能构成内容；另一方面也要掌握与各项职能活动相关的、基本的管理技能，为未来从事管理工作做好准备。

学习单元一
决策与计划

情景引入

毫无疑问，可口可乐至今仍是一家拥有全球影响力的公司，不过它在历史上也曾出现过重大决策失误。20世纪90年代，当百事可乐作为挑战者从年轻人手中分割可口可乐市场份额时，可口可乐毅然采取了回击措施。

可口可乐的回击措施是开发一种味道更甜的新配方。口味测试结果证明，采用新配方的可乐口感要胜过百事可乐。可口可乐认为，口味是其市场份额下降的最重要原因。于是，想当然地认为消费者的口味发生了变化。口味测试的结果似乎也证明了可口可乐起初的判断。

但是，可口可乐没有意识到，口味问题其实是一个伪命题，所谓的口味测试，也只不过是自我证实（self confirmed）的一种测试。接下来，可口可乐项目的实施也有些冒进。一般而言，新产品的开发要经历这样一系列过程：新产品构思、构思筛选、概念测试、营销战略、商业分析、产品开发、市场测试、新产品推出。而且，任何一个新产品的上市都要有一个试销的过程——选择在一个小范围、小市场、小地域内试销，并根据试销效果修正营销策略，进一步改进新产品，甚至做出撤销新产品上市的计划。可口可乐的做法则是跨过这一重要步骤，试图直接用新可乐彻底取代原来的经典可乐。更激进的是，可口可乐甚至对包装也进行了颠覆，这更是雪上加霜之举。

当新可口可乐推向市场后，遭到了老消费者的炮轰和抵制。在这些消费者眼中，他们喜欢的是经典可口可乐所代表和象征的美国文化和传统价值观，而现在的可口可乐背叛了消费者，也背叛了自己。可口可乐公司面对消费者激烈的回应，无奈之下狼狈退出市场，接受了消费者愤怒、无情、犀利的批判与否定，成为企业经营史上的一大败笔。

课堂讨论

（1）可口可乐的这次失败主要问题在哪里？

（2）这次失败反映可口可乐公司管理活动中存在哪些缺陷？

> **教师提点**
>
> 要解决上面这些问题，需要掌握下列知识和技能：
> 1. 了解决策的过程特性和相关要素；
> 2. 了解决策的问题类型及相应的决策方法；
> 3. 了解计划的相关知识；
> 4. 掌握基层管理者的决策和计划职能。

内容精讲

决策对企业和管理者的重要性是怎么强调也不过分的。以法约尔对管理职能的界定为例，决策几乎渗透到管理者的各项管理职能活动之中（见表4-1）。这也能解释为什么管理者也时常被称为决策者，以及西蒙"管理就是决策"的观点为什么能获得普遍认可。

表 4-1　管理职能活动中的决策

计划：	组织：
组织的长远目标是什么？	有多少人直接向我汇报？
什么战略能最好地实现这些目标？	组织的集中程度应多大？
组织的近期目标是什么？	职务如何设计？
每个目标的困难程度有多大？	组织应在何时进行改组？
领导：	控制：
如何对待缺乏积极性的雇员？	组织中的哪些活动需要控制？
哪一种领导方式最有效？	如何控制这些活动？
工作的变化将如何影响员工的生产力？	绩效偏差达到什么程度才算严重？
如何解决员工间的冲突和矛盾？	组织应建立哪种类型的管理信息系统？

管理与决策

　　企业的所有经济事务都涉及决策，产品开发能否立项、库存的增减、设备的采购与否、预算的增加与削减、员工的辞与聘等问题，都包含着决策的特定性质，都在决策的范畴之中，都是管理者需要承担的决策任务。

1. 决策过程和要素

　　或许有人认为，决策就是在不同方案中进行选择，这种观点显然过于简单。决策制定是一个基于问题而确立解决方案的复杂过程，而不是简单的选择方案的行为（见图 4-2）。

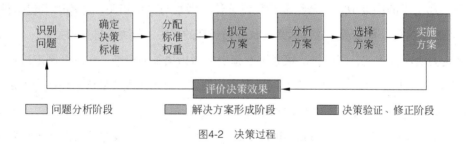

图4-2　决策过程

　　根据图 4-2，决策过程可以分为以下三个阶段、八个步骤。

　　（1）问题分析阶段。问题分析阶段的任务是锁定问题，并对问题的性质、解决问题的要求及其判断标准寻找答案。某个问题究竟"是不是需要解决的问题"，"从哪些方面判断这个问题需要解决"，"解决这个问题需要达到什么样的标准"，是这一阶段要考虑的关键点，它由下面三个步骤构成。

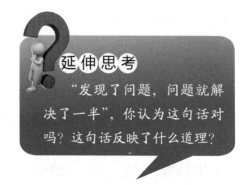

延伸思考

"发现了问题，问题就解决了一半"，你认为这句话对吗？这句话反映了什么道理？

步骤1：识别问题（identification problem）。决策制定过程始于一个存在的问题，或者说是现实与期望状态之间存在着差异。例如，某公司经理的汽车发动机炸裂了，据估算修车是不经济的，而且公共交通又不方便。于是问题产生了：在经理需要汽车和现有汽车不能使用这一事实间存在着差异。

可惜的是，现实中如此明显的问题是极少的。销售额下降了5%是问题吗？或者只是另一个问题的征兆？比如产品过时或广告预算不足。而且，同一个问题在一个经理看来是"问题"，而另一个经理却认为这是"事情的满意状态"。

识别问题的关键是发现隐含的问题

那么，管理者该如何在问题发生之前就正确地识别出问题呢？显然，他们必须将事情的现状和某些标准进行比较，这个标准可以是过去的绩效，预先设置的目标，或者组织中其他一些单位的绩效，或是其他组织中类似单位的绩效。

步骤2：确定决策标准（decision criteria）。管理者一旦确定了需要解决的问题，则对于解决问题起重要作用的决策标准也必须加以确定。也就是说，管理者必须确定什么因素与决策相关。

在上述买车的决策中，公司经理必须评价什么因素与决策相关，这些因素包括价格、样式、品牌、性能、配置等。这些因素反映公司经理的想法，与决策息息相关。

无论是否明确表述，每一位决策者都有指引他做出决策的标准。在决策制定过程的这一步，"不确认什么"和"确认什么"同等重要。例如，公司经理如果认为耗油量不是考虑因素，那么该因素就不会影响对轿车的最终选择。

步骤3：分配标准权重（standard weight）。并非所有影响决策的标准都同等重要。因此，为了在决策中恰当地考虑其优先权，有必要明确步骤2所列标准的重要性。

如何衡量决策标准的重要性？一个简单的方法就是给最重要的标准打10分，然后依次给余下的标准打分。这样，与5分的标准相比，最高分的标准将比之重要1倍。当然，你也可以从100分或1000分打起。决策标准权重在很大程度上取决于决策者的偏好，从各标准的得分中可以看出其对决策者的重要程度。

（2）解决方案形成阶段。解决方案是指在问题的性质、判断标准明确的基础上，所拟定的系统解决问题的思路和方法。解决方案形成阶段由以下三个步骤构成。

步骤4：拟订方案（list of options）。这一步骤要求决策制定者列出能成功解决问题的各种可行方案。在这一步中，无须评价方案，仅须列出即可。

步骤 5：分析方案（analysis scheme）。方案一旦拟定，决策者必须以批判的眼光分析每一方案。这些方案经过与步骤 2 和步骤 3 所述的标准及权重的比较后，每一方案的优缺点就变得明显了。

步骤 6：选择方案（scheme selection）。这一步骤是从所列的和评价的方案中选择最优方案的关键步骤。既然我们已经确定了所有与决策相关的因素，恰如其分地权衡了它们的重要性，并确认了可行方案，那么我们仅须选择步骤 5 中得分最高的方案。

（3）决策验证、修正阶段。有很多种方法用于验证方案是否可行，例如试点、试运行等。大规模推行一个尚未验证的方案，常常是造成巨大损失的直接原因。但无论怎样，方案最终必须实施并经过修正，才能称得上是一个可靠的方案。决策验证、修正阶段包括以下两个步骤。

步骤 7：实施方案（implementation plan）。尽管步骤 6 已完成了方案的选择，但如果方案得不到恰当的实施，仍可能导致失败。所以，步骤 7 涉及将方案付诸行动。

步骤 8：评价决策效果（effect evaluation）。决策过程的最后一步是评价决策效果，看该决策是否成功解决了问题、取得了预期结果。如果问题依然存在，管理者必须仔细分析什么地方出了错：是没有正确认识问题吗？是在方案评价中出错了吗？是方案选对了但实施不当吗？对此类问题的回答，将使管理者追溯前面的步骤，甚至可能要重新开始整个决策过程。

2. 程序化与非程序化决策

是不是任何事项的决策都会复杂到必须用上面所说的标准决策过程来解决呢？果真如此的话，管理者将被大量的决策活动所包围，无法着手其他任何管理事务。

决策活动是否需要采取标准程序，取决于问题的性质。问题可以简单地分为结构性问题和非结构性问题两类（见表 4-2），与此对应的是程序化决策和非程序化决策。

表 4-2 问题分类与示例

结构性问题示例	非结构性问题示例
车间文档管理	项目立项
车间设备维护	产品定价
新员工入职	新产品推广策略
员工信息登记	存货处理
商业秘密管理	样板工程标准的确定
销售员绩效奖金发放	研发人员绩效标准确定
产品研发过程规范	拟定商业谈判策略

（1）结构性问题与程序化决策。所谓结构性问题（structural problem），是指问题的内容（包括构成问题的要素、目标、前提条件等）表现出固定的、较为清晰的框架，这类问题的处理也会在框架范围内呈现出有限的或者较为明确的可选择项。结构性问题往往很直观，是熟悉的、目标明确的问题，与问题相关的信息也是清晰的、完整的。

📖 辅助阅读4-1| 结构性问题的解决方法

"是否接受某个新员工入职"之所以成为一个结构性问题，是因为新员工入职在一家企业中往往有清晰的判断标准，入职的程序也比较固定。一家供应商延迟了交货日期，一位顾客取消了网上订单，或者学校批复一名学生的资助申请等，这些都是直观、熟悉和易确定的结构性问题，解决这些问题要么依照惯例，要么依据政策，要么依赖某种程序。

餐厅服务员将饮料溅到顾客身上，管理者应如何处理呢？由于这种情况时常会发生，很多公司都会制定相应的标准化管理办法。例如，管理者可从公司拿一笔钱赔偿给客人洗衣服。这就是一个程序化决策（programmed decision），它是用例行办法解决重复性问题的决策。

决策可以程序化到重复和例行的地步，是因为决策问题属于结构性的，管理者不必费尽心机去建立一个复杂的决策过程。在许多情况下，程序化决策变成了依据先例的决策，管理者仅需按自己或他人在相同情况下所做的那样做就行了。因此，在程序化决策中，制订方案的阶段要么不存在，要么不受重视。饮料溅到顾客身上这件事，并不需要管理者确定决策标准及其权重，也不需要列出一系列可能的解决方案。相反，管理者只需求助于一个系统化的程序、规则或政策就可以了。

（2）非结构性问题与非程序化决策。遗憾的是，管理者面临的许多问题都是非结构性的（non-structural），这类问题是新的或不同寻常的，有关问题的信息也是含糊不清的。例如，挑选建筑师设计新的办公大楼，为进军某一细分市场而选择收购一家企业，投资一种新的、未经证实的技术，这些都是非结构性问题。

针对非结构性问题所进行的决策，就是非程序化决策（non-programmed decision）。当管理者面临非结构性问题时，由于没有固定的解决方法可循，因此需要作出非程序化的、有针对性的反应。这时候，

管理者就需要按照上面所讲的标准决策过程进行决策了。

3. 管理者的决策任务

如果一个企业内完全是程序化决策，那也意味着管理的大部分活动将演变成一种程序化的事务处理，无疑将容易很多。但是，管理者面临的环境、管理的问题时刻都在发生变化，因而决策不可能完全是程序化的。毫无疑问，一个企业必然充斥着程序化决策与非程序化决策混杂的情况，这些不同的决策将依据管理层级和职权获得合理的分工。

图 4-3 描绘了问题类型、决策类型以及管理层级三者之间的关系。

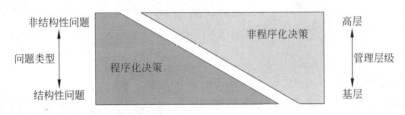

图4-3　管理层级、问题类型与决策类型

如图 4-3 所示，越是处于基层的管理者，其在熟悉的、重复发生的问题上的决策比重越大，因此，他们主要依靠类似标准操作程序那样的程序化决策。而越往上层的管理者，他们所面临的问题越可能是非结构性问题，其非程序化决策的比重也越大。

在现实社会中，只有极少的管理决策是完全程序化的或完全非程序化的，大多数决策介于两者之间。但由于程序化决策使管理者作出判断的需要减少至最低——判断会增加决策成本，降低管理效率，且恰当的判断能力不是人人都具备的，因而只要有可能，管理决策都应当程序化。

显然，这对高层管理者不太现实，因为高层管理者所面临的许多问题都不具有重复性。但强烈的决策效率动机促使高层管理者寻找一切可能的方法制定政策、标准和规则，以指导其他管理者，降低中基层管理者的决策难度。反过来，基层管理者的决策虽然大部分是简单的、程序化的决策，但是例外事件仍然存在。对这些例外事件的信息收集、问题分析、方案建议，以及寻找途径将同类型例外事件的处理形成标准化和程序化的框架，也是基层管理者要承担的决策任务。

从决策到计划

计划是决策的逻辑延续，是为了实现决策所确定的目标预先进行的行动安排。具体而言，计划就是将决策所指明问题的解决方案具体化为行动目标和过程指导，体现为有步骤、有计划地按解决方案的要求解决问题的一系列行动安排。

辅助阅读4-2| 正式计划与非正式计划

计划可分为正式计划和非正式计划。所有的管理者都要从事计划工作，但许多工作只是一种非正式计划。在非正式计划中，要做什么事常常在某个人或少数人的头脑里，计划是粗略的和缺乏连续性的。这种非正式计划大量存在于小企业中。当然，非正式计划也存在于某些大型企业中，而一些小企业也会制订非常详细的正式计划。

本书所讨论的"计划"一词指的是正式计划，即每一个时期都有具体目标，且这些目标以文字形式记录下来，并让组织成员贯彻实施。换言之，正式计划需要明确规定某项事务想要达到什么目标和怎样达到这些目标。

1. 计划的类型

延伸思考

为什么事情越复杂，越需要制订科学的计划？

计划与决策的关系，决定了计划必然遵照决策所针对的问题特性而表现出类型、内容和要求上的多样性。这些不同的计划可以从内容广度、时间跨度、行为限定的明确度三个维度进行分类（见表4-3）。

表4-3　计划的类型

分类标准	类 型	
内容广度	战略计划（strategic plan）	作业计划（operative plan）
时间跨度	长期计划（long-term plan）	短期计划（short-term plan）
行为限定的明确度	指导计划（guiding plan）	具体计划（specific plan）

上述对计划的分类并非相互独立的。比如，短期计划和长期计划之间就存在紧密关系，类似的还有战略计划和作业计划之间的关系。

2. 不同计划的关联性

战略计划可以脱离作业计划而存在吗？反过来，作业计划可以不考虑战略计划的要求吗？答案都是否定的。

图4-4说明了组织的管理层级与计划类型之间的一般关系。多数情况下，基层管理者的计划活动主要是制订作业计划。当管理者在组织中的层级上升时，他的计划角色就更具战略导向。对于大型组织的最高管理者而言，他的计划任务基本上都是战略性的。

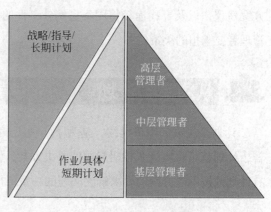

图4-4　计划与管理层级

但是，在一个组织系统中，各种各样的计划都会表现出高度的关联性。一个车间主任拟定的车间生产计划，既可能是总裁办公室拟定战略发展计划的信息依据，也可能是战略发展计划的内在构成。反过来，总裁办公室也会将来自基层的不同计划汇总、调整成为企业的综合性计划——这是自下而上的计划途径；也可能首先拟定综合计划，再安排

不同的管理层级需要做不同的计划

给每个车间拟定具体计划——这是自上而下的计划途径。无论是自上而下还是自下而上，计划最终必然需要在上面所讨论的三个分类维度上协调统一，并互为补充。

（1）战略计划与作业计划。应用于整体组织的，为组织设立总体目标和寻求组织在环境中的地位的计划，称为战略计划。规定总体目标如何实现的细节计划称为作业计划。战略计划与作业计划在时间跨度上，在内容广度上和在是否包含已知的一套组织行为规则限定等方面，都有很大不同。作业计划趋向于覆盖较短的时间间隔，月度计划、周计划、日计划等就属于作业计划；战略计划趋向于包含持久的时间间隔，通常为5年甚至更长，它们覆盖较宽的领域和不规定具体的细节。此外，战略计划的一个重要任务是设立目标；而作业计划则假定目标已经存在，只是提供实现目标的方法。

（2）短期计划与长期计划。财务分析人员习惯于将投资回收期分为短期、中期和长期。短期是指1年以内的期间；长期一般为5年或5年以上；中期则介于两者之间。管理者往往也采用同样的标准来划分计划类型。

（3）指导计划与具体计划。客观地看，似乎具体计划比指导计划更可取。因为具体计划有明确规定的目标，不存在模棱两可，没有容易引起误解的问题。但是，具体计划也有弊端，它要求的明确性和可预见性条件不一定都能满足。当不确定性很高时，就要求管理当局保持灵活性以防意外发生，这种情况下指导计划就显得更可取。

指导计划只规定一般的方针，它指出重点但不把管理者限定在具体目标或特定行动方案上。例如，一项增加利润的具体计划，可能具体规定在未来6个月中成本要降低4%，销售额要增加6%，并详细列明了达成这一目标要做的每一项工作；而指导计划一般只提出未来6个月中计划使利润增加5%～10%。显然，指导计划更具灵活性。当然，指导计划也会缺少具体计划所具有的明确性，管理者必须对此进行权衡。

3. 衡量计划的科学性与有效性

如何衡量一项计划是不是科学和有效呢？也许有人会说，这只能交付行动来检验了，就像决策方案必须通过实施来检验一样。事实并非如此。一项计划是否科学和有效，有它基本的判断标准，这些判断标准可以概括为六个方面（见表4-4）。

表 4-4　计划科学性与有效性的衡量要素

要　素	内　容
目标明确	为管理者和非管理者指明方向和目标，让所有有关人员了解任务目标和为达到目标必须作出什么贡献
资源许可	任何一项计划的实施都涉及人、财、物的投入，有效的计划应在资源许可范围内进行
协调性强	计划能够保证各个不同的人，甚至是不同的团队、职能部门互相协调各自的活动，互相合作
分工明确	通过计划的事前协调排除浪费和冗余，能将效率低下的问题显现出来，并排除在计划之外，或者暴露在管理者面前
路径清晰	即使是指导计划，也应有实现目标的思路和规划，而具体计划就必然更需要具体的行动路径了
便于控制	通过比较量化的标准、行为来保证计划的可衡量性和可控性

任何计划都不是一成不变的。由于企业内外部环境可能发生不可预料的变化，计划形成、落实后随时可能面临动态调整，这样才能更好地适应不断变化的需求。由于调整后的计划是对先前计划的修订，所以仍需要达成上面的衡量标准，只是在具体内容上有所差异。

延伸思考

既然"计划没有变化快"，那我们何必要做计划呢？谈谈你的看法。

👥 单元知识逻辑图

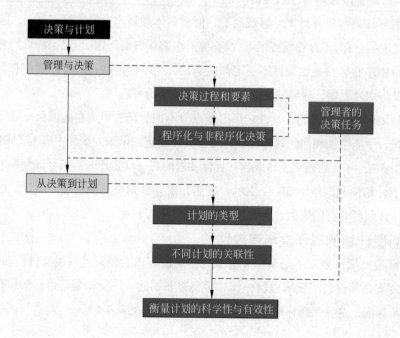

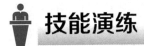

技能演练

滚动计划法（见图4-5）是一种动态编制计划的方法，是按照"近细远粗"的原则制订一定时期内的计划，然后按照计划执行情况和环境变化，调整和修订未来的计划。在调整计划时，均将计划按时间顺序向前推进一个计划期，即向前滚动一次。滚动计划法把短期计划和中期计划结合起来，提高了计划的弹性。

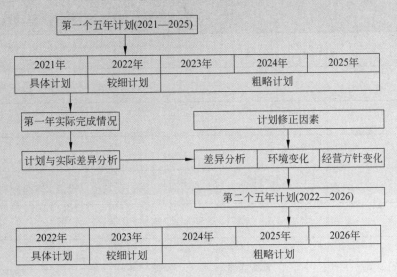

图4-5　滚动计划法示意图

课堂讨论话题：

（1）滚动计划法有哪些优点？

（2）滚动计划法适用于哪些情况？这些情况有什么特征？请举例说明。

课后拓展| 运用德尔菲法进行决策

决策可以是管理者独自做出，也可以与别人一起做出。德尔菲法（Delphi method）就是一种群体决策方法。以下是利用德尔菲法进行决策的一般步骤。

（1）确定问题：通过一系列仔细设计的问卷，要求成员提供可能的解决方案。

（2）每一个成员匿名、独立完成第一组问卷。

（3）将第一组问卷的结果集中在一起编辑、誊写和复制。

（4）每个成员收到一本问卷结果的复制件。

（5）看过结果后，再次请成员提出他们的方案。第一轮的结果常常会激发出新的方案或改变某些人原有的观点。

（6）重复（4）和（5），直到取得大体上一致的意见。

现在假设班主任委派你和其他6名同学一起来确定本期班级黑板报的主题和内容，并希望你多征求小组内其他人的意见。为此，你试图用德尔菲法来征求其他同学的意见，并形成最终的板报设计方案。请你将决策过程及方案填写在表4-5中。

表4-5　德菲尔法决策实施表

序号	小组成员	要解决的问题	判断标准	标准权重
1				
2				
3				
4				
5				
6				

可行方案	方案描述	方案优劣	
		优点	缺点

最终选择：

理由：

学习单元二
实施与控制

情景引入

乔布斯 (Jobs) 是商业世界的奇迹。他的完美主义精神不只影响了一个公司、几个有限的电子科技产品，也影响着人们对管理的看法。

乔布斯提出过一个影响深远的观点："过程就是奖励。"在过程中把事物做到极致，达成完美，成了他一生追求的目标，这也让他成为一个控制欲和控制力都很强大的人。

乔布斯的父亲老乔布斯曾这样评价："他喜欢追求完美，即使别人看不到的地方他也会关心。"乔布斯力求完美的性格也源于父亲对他的教导。老乔布斯认为，追求完美意味着即便是别人看不到的地方，对其工艺也必须尽心尽力。

乔布斯将这一理念应用到了 Apple Ⅱ 的内部电路板布局上。例如，他否定最初设计的理由是线路不够直，他要么以美学标准仔细检查没有用户会看到的印刷电路板，要么为几十个彼此只有细微差别的连接线泡沫模型喷漆后的检查而操心、烦恼。

乔布斯认为，当每个细节都做到了极致的完美，这个产品就不可能不完美了。这种完美主义驱使乔布斯反复琢磨、推敲每一个产品的细节。当决定 Apple Ⅱ 箱子的设计时，潘通公司两千多种不同的米黄色居然没有一种能让乔布斯满意，乔布斯甚至要求对方创造出一种全新的颜色。完美主义同时使乔布斯力求将苹果设计为一个封闭机，外界无法对其进行改造、干预、修改或是安装插件。从硬件到软件，从内容到营销，乔布斯强调把产品的所有部分整合在一起，这是乔布斯试图自己创新和控制的一个世界。

课堂讨论

（1）乔布斯说的"过程就是奖励"是什么意思？

（2）你认为管理者需要怎样的控制力？

> **教师提点**
>
> 要解决上面这些问题，需要掌握下列知识和技能：
>
> 1. 了解实施与控制的相关内容；
>
> 2. 了解控制的一般方法和要求。

内容精讲

假定一项计划是完美的，各方面的人、工作和资源也是恰如其分配置的，管理者还需要控制计划实施的过程吗？也许有人认为，员工按照计划的要求去做就可以了，控制工作几乎是不存在的，存在的只是"管理计划"——对计划的不足进行调整、补充和修正。但客观地说，"管理计划"只是控制工作的一个方面，单纯地把控制理解为"管理计划"是理想化了的管理现实，是很难做到的。

实施过程的控制

计划付诸实施，必然需要监督实施过程的各项活动，及时纠正可能出现的偏差。实施和控制对应的是经济事务（产品、项目等）的施行阶段，是在计划形成之后将计划付诸行动，并确保各类人员按计划施行、达到预期目标的管理过程。

确切地说，所有的管理者都应当承担控制的职责，即便他的部门和团队是完全按照计划运行的。这是因为：第一，在对实际工作与计划标准进行比较

过程控制的必要性

之前，管理者并不知道自己负责的各项工作是否正常进行，有效的控制可以保证各项行动完成的方向是朝着最终目标的；第二，虽然工作计划为管理者和被管理者提供了方向，但仅仅确定目标或让员工接受目标并不能保证他们会采取正确的行动，有效的管理者必须时时追踪以确保员工采取了期望的行动，并实现了预期目标。

1. 过程控制与管理者角色

回顾第二章的内容，我们讨论过作业操作管理层面的基层管理者，他们在履行管理职能的过程中，时间分配大体为：领导活动所费时间占比51%、组织活动所费时间占比24%、计划活动所费时间占比15%、控制活动所费时间占比10%（见图4-6）。基层管理者履行这些职能的时间，究竟消耗在哪里了呢？简单的理解是，这些时间大部分都消耗在了计划实施过程中。管理者，特别是基层管理者，他们的组织、领导、控制等管理职能大部分是在

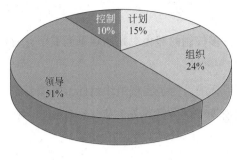

图4-6 基层管理者的时间占比

实施与控制的过程中以不同角色形式来完成的。具体而言,这些角色包括资源统筹者、事务协调者、过程监督者、行为指导者四种。

（1）资源统筹者（resource overall）。管理者的主要任务就是统筹物质资源、人力资源和信息资源等,全力促进计划顺利实施。以物质资源统筹为例,由于物质资源的数量、种类较多,如果对其统筹不力,易出现资源数量不明、分布不均、丢失或损坏等情况。因此,管理者必须实时掌握物质资源的相关状况,并及时清理报废资源,补充新资源,确保计划辅助资源的充足,避免因资源问题而导致实施过程不畅。

（2）事务协调者（transaction coordination）。通常情况下,企业会在计划中列明每件事务的责任人。然而,在具体实施过程中,由于个人理解差异或计划不当,人们对具体事务的分工安排、实施方法等方面可能存在异议,这就需要管理者充当事务协调者,确保人们愿意接受任务,并圆满完成任务。

（3）过程监督者（process supervision）。在计划实施过程中,管理者要进行全方位监督,督促相关人员严格按照计划实施,以此形成有效的约束力。而一旦发生突发事件,管理者更需要展现其灵活应对能力,采取有效措施,坚决避免计划实施过程因突发事件冲击而受到影响。

（4）行为指导者（behavior guide）。在计划实施过程中,管理者还应履行示范角色,这一角色与领导职能有非常强的关联。管理者要充分运用自己的专业技术和工作能力,为下属提供指导、示范,以使下属更科学、有效地完成既定任务。

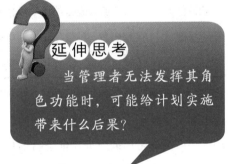

延伸思考

当管理者无法发挥其角色功能时,可能给计划实施带来什么后果?

📖 **辅助阅读4-3| 管理者的自信与控制力**

年轻时,乔布斯每天凌晨4点起床,9点半前一天工作基本妥当。他说,自由从何而来?从自信来!而自信则是从自律来!要学会克制自己,用严格的日程表控制生活,这样才能在自律中不断磨炼出自信。自信是对事情的控制力,若连最基本的时间都控制不了,还谈什么自信?

2. 实施过程与控制对象

在计划实施过程中，管理者具体控制什么呢？许多控制的努力总是用在下面五个方面中的一个或多个上，即人员、财务、作业、信息和组织绩效。

（1）人员。管理者是通过他人的工作来实现其目标的。为了实现组织目标，管理者需要而且也必须使用一些控制手段，以确保员工按照所期望的方式工作。表4-6列举了一些行为控制手段。

表4-6　行为控制手段

控制手段	内　　容
甄选	识别和雇用那些价值观、态度和个性符合管理期望的人
目标设定	当员工接受了具体的目标，这些目标就会指导和限制他们的行为
职务设计	职务设计在很大程度上决定了可从事的任务、工作的节奏，以及相互间的关系等
定向	规定何种行为是可接受的或不可接受的
直接监督	亲临现场限制员工的行为和迅速发现偏离标准的行为
培训	向员工传授期望的工作方式
传授	通过老员工非正式和正式的传授活动，向新员工传递"该知道和不该知道"的规则
正规化	正式的规则、政策、职务说明书和其他规章制度规定了可接受的和禁止的行为
绩效评估	员工会以使各项评价指标看上去不错的方式行事
组织报酬	报酬是一种强化和鼓励期望行为、消除不期望行为的手段
组织文化	通过故事、仪式和高层管理的表率作用，传递什么构成人们的行为的信息

（2）财务。企业的首要目标是获得利润。在实现这一目标的过程中，管理者需要进行成本和费用控制。例如，管理者需要仔细查阅每季度的收支报告，以发现多余的支出；管理者还需要对常用的财务指标进行监控，以保证有足够的资金支付各种费用，保证债务负担不至于太重，确保所有的资产都得到有效利用。这些都是通过财务控制来降低成本，并使资源得以充分利用的管理措施。

（3）作业。企业的成功在很大程度上取决于它在生产中提供服务的效率和效果，作业控制的目标是提升企业资源转换过程的效率和效果。作业控制的内容包括：监督生产活动，保证其按计划进行；评价购买能力，以尽可能低的价格提供所需的原材料；监督产品或服务的质量，保证满足预定标准；保证所有设备得到良好维护。

（4）信息。管理者需要信息来完成他们的工作，不精确、不完整、过多的或延迟的信息将会严重阻碍管理者的行动。企业应开发出这样一种管理信息系统，使它能在正确的时间，以正确的数量，为正确的人提供正确的数据。

（5）组织绩效。管理者当然要关心组织绩效，但他们并不是唯一关心组织绩效的人。客户和委托人在选择生意对象时，也会对组织绩效作出判断。证券分析家、潜在的投资者、潜在的贷款者和供应商，也会作出判断。即便是雇员或潜在的雇员，也会作出评价。因为员工决定接受或拒绝某企业提供的工作机会时，毫无疑问会考虑到该组织的绩效。事实证明，为了维持或改进组织绩效，管理者应关心如何控制组织绩效。但是，衡量组织绩效的指标并不唯一。生产率、效率、利润、员工士气、产量、适应性、稳定性，以及员工的旷工率等，都是衡量组织绩效的重要指标。管理者需要对这些指标进行实时监控。

3. 不同类型的控制

控制可以发生在实施活动开始前、活动进行中，或者活动结束后。第一种称为事前控制（beforehand control）；第二种称为事中控制（intermediate control）；第三种称为事后控制（afterwards control），具体如图4-7所示。

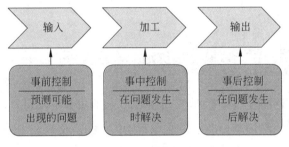

图4-7　控制的类型

（1）事前控制。事前控制是管理者最渴望采取的控制类型，因为它能避免预期出现的问题。之所以称为事前控制，是因为它发生在实际工作开始之前，是未来导向的。事前控制用于防止问题的发生，而不是当出现问题时再补救。事前控制需要及时和准确的信息，但不幸的是这些常常很难办到。因此，管理者不得不借助于另外两种类型的控制。

（2）事中控制。从名称可以看出，事中控制是发生在活动进行之中的控制。在活动进行之中予以控制，管理者可以在发生重大损失之前及时纠正问题。最常见的事中控制方式是直接视察。当管理者直接视察下属的行动时，就可以同时监督雇员的实际工作，并在发生问题时马上进行纠正。虽然在实际行动与管理者做出反应之间会有一段延迟，但这种延迟是非常小的。

（3）事后控制。管理活动中最常用的控制类型是事后控制，其控制作用发生在行动之后。事后控制的主要缺点在于，当管理者获得信息时，损失已经造成了。事后控制好比是亡羊补牢。但在许多情况下，事后控制是唯一可用的手段。

事前控制　　　　　　　　事中控制　　　　　　　　事后控制

与事前控制和事中控制相比，事后控制有两个方面的优点。第一，事后控制为管理者提供了关于计划效果究竟如何的真实信息，如果反馈显示标准与现实之间只有很少的偏差，说明计划目标达到了；如果偏差很大，管理者就应该利用这一信息使新计划制订得更有效。第二，事后控制可以增强员工的积极性，因为人们希望获得评价他们绩效的信息，而反馈正好提供了这样的信息。

控制过程和要求

图 4-8 说明了控制的过程和要求。一般而言，控制过程可以划分为三个步骤：① 衡量实际绩效；② 比较实际绩效与标准；③ 采取行动纠正偏差或不适当的标准。

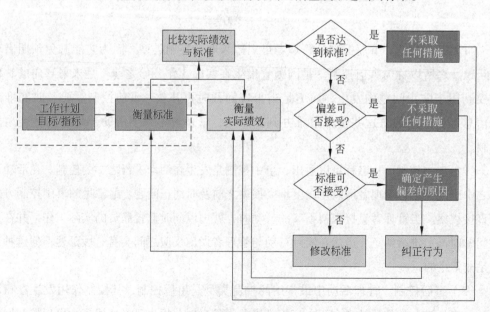

图4-8　控制过程循环示意

在讨论每一个步骤之前，需要说明一点，管理控制的前提是假定存在着行动标准，这些标准可以是一系列的工作目标，也可以是具体的衡量指标（如产品合格率），但必须是具体的、明确的、可检验的，对实际行动进行度量的。由于这些标准是通过计划产生的，所以我们认为，标准必须从计划中产生，计划必须先于控制。

延伸思考

如果不做计划，不拟定科学的标准，控制该如何进行？或者说，当标准不适用的时候，该如何控制行动过程？

1. 衡量实际绩效

为了确定实际工作的绩效如何，管理者需要收集必需的信息。所以，控制的第一步就是衡量（measure）。那么，管理者应该如何衡量以及衡量什么呢？

（1）如何衡量。有四种信息来源常常被管理者用来衡量实际工作绩效，即个人观察、统计报告、口头汇报和书面报告。这些信息来源分别有其优点和缺点（见表4-7）。将它们结合起来，可以大大提高信息的可信度。

表 4-7　四种信息来源的比较

信息来源	优　点	缺　点
个人观察	可提供关于实际工作的第一手详细资料，且观察范围广泛	不受员工欢迎，且对定量信息的搜集可能存在偏差
统计报告	信息形象，且能有效说明事物之间的关系	提供有关活动的信息有限，可能忽略一些重要的客观因素
口头汇报	快捷、有反馈，同时可以通过语言语调和词汇本身传达的信息	信息经过转述，不易储存和重新使用
书面报告	比口头汇报更全面、准确，且易于归类、查阅	速度慢

（2）衡量什么。"衡量什么"比"如何衡量"更关键，因为"衡量什么"在很大程度上决定了组织中的员工追求什么。

虽然某些控制标准适用于任何管理情况，比如员工满意度、出勤率、营业额等，但是任何一个全面的控制系统都必须考虑不同管理活动的差异性。例如，生产主管使用的可能是单位时间产量、单位成品消耗或产品合格率等绩效标准；而销售经理则需要市场占有率、合同销售额或顾客拜访次数等标准才能有效地衡量工作绩效。

在无法确定客观标准时也要确定主观标准

因此，要确定"衡量什么"，管理者要先确定某个人、某个单位或某个部门对组织的贡献价值所在，然后再将其转换为可供衡量的标准。当一种衡量业绩的指标不能用定义方式表达时，管理者也要寻求一种主观衡量方法。当然，主观方法具有很大的限制性，但总比什么标准都没有要好。

2. 比较实际绩效与标准

通过比较，可以确定实际工作绩效与标准之间的偏差。在某些活动中，偏差是在所难免的，但必须确定可以接受的偏差范围（见图4-9）。如果偏差显著地超出这个范围，就应该引起管理者的注意。在比较阶段，管理者应该特别注意偏差的大小和方向。

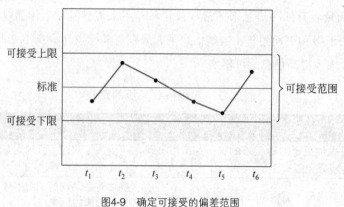

图4-9 确定可接受的偏差范围

3. 采取行动纠正偏差或不适当的标准

控制的第三个步骤就是采取管理行动，管理者应该在下列三种行动方案中进行选择：①什么也不做；②改进实际绩效；③修订标准。第一种选择很容易理解，下面着重讨论后两种行动方案。

（1）改进实际绩效。如果偏差是由于绩效不足所产生的，管理者就应该采取纠正行动。具体方式可以是管理策略、组织结构、补救措施或培训计划上的调整，也可以是重新分配员工的工作或做出人事上的调整。

管理者在采取纠正行动之前，先要决定他是应该采取立即纠正行动，还是彻底纠正行动。所谓"立即纠正行动"，是指立即将出现问题的工作矫正到正确轨道上；而"彻底纠正行动"则要先弄清工作中的偏差是如何产生的，为什么会产生，然后再从产生偏差的地方开始进行纠正。

（2）修订标准。工作中的偏差也有可能来自不现实的标准，也就是说指标订得太高或太低。这种情况下，是标准值得注意，而不是工作绩效。

单元知识逻辑图

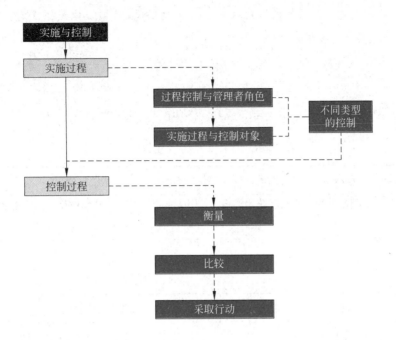

 技能演练

✅ **课堂实战|　控制者的角色分析**

　　那些在实施过程中对员工不闻不问的管理者，经常被称为"甩手掌柜"。这是一种略带贬义的称谓，也从一个侧面说明了管理者要关注实施过程。本单元中，我们把管理者在实施过程中的角色归纳为四类：资源统筹者、事务协调者、过程监督者和行为指导者。请你设想一下这四类角色所承担的各项具体工作，填写完成表4-8。

表4-8　角色与工作对应表

角　色	资源统筹者	事务协调者	过程监督者	行为指导者
具体工作1				
具体工作2				
具体工作3				
具体工作4				
具体工作5				

📑 **课后拓展|　读书计划实施过程与偏差控制**

美国前总统比尔·克林顿曾对人说，在牛津大学上学时，他一年读300本书。这意味着他几乎每天都要读一本书。克林顿的夫人、前任美国国务卿希拉里表示，要"做一个读很多很多书的女人"。读书是增进知识、提升能力的重要途径。

假设一个大学生拟定了一年读30本书的计划（不包括教材），并打算付诸实施，这就涉及实施过程的控制。请从自己的实际情况出发，讨论表4-9中的问题。

表4-9　读书计划与偏差控制方案

阅读目标	30本	时间周期	1学年	起止日期	
图书类别	□自然科学 ____本	□政治经济 ____本	□人文历史 ____本	□文学作品 ____本	□其他：____ ____本
时间计划					
偏差诱因	□时间　□阅读能力　□阅读兴趣　□租借困难　□其他：_____				
针对每一项诱因的控制措施	□时间： □阅读能力： □阅读兴趣： □租借困难： □其他： 1. 2. 3. 4.				

◀ **学习单元三**
评价与激励

🔲 **情景引入**

保罗·盖蒂（Paul Getty）是美国石油界财富与权力的象征性人物，一位极富魅力的企业家。有一次，保罗·盖蒂以高薪聘请一位名叫乔治·米勒（George Miller）的人勘测洛杉矶郊外的一些油田。这位米勒先生是美国著名的优秀管理人才，对石油行业很内行，而且勤奋、诚实，管理企业有本领。

米勒到岗后一星期，保罗·盖蒂来到洛杉矶郊外的油田视察，结果发现那里的面貌没有多大变化，油田费用高、利润上不去的问题依旧无法解决。针对这些状况，盖蒂对米勒提出了改进的要求。过了一个月，盖蒂又来到油田检查，结果他发现改进还是不大，因此有点生气。但思考后冷静下来，盖蒂相信米勒是有才干的，而且自己也给了米勒很高的薪酬。为了了解米勒的真实想法，盖蒂决定找他好好谈谈。

盖蒂严厉地说道："我每次来这里时间不长，但总发现这里有许多地方可以减少浪费，提高产量和增加利润，而您整天在这里竟然没有发现？"

米勒也不隐藏地直说："盖蒂先生，因为那是您的油田。油田上的一切都跟您有切身利益关系，那使您眼光锐利，看出了一切问题。"

不久以后，盖蒂再次找到米勒，直截了当地说："我打算把这片油田交给您，从今天起我不付给您工薪，改为付给您油田利润的百分比。这正如您所明白的，油田愈有效率，利润当然愈高，那么您的收入也愈多。您看这个做法怎么样？"

米勒欣然接受。从那天起，洛杉矶郊外油田的面貌日益改观。两个月后，盖蒂又去洛杉矶郊外油田视察，这回他高兴极了，这里的产量和利润都大幅增长。

课堂讨论

（1）盖蒂采用的是哪种激励方法？

（2）为什么在管理过程中必须进行评价与激励？

> 教师提点
>
> 要解决上面这些问题，需要掌握下列知识和技能：
>
> 1. 了解评价与激励的基本要求；
>
> 2. 掌握评价与激励的基本方法。

内容精讲

评价（appraise）是指对员工的工作行为（action）、态度（manner）及其所创造的价值贡献（contribute）进行考核评估，并作出反馈。激励（inspire）是指在有效评估的基础上，以激发员工的工作积极性为目的，借用物质上或精神上的各种手段，唤醒员工内在的精神动力。

激励是必要的吗？保罗·盖蒂对米勒的管理就是一种激励，其效果非常显著。哈佛大学教授威廉·詹姆士（William James）研究发现，按时计酬的分配制度仅能让员工发挥20%～30%的能力；如果受到充分激励的话，员工的能力可以发挥出80%～90%。两者之间60%的差距，就是有效激励的结果。

完整的激励过程必然是评价与激励的有机结合。

 ## 评价

评价是激励的依据和基础，这是一种比较流行的看法。这种看法只反映了评价的部分功能，它忽视了评价活动本身也会对被评价人产生影响的事实。全面来看，评价提供了对员工相关表现的判断和说明，也为后续的激励提供了依据，但它本身也能够对员工产生影响，具有激励的作用。评价由考核（assessment）与反馈（feedback）两部分构成。

1. 考核

就像评价是激励的基础一样，考核是评价的基础。考核可以是以业绩（绩效）为中心的考核，也可以是以行为、纪律等素养内容为中心的考核。由于绩效考核在企业中非常普遍，因而当人们提及考核的时候，经常被单纯地指向"绩效考核"。不过，我们仍然要从更广义的视角来看待考核。

（1）考核的分类。表 4-10 展示了不同分类方法下的考核类型。据此，我们可以确切地知道，考核可以从多个不同的维度来展开，并服务于不同的评价需求。

表 4-10　考核的分类

分类方法	考核的类型	考核的内容与方向
时间划分	定期考核	一个月、一个季度、半年、一年
	不定期考核	对人员提升所进行的考评；主管对下属日常行为表现进行记录，发现问题及时解决，同时也为定期考核提供依据
考核内容	特征导向型考核	考核重点是员工的个人特质，如诚实度、合作性、沟通能力等，即考量员工是一个怎样的人
	行为导向型考核	考核重点是员工的工作方式和工作行为，如服务员的微笑和态度、待人接物的方法等，即对工作过程的考量
	结果导向型考核	考核重点是工作内容和工作质量，如产品的产量和质量、劳动效率等，侧重点是员工完成的工作任务和生产的产品
客观性	客观考核	对可以直接量化的指标体系所进行的考核，如生产指标和个人工作指标
	主观考核	考核者根据定性的考核指标体系对被考核者进行主观评价，如工作行为和工作结果

考核的目的和考核结果的应用领域，决定了考核的方式。考核的目的和应用领域可以是发现员工存在的问题、提升工作规范化水平，也可以是人员的晋升、任用等。在表 4-10 所列的各种考核类型中，定期考核尤为特殊。定期考核通常并不是单纯为了对某些人、某些事进行评价，而是对企业长远发展目标的一种规划，是通过阶段性考核将组织长远发展目标转化为阶段性目标的管理方式，是企业将其经营活动进行过程化管理的具体体现。

（2）考核的方法。评估一个人的能力、行为、绩效结果等，从来就不是一项轻松的任务。无论是管理者还是员工，当讨论到考核话题时，总会皱起眉头。原因在于，考核涉及对人的评价，而被评价总是敏感的。另外，考核还涉及激励与奖惩，这就要求考核结果必须公平、公正地反映事实。遗憾的是，没有任何一种考核方法和工具可以确保考核结果完全符合真实情况。尽管如此，我们还是需要了解一些常用的考核方法（见表 4-11），它们能从不同角度反映被考核者的真实情况。

表 4-11　常用考核方法及其释义

方　　法	释　　义
目标考核法	员工被分配若干具体的指标（关键目标），以目标完成情况作为评价员工的依据
交替排序法	分别挑选、排列"最好的"与"最差的"，然后挑选出"第二好的"与"第二差的"，依次进行，直至被考核人员排列完全为止，以优劣顺序作为绩效考核结果
配对比较法	一种更为细致的通过排序来考核绩效水平的方法，每一个考核要素都要进行人员间的两两比较和排序，使得每个考核要素、每一个人都和其他所有人进行充分比较
强制分布法	预先设定绩效水平的分布比例，然后将员工的考核结果安排到分布结构里去
关键事件法	通过员工的关键行为和行为结果来对其绩效水平进行考核，一般由主管人员将其非常优秀的行为事件或者非常糟糕的行为事件记录下来，然后通过面谈讨论来对其绩效水平做出考核
叙述报告法	以文字叙述的方式说明事实，包括以往工作取得了哪些明显的成果，工作上存在的不足和缺陷是什么
360° 考核法	又称交叉考核，是一种通过同事评价、上级评价、下级评价、客户评价以及个人评价来评价员工的方法

无论管理者采用何种方法评价员工，核心问题在于评价要尽可能科学，具有可靠性、客观性、公平性。即使是在评价结果模糊的状态下，也必须通过沟通、协商获得共识。

2. 反馈

反馈是将考核结果（或经观察所发现的各类问题）以恰当的方式回馈给受评人。

　　反馈是控制论（cybernetics）的一个重要概念，特指将系统的输出返回到输入端，并以某种方式改变输入，进而影响系统功能的过程。按照控制论的说法，没有反馈的考核是毫无意义的，也根本无法被称为"评价"。但现实情况是，人们想要的反馈和实际得到的反馈之间往往存在着鸿沟。组织里的员工到处都在反映，他们收到的反馈太少；而管理者则反复地说，他们正在给出大量反馈。有研究发现，相比新加坡、日本、中国台湾、中国香港的工人，美国工人收到的反馈连一半都不到。

　　（1）反馈的激励功能。有很多事例可以证明，反馈不仅仅是将信息传达给被评价者，反馈本身其实就是一种激励，是激励的方式之一。

辅助阅读4-4｜　经典信息反馈实验

　　心理学家赫洛克（E.Hurlock）曾做过一个著名的信息反馈实验，他把106名四五年级的小学生分四个组，让他们练习难度相同的加法5天，每天15分钟。练习是在四种不同的情况下进行的：第一组为受表扬组，每次练习后予以表扬和鼓励；第二组为受批评组，每次练习后严加批评；第三组为被忽视组，每次练习后不予以任何评价，只让其静听其他两组受表扬和挨批评；第四组为控制组，每次练习后不予以任何评价，但让他们与前三组隔离。

　　实验结果表明：前三组的练习效果均优于控制组，受表扬组和受批评组明显优于被忽视组，且受表扬组的成绩不断上升。也就是说，适当表扬的效果明显优于批评，而批评的效果比不予任何评价要好。

　　赫洛克的信息反馈实验是心理学上的一个经典实验。解释这一现象的典型理论是美国行为心理学家伯尔赫斯·斯金纳（Burrhus Frederic Skinner）的强化理论（reinforcement theory）。强化是指伴随于行为之后，以有助于该行为重复出现而进行的奖罚过程。对员工的反馈，无论是赞赏性的鼓励，还是否定性的批评，都会表现出强化的效用，前者称为正强化（positive reinforcement），后者称为负强化（negative reinforcement）。关键问题在于，被反馈者从反馈中对自己行为结果加以了解，调节自己的动力和方向，从而强化他先前的行为，促使行为者做出更多的类似行为，这一心理现象被心理学家称为"反馈效应"（又称"强化效应"）。

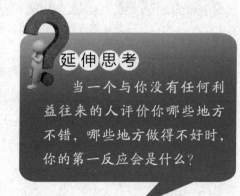

延伸思考

　　当一个与你没有任何利益往来的人评价你哪些地方不错，哪些地方做得不好时，你的第一反应会是什么？

（2）反馈激励的效用条件。并非所有的反馈都能产生正面的结果，不恰当的批评可能使人愤而抵抗，过于严肃的教育可能让人敬而远之……反馈要产生积极的、正面的效用，必须遵循两个基本原则：即时反馈（timely feedback）和激励反馈（incentive feedback）。

即时反馈在心理学上被称为"即时强化"。斯金纳通过鸽子实验证实了即时强化的作用。他认为，对好的行为及时表扬，这种行为再次发生的可能性就高。如果强化延迟了，行为将不会得到加强。按照斯金纳的理论，管理者对于员工的奖惩要想取得最好的效果，就应该在其行为发生以后尽快反馈给对方。一个人在实施了某种行为以后，即使管理者只是表示自己已注意到这种行为，这种简单的反馈也能起到正强化的作用。但如果管理者对这种行为不予注意，这种行为重复发生的可能性就会减少以至消失。所以，管理者必须将"即时强化"作为反馈的一个基本原则。

除了即时反馈，管理者还要注意的原则是激励反馈。尽管我们可以说，批评、否定总比没有反馈好。但是，积极的、建设性的反馈，仍然是管理者应当采取的主要方法。

评价与心理效用

📖 **辅助阅读4-5| 松下幸之助的反馈**

素有"经营之神"之称的日本松下电器（Panasonic）总裁松下幸之助有一次在一家餐厅招待客人，一行六个人都点了牛排。等六个人都吃完主餐，松下幸之助让助理去请烹调牛排的主厨过来，他还特别强调："不要找经理，找主厨。"助理注意到，松下幸之助的牛排只吃了一半，心想一会儿的场面可能会很尴尬。

主厨来时很紧张，因为他知道叫他的客人是大名鼎鼎的松下先生，他紧张地问道："是不是牛排有什么问题？"

松下略带歉疚地说："牛排很美味，但是我只能吃一半。原因不在于厨艺，牛排真的很好吃，你是位非常出色的厨师，但我已经80岁了，胃口大不如前。"

主厨与在场的其他人都很困惑，松下接着说："我想当面和你谈，是因为我担心，当你看到只吃了一半的牛排被送回厨房时，你的心里会难过。"

（3）管理者与反馈评价。大部分员工都渴望获得组织对于自己绩效表现的信息。但现实是，很少有员工一年之中能得到一次全面的反馈，即便得到了，反馈的质量也是值得怀疑的，反馈能否起到激励作用更是值得怀疑。

当然，反馈对管理者来说未必是一件让人愉快的任务，这个过程可能充满了各种各样的质疑、分歧，甚至争吵。但是，反馈又是管理职能的重要构成，无论管理者身处哪个位置。确切地说，反馈既需要沟通能力，也需要领导能力。缺乏这些能力，对管理者是很不利的。通常情况下，管理者可以从以下两个途径入手，找到更好的方法来发挥反馈的作用。

① 发现自我反馈能力。管理者的自我反馈能力是指管理者自行进行反馈的能力。相对于制度性反馈而言，自我反馈是一种人际反馈，其能力要素见表4-12。

表4-12　自我反馈能力要素

要　素	说　明
建立明确的反馈预期	让员工知道反馈将在什么时候，以什么样的方式给出，在整个队伍中建立起反馈预期和指导原则，并以此作为反馈评价制度的一部分
进行自我反馈培训	管理者应当学习和练习积极反馈，这是领导沟通重要的内容
有意识增加积极反馈	把反馈频率提高，发现积极处并即时反馈
转变消极反馈方式	让自己的行为举止积极起来，察觉沉闷或者否定性习惯，改正它

② 运用制度性反馈工具。制度层面的反馈可以体现为文化墙上张贴的绩效曲线图、工作进程表（甘特表）、销售结果表等，这些都是在制度层面进行反馈，反馈的内容可以是管理者试图反馈的任何内容。

📖 **辅助阅读4-6|　制度性反馈**

在一家制造工厂里，产品质量的绩效用曲线图显示在展板上。在曲折上扬的曲线图里，工人们急切地紧盯着自己的绩效表现，观察其中的趋势。当他们到达曲线中的"目标线"时，到处都是祝贺的声音。再也不需要有一位主管出来说他们做得不错，他们已经知道自己做得很好！事实上，在这种情景中，来自主管的反馈甚至会让员工感到主管是在摆架子。如果曲线图显示出短暂的下滑，也不会有任何批评或指责。工人们自己就能发现问题，然后自己去纠正。在别的情形之下，工人们或许已经收到消极的外部反馈了。

激励

人是可以被激励的吗？为什么有的人无论怎么花费金钱、精力和情感，就是无法激励起来呢？确实有许多人认为，激励是一种人格特征，有些人可以被激励，有些人则是无法被激励的。但科学研究不断否定这种观点。激励是个体与环境相互作用的结果。我们要谨记，由于个体的差异性和环境的变动性，使得激励水平不仅因人而异，而且对同一个人而言还因时而异。

1. 激励过程

一般而言，激励是努力、组织目标和需要三个变量的函数。努力是对行为强度的衡量，当某人被激励时，他会努力工作。但是，除非这种努力符合组织的期望，否则付出再大努力也是徒劳。所以，在考虑努力强度时，还要注意努力质量，即努力行为应与组织目标一致。图 4-10 提供了激励过程的一般模式。

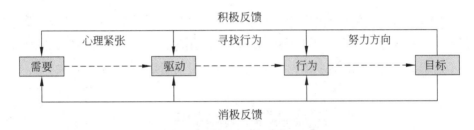

图4-10 激励过程

图 4-10 中的"需要"指的是一种心理状态，它使某种特定结果具有吸引力，一种需要未被满足就会使个体产生某种紧张感，进而激发个体的内在驱动力。这种内在驱动力将导致个体寻求特定目标，并努力实现目标。因此，激励就是一个满足需要的过程。

可以这样说，被激励的员工处于紧张状态之中，为了缓解这种紧张状态，他们努力工作。紧张程度越大，员工的努力程度越高。如果这种努力能够成功引致个体需要的满足，它将减少员工的紧张程度。如此看来，激励因素就表现为能够引发紧张感的需要了。

2. 激励因素

对激励因素最系统的研究，应属美国心理学家弗雷德里克·赫茨伯格（Frederick Herzberg）提出的"双因素理论（motivator-hygiene theory）"。20 世纪 50 年代末，赫茨伯格对 9 家企业的 203 名工程师和会计师进行了"人们希望从工作中得到什么"的调查，要求调查者详细描述他们认为工作中特别好或特别差的方面。通过对调查结果的分类归纳，赫兹伯格发现，对工作感到满意的员工和对工作感到不满意的员工的回答完全不同。

弗雷德里克·赫茨伯格
（1923—2000）

图 4-11 左侧列出的是与工作满意有关的因素，右侧列出的是与

工作不满意有关的因素。当对工作感到满意时，员工倾向于将这些特点归因于他们本身；而当他们感到不满意时，则常常抱怨外部因素，如公司政策、管理和监督、人际关系、工作条件等。

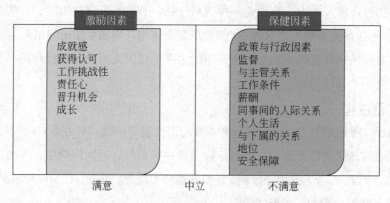

图4-11　赫兹伯格的双因素理论

赫茨伯格认为，满意的对立面并不是不满意，因为消除了工作中的不满意因素，并不一定能使工作结果令人满意。基于调查结果，赫茨伯格指出，满意的对立面是没有满意，而不是不满意；同样，不满意的对立面是没有不满意，而不是满意（见图4-12）。

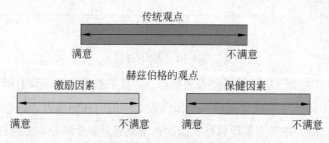

图4-12　满意与不满意的对比

按照赫茨伯格的观点，导致工作满意的因素与导致工作不满意的因素是有区别的，因此管理者消除了工作中的不满意因素只能带来平和，而不一定对员工有激励作用。这些因素只能安抚员工，而不能激励员工。赫茨伯格称这些导致工作不满意感的因素为保健因素。当它们得到充分改善时，人们就没有不满意感了，但也不会感到满意。赫茨伯格认为，要想真正激励员工努力工作，必须注意激励因素，这些因素才会增加员工的工作满意感。

"满意"的反面不等于"不满意"

3. 激励的层次性

双因素理论侧重于解决外部"激励因素"问题，包括激励因素是什么，以及可能达成什么样的效果。但是，管理研究者同时发现，这些因素在不同的人身上、在同一个人的不同情况（时间、地点）下，其激励效用也会表现出差异性。

例如，尽管赫兹伯格认为薪酬是保健因素，但高额的薪酬对一个陷入经济困难的人来说所具有的激励性是非同一般的；而晋升机会尽管被认为是激励因素，却对很多人没有太大的吸引力。

赫兹伯格错了吗？我们不能这么认为。赫兹伯格的双因素理论是从外部需求来讨论一般现象的。这一理论应当与亚伯拉罕·马斯洛（Abraham Harold Maslow）的需要层次理论（Maslow's hierarchy of needs）相结合。马斯洛认为，每个人的需要都是分层的。

亚伯拉罕·马斯洛
（1908—1970）

（1）生理需要（physiological needs）：指衣食住行等生存方面的需要，以及其他方面的生理需要。

（2）安全需要（safety needs）：指保护自己免受身体、财产和情感伤害的需要。

（3）社会需要（social needs）：指友谊、爱情、归属及接纳等方面的需要。

（4）尊重需要（esteem needs）：指自尊、自主、成就感等内部尊重和地位、认可、关注等外部尊重的需要。

（5）自我实现需要（self-actualization needs）：指成长与发展、发挥自身潜能、实现理想的需要。

如图 4-13 所示，马斯洛指出，这五个层次的需要层层递进，以生理需要为基础，以自我实现为最高发展需求。一般而言，较低层次的需要得到满足之后，较高层次的需要便会随之而来，需要层次越低，越容易得到满足，人们往往会为了追求高级需要更加奋不顾身，因为高级需要的满足更加具有成就感。

成长

需要层次	举　例	特　征
自我实现需要	当上经理	发挥自身价值
尊重需要	得到表扬	得到他人尊重
社交需要	友情、爱情	与他人在一起
安全需要	身体健康，不受攻击	身体不受威胁
生理需要	吃饭、休息	生存的必需

基本需要

图4-13　马斯洛的需要层次理论

马斯洛的理论得到了普遍认可,特别是在管理实践领域。这主要归功于该理论简单明了、易于理解，是对被激励对象内在需求的逻辑性表达。不同的人处于不同的需要层次，对不同层次需要的满足决定了激励的效果。

激励管理

现在我们可以回答前面提出的"人是否可以被激励"这一问题了，一个人是否可以被激励取决于激励因素（需要）与他现有的对需要的满足程度（层次）之间的动态配置关系。

在管理的整个过程中，激励时刻都在发生。反馈包含着激励（鼓励、提出要求等），期望、批评、奖赏或处罚等也是激励。关键问题在于，是鼓励好，还是批评更好；是提期望好，还是提要求更好；是提供物质回报好，还是提供晋升机会更好……这些都要求管理者注意其激励性，激励必须得到恰当的管理。

图 4-14 揭示了激励管理的一般路线图。

激励应该符合员工所需

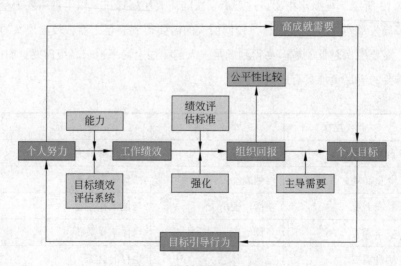

图4-14　激励管理的一般路线图

所谓激励管理（incentive management），特指管理者通过有目的、持续的考核、反馈并衡量员工的工作成果，以此为依据提供需要满足的管理活动。

从图 4-14 也可以看出来，激励与考核、反馈、评价、目标、薪酬等各个方面的要素紧密相关，激励管理正是对这些不同的要素进行组织，并与员工的努力程度、需要相匹配，以激发员工的积极性。激励管理的关键在于处理好以下四个方面的关系。

1. 个人努力与组织目标：联系性

无论个人如何努力，只要他的努力与企业的组织目标是不协调的，那么对组织的经济绩效就毫无帮助，如此也就不存在激励的需要。激励的对象应该是符合组织目标的活动。所以，目标是激励的前提。但是，组织目标是宽泛的、宏观的，组织目标必须通过层层分解转化为个人目标，才能符合激励的要求。

我们将在第五章中具体讨论目标管理的内容，特别是个人目标设定的规则。在此需要明确的是：个人努力必须与组织目标具有高度联系，且组织目标在激励活动中必须是以个体目标的形式表现出来，必须是可衡量的。

📖 辅助阅读4-7| 目标设定理论

一些人认为目标本身（特别是挑战性的目标）就具有激励作用，能激发人为满足自己的成就感而产生行动。美国马里兰大学（University Of Maryland）的管理学兼心理学教授爱德温·洛克（Edwin Locke）和休斯（Hughes）在研究中发现，外来的刺激（如奖励、工作反馈、监督的压力）都是通过目标来影响动机的。目标能引导活动指向与目标有关的行为，使人们根据难度的大小来调整努力的程度，并影响行为的持久性。

依据这样的研究发现，爱德温·洛克和休斯于 1967 年最先提出了目标设定理论（goal-setting theory）。他们认为，目标本身就具有激励作用，目标能把人的需要转变为动机，使人们的行为朝着一定的方向努力，并将自己的行为结果与既定的目标相对照，及时进行调整和修正，从而实现目标。这种使需要转化为动机，再由动机支配行动以达成目标的过程，就是目标激励。

由此，从激励管理的角度，我们可以确定目标的两个要求：第一，个人目标必须与组织目标相结合，以提供设置激励因素和激励内容的依据；第二，要考虑和发挥目标本身的激励功能。

2. 个人期望与组织回报：匹配性

并非所有人都可以通过单纯的目标来激励，那些低成就感、低抱负水平的人可能根本不在乎目标，他们之所以付出努力，只因为完成组织赋予的个人目标后能获得组织回报。

组织回报和个人期望是紧密联系的。期望理论（expectancy theory）较充分地解释了两者之间的关系。期望理论由维克托·弗鲁姆（Victor H. Vroom）提出，他认为只有当个体预期到某一行为能给自己带来既定结果，且这种结果对个体具有吸引力时，个体才会采取这一特定行为。

（1）努力—绩效。个体感觉通过一定程度的努力，能实现工作绩效。

（2）绩效—奖赏。个体认为，达到一定工作绩效后，能获得理想的奖赏结果。

（3）吸引力（attraction）。如果工作完成，个体所获得的潜在结果或奖赏对个体的重要性程度，与个人的目标和需要有关。

简言之，如果员工从内心里感觉到通过自己的努力，可以实现某种结果，达到企业需要的目标，他也相信达到目标后能够获得某种奖赏，而这种奖赏也是自己迫切需要的，那么这个员工就必然会受到激励。

3. 个体回报和群体比较：相对性

一个员工在一个小时内付出 100% 的努力，收获了 100 元的绝对报酬，就他个人来说，这笔报酬是不菲的，他很满意。但这只是期望理论中的绝对回报的概念。如果这个员工与他人比较，发现同样的努力可以获得 200 元报酬时，那么他的满意度将直线下滑至最低限度，这就是激励相对性的观点。如果同样的工作不能获得相同的待遇，那么员工就会感到不公，从而丧失积极性，即使不公正的待遇远远超出员工最初的期望。因为，当不公正出现时，员工的期望也会随之调整，进而降低激励的效果。

📖 辅助阅读4-8│ 杰克·韦尔奇辞职风波

1960 年，杰克·韦尔奇获得博士学位后加入通用电气公司。他在这个公司工作了 41 年直至退休，被人们称为最伟大的 CEO（首席执行官）。但是，公众经常忽略的是，他就职的第一年就差点愤然辞职。

工作满一年的韦尔奇收到了加薪 1000 美元的激励。对新婚不久的韦尔奇来说，这实在是太好了。但是，他随后发现，他们办公室的四个人薪水完全一样，这让他很不平衡。他觉得自己付出更多，成效更多，理应获得比"标准"薪水更多的东西。韦尔奇后来回忆说，他和老板谈了谈，但没有讨论出任何结果。"我觉得自己陷入一个大组织最底层的旋涡之中。早已确定好标准的工资浮动，使我看到了这家公司的杂音，这使我感到愤怒。"很快，韦尔奇便找到了一份更体面的工作，而且递交了辞职书。不出几日，他所在的部门还将为他举行欢送仪式。但转机来了，他的上司留住了他，这位叫加夫托的高管同样意识到公司的官僚作风，答应韦尔奇今后将杜绝这种作风，并为他涨了工资。

大量研究支持了激励相对性观点。员工的积极性不仅受其绝对收入的影响，而且受其相对收入的影响。一旦员工感知到公平上的差异，他们就会采取相应的行动，其结果可能是生产率和质量的降低，或者缺勤率和离职率的提升。

4. 期望变化与持续匹配：发展性

如同马斯洛的需要层次理论所揭示的道理一样，个体的期望经常处于变动之中。一个人在某一个时段可能极其关注生理、安全需求，而在另一个时段可能更注重自我成长和自我实现需要。更多的时候，这些需要掺杂在一起，左右着员工的行为选择，同时影响着激励的效用。那么，管理者该如何管理激励的发展性呢？

（1）多样化的激励政策。几乎所有的激励理论都认为，每个员工都是独特的个体，他们的需要、态度、个性等各不相同，因而几乎每一个管理者都必须对他所管理的人（特别是那些重要的、有能力的部下）进行单独的思考，设置单独的激励政策。多样化的激励政策谋求的是激励因素与个体需要的针对性匹配，这既包括有形的物质激励因素，也包括非物质激励因素。大量研究证据表明，将个体与职务进行合理匹配能够起到激励作用。例如，高成就需要者应从事小企业的独立经营工作，或在规模较大的组织中从事相对独立的部门运作。但如果是在大型官僚组织中从事管理工作，候选人必须是高权力需要和低归属需要的。同样，不要让高成就需要者从事与其需要不一致的工作，当他们面对中度挑战水平的目标，并且具有自主性和可以获得信息反馈时，能够做得更好。

（2）期望回报的可预见性。无论员工的期望如何变化，只要他期望的回报是可预见的，员工的行为就会一直处于被激励中。可预见性包含两个方面：对等性；承诺的可靠性。对等性是指员工的努力与组织回报在关系上呈现出正相关；承诺的可靠性是信用判断。不诚信的管理者是不可能持续激励员工的，不公平地剥削员工价值也无法在共同发展上与员工达成一致。

单元知识逻辑图

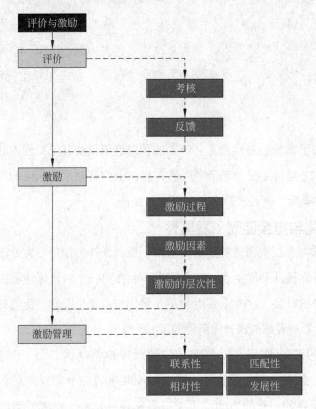

技能演练

课堂实战 | 不同考核方式的优劣比较

即使面对同一个人，采用不同的考核方式进行考核，也会产生不同的结果。例如，某销售员一年销售了1000件商品，比平均数高出40%，这是一个了不起的成绩。但他的销售额集中在第四季度完成，如果按照季度考核的话，他前三个季度的表现都是不合格的。本单元中，我们介绍了几种比较常见的考核方式，请说出它们各自的优劣和适用对象，填写完成表4-13。

表4-13　考核方式优劣与适用对象

考核方式	优　点	缺　点	理想适用对象
定期考核			
不定期考核			

考核方式	优　点	缺　点	理想适用对象
特征导向型考核			
行为导向型考核			
结果导向型考核			
客观考核			
主观考核			

续表

课后拓展｜ 挖掘"双因素"与需要层次的联系

在赫茨伯格提出的双因素理论中，无论是保健因素，还是激励因素，都可以与马斯洛提出的需要层次相联系。请根据你的理解，将各个因素填入表 4-14 的空白处。

表 4-14 "双因素"与需要层次联系表

激励因素	成就感　获得认可　工作挑战性　责任心　晋升机会　成长
保健因素	政策与行政因素　监督　与主管关系　工作条件　薪酬　同事间的人际关系　个人生活　与下属的关系　地位　安全保障

你能举出的其他因素及其分类（属于保健因素还是激励因素）：

需要层次	归类整理	
	激励因素	保健因素
生理需要		
安全需要		
社会需要		
尊重需要		
自我实现需要		

学习单元四
持续改善

情景引入

大野耐一（Taiichi Ohno）是著名的丰田（Toyota）生产方式的创始人，被日本人称为"日本复活之父""穿着工装的圣贤"。他最初到丰田汽车公司的时候，公司面临非常危险的局面，年销量下降到区区3275辆。汽车销售不出去，工人开始罢工，而且持续相当长时间，丰田汽车公司濒临破产。

当时的丰田汽车公司面临着资金短缺、原材料供应不足等各种困境，而且，由于日本汽车制造业的生产率与美国差距巨大，成本也比美国高很多，售价也降不下来。为了生存，丰田汽车公司必须想办法降低成本，提高效率，降低不必要的浪费。否则，日本的汽车工业将难以为继。

怎样实现超越？大野耐一的策略是从一点一滴的改进开始。他关心的是质量和生产效率。他日思夜想：为什么美国的生产率比日本高出这么多倍？通过观察生产现场，大野耐一发现，只要原材料、零部件供应及时，工人的效率就很高，几乎是平均效率的三倍。而那时候的原材料供应，包括整车装配时的零部件供应经常不及时，工人们没办法，要么等待，要么做一些清扫之类的工作。更进一步的观察发现，如果还可以考虑一些省力的工作方法，例如减少搬运，员工的工作效率还可以提高近两倍；要是能够杜绝返工，更是可以将企业整体的生产效率提高几倍。正是由于这些点点滴滴的改进，终于提高了丰田汽车公司的生产效率，提升了日本汽车工业的竞争力。大野耐一的这些做法，就是持续改善思想的源头。

课堂讨论

（1）什么是持续改善？

（2）持续改善是指改善什么？

（3）持续改善与管理过程有什么关系？

> 📝 **教师提点**
>
> 要解决上面这些问题，需要掌握下列知识和技能：
>
> 1.理解持续改善的理念、内容和相关知识；
>
> 2.掌握持续改善的方法。

内容精讲

决策、计划、实施、控制、评价、激励等各种不同的管理职能,构成了管理者的职能管理过程,且每一个单一的职能活动都存在着持续改善的要求。例如,决策必须进行验证和修正,表现为一个循环改善的过程（参见图4-2）;计划必须跟踪调整、改善,以使之更科学;控制也是一个循环过程（参见图4-8）;激励与反馈活动也是如此（参见图4-10）。

延伸思考

为什么管理过程会呈现出循环改善的特征?

事实上,不单每一项独立的管理职能存在持续改善的特征和要求,整个管理过程都需要进行持续改善。

改善

持续改善的管理理念起源于日本,是指逐渐、连续地对企业运行中的各种活动增加改善点,采取改善行动,最终实现企业生产水平、管理水平的全面提升。

持续改善是一种理念,而非某个具体的管理事务或独立的管理职能,它能指导企业一切经济事务和管理事务的运行。

1. 改善与过程

持续改善与过程息息相关。持续改善经常被作为管理过程的有机组成部分嵌入到管理系统当中,从头到尾参与企业经济事务和管理事务。

强调以过程为主,是持续改善的主要思考方式。这一思考方式认为,只有通过对过程的改善,才能得到更好的结果。如果预期的结果没有实现,那么肯定是某个过程出了问题,这时就要找出产生问题的过程并予以纠正。简言之,改善将过程视为改善对象,而将结果作为过程改善的产物。

辅助阅读4-9| 结果导向与过程导向

企业管理实践领域存在两种管理导向:结果导向和过程导向。结果导向侧重于行动结果,从结果要求的角度引导全员努力。其特征是:对员工提出要求、提出目标,同时授权员工自行管理工作过程。在这一管理导向下,管理者着眼于最终的经济产出,而较少关心员工的行动过程,这种管理方式在创意型工作中较多出现。

与结果导向不同，过程导向的管理将员工工作过程和管理者的管理过程视为管理的必然对象。极端情况下，员工甚至是不需要知道自己的工作目标，只需按既定标准完成工作即可，管理者也要不断寻求更好的管理方法来促使员工按照标准方式工作，或者不断提升工作标准。

严格来说，结果导向与过程导向只是在理论上有明确的界线。企业的管理活动总是以最终的经济绩效作为出发点的，管理者必须关心最终的结果。因而，即使是在过程改善的实践中，也非常强调每一个人要对结果充分关注。过程与结果实质上是不矛盾的。区别在于：强调对过程的改善，赋予了管理者和员工对实现目标结果的过程（手段、方法、规范性、保障措施等）的更多关注，从而更有效地确保最佳结果的实现。

结果导向与过程导向

值得注意的是，改善所指向的过程，并非单指生产过程，也包括管理过程，而且两者的匹配度也是改善的重要对象。可以通过下面的情景来理解生产过程、管理过程以及两者匹配度在管理改善中的相互联系：一件衣服在流水线上生产，它在每一个环节的停留时间、每一个环节应该达到的质量标准，可以认为是生产过程，指向效率和效果；为确保员工按时间、质量行事，对每一个环节进行的监督、控制活动，可以理解为管理过程，指向管理控制的有效性；但如果生产线上出现了问题（例如出现质量问题），而管理者无从察觉这一问题，或者某种激励方式与员工生产活动极不协调导致员工不愿意、不积极从事这一生产工作，则可以认为是生产过程与管理过程之间出现了不匹配。

持续改善必须将企业的所有活动视为一个完整、有机的体系，它由各种管理要素构成，其中任何一个要素、活动、事项存在问题和差距，都可以视为改善的对象。

2. 问题与差距

与决策过程类似，对过程的改善也是以发现问题和差距、逐步修正问题、缩小差距为起点和着眼点的。换言之，持续改善以问题和差距为驱动力，修正问题、缩小差距是推动持续改善的基础。

所谓问题（question），是指标准（预期）与实际结果之间的差异。在管理活动中，问题特指质量、效率等与标准要求出现的偏差，不合格的产品、成本浪费、设备经常发现故障等都可以视为问题。过程思维是持续改善的核心思考方式，问题思维也是持续改善的思考方式之一。最能体现问题思维的思考工具是 5W1H 分析法（见表 4-15）。

表4-15　5W1H分析法

5W1H	现状如何	为什么	能否改善	如何改善
问题（what）	问题是什么	为何是这个问题	能否解决这个问题	怎么解决这个问题
原因（why）	什么原因	为何是这个原因	能否消除原因	怎么消除原因
地点（where）	哪儿出现问题	为何那儿出现问题	能否在那儿解决问题	如何在那儿解决
时间（when）	何时出的问题	为何那时出现问题	能否在那时解决问题	应该什么时候解决
人员（who）	谁出的问题	为何是他出现问题	能否由他解决问题	应该由谁解决
方法（how）	原来是什么方法	为什么这样出问题	能否有其他方法	应该用何方法

　　5W1H分析法被广泛应用于持续改善活动中。这一方法能够培养管理者和员工深入思考问题、发现问题、识别问题和认识问题的基本逻辑和途径，它试图让个体从源头上发现问题，找到改善方法。

　　缩小差距（gap）是持续改善的另一个驱动力。所谓"差距"，是指事物之间的差别程度。一项工作可以按标准做得很好、不出现问题，但如果这项工作的结果低于其他对象的工作结果，其表现即为"差距"。

　　为什么要将差距作为一项单独的驱动要素？这是因为管理者无法制造问题，但可以人为地标示差距——通过提供更好的标杆榜样，提供更优秀的参照物，促进所有人员持续改善自身的工作。

消除差距是改善的驱动力之一

3. 完善与更新

　　经过对问题的分析和差距的比对，持续改善最终会表现为两种结果：对标准的完善；对标准的更新。这里的标准包括生产标准和管理标准两项（见表4-16）。

表4-16　生产标准与管理标准

生产标准		管理标准	
标准示例	内容示例	标准示例	内容示例
物料标准	供应及时性、质量、数量等	采购供应管理	验收、登记、成本管理等
工艺标准	打磨方法、要求等	设备维护管理	频率、要求等
质量标准	质量要素、合格率等	质量检测管理	检测方法、检测频率等
效率标准	工时产出等	绩效薪酬管理	效率工资、浮动工资等

完善是查漏补缺，是持续改善的一种表现，通常是在原有标准不存在根本性差距的情况下实施。更新是在标准与企业要求存在较大差距的情况下推行新标准，是对过去标准的否定和扬弃。

📖 辅助阅读4-10| 洛克菲勒与"38滴型"焊接器

世界第一个亿万富翁、被称为"石油大王"的约翰·洛克菲勒（John Rockefeller），年轻时在一家石油公司工作。初入石油公司，由于既没有学历又没有技术，洛克菲勒便被分配去检查石油罐盖有没有自动焊接好。这是整个公司内部最简单、枯燥的工序，公司里的人都说这是三岁小孩都能做好的工作。

洛克菲勒的主要工作就是看着焊接剂自动滴下，然后沿着罐盖转一圈，再看着焊接好的罐盖被传送带移走。洛克菲勒对自己的工作非常负责，从不曾偷懒耍滑。每一次，他都会认真观察罐盖的焊接质量。时间久了，他发现每当焊接器滴落39滴焊接剂后，一个罐盖的焊接工作就完成了。然而，在计算过他观察到的每滴焊接剂的滴量之后，他发现只要38滴焊接剂就可以将罐盖完全焊接好。

经过多次观察，他确定自己的计算结果是正确的。因此，他开始着手研究只滴38滴焊接剂的焊接器。经过反复测试、实验，"38滴型"焊接器最终成型。使用这种焊接器焊接的石油罐盖，质量和原来一样，但却可以节约一滴焊接剂。就是这一滴焊接剂的节约，一年就可以为该公司缩减5万美元的开支。

👥 改善循环

持续改善的目的在于"改善"，难点在于"持续"。改善活动之所以被冠以"持续改善"的称谓，就在于"持续"是其核心的理念诉求。改善应是一个持续的、不间断的循环过程，这一过程通常被称为PDCA循环。

1. PDCA 循环

PDCA循环又叫戴明环，是由美国质量管理专家戴明博士提出来的。PDCA循环具体指计划（plan）、执行（do）、检查（check）、处置（action）的循环往复过程，它是持续改善所遵循的良性循环步骤。PDCA循环可以分为4个阶段、8个步骤（如图4-15所示）。

（1）计划阶段。为了达到改善的目的而制订目标或行动计划。因为持续改善是动态的、不断完善的过程，所以目标也应不断进行更新。计划阶段是管理活动试图进行改进的开始。

计划阶段的主要任务是找出问题、寻找原因、确定解决方法或者描述差距，比对各种弥补差距的方案，然后制订改进计划，这一步与前面讨论的"问题与差距"的内容相吻合。

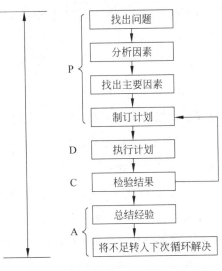

图4-15 PDCA循环的步骤

（2）执行阶段。在执行阶段，需要配置充足的资源来支持计划的实施，具体可参照学习单元二"实施与控制"的内容。

（3）检查阶段。检查就是把实施结果和计划要求相对比，检查计划的执行情况和实施效果如何，是否达到预期目标和效果：哪些是成功的，其经验是什么；哪些做得不好，教训是什么，其原因又在哪里。这一阶段的内容可参照学习单元三"评价与激励"。

（4）处置（调整）阶段。这一阶段的任务是根据工作结果总结经验，制订下一步工作计划。此阶段包括两个步骤，如表4-17所示。

表4-17 处理问题的两个步骤

步　　骤	说　　明
总结经验，巩固成绩	将成功的经验和失败的教训按规定纳入相应的标准、制度或规定之中，以巩固已经取得的成绩，防止错误重复发生
找出问题，重新开始	提出这次循环尚未解决的问题，作为遗留问题转入下一次循环去解决，并为下一阶段制订计划提供资料和依据

2. 改善循环与管理过程

初看起来，PDCA 循环与管理过程的内容有很大重复。管理过程所包括的职能环节几乎与 PDCA 循环的步骤完全吻合，而且 PDCA 的计划阶段和检查阶段也依赖于管理过程中决策与计划、实施与控制的相关规则。不过，两者之间还是有所区别的。

（1）逻辑起点不同。管理过程的逻辑起点是企业各项经济活动的决策，经由决策判定某项经济活动是可行的，则相应的启动管理过程；PDCA 循环的起点则是在管理过程运行的某一个周期内，对其运行过程中的问题和差距进行决策（通常从运行周期结束后的评价开

延伸思考

PDCA循环与管理过程中的决策与计划、实施与控制、激励与评价之间是什么关系？

始），倘若判定需要修正问题和缩小差距，则相应的启动 PDCA 循环。概括地说，管理过程起始于经济事务的运行决策，而 PDCA 循环起始于管理过程周期性评价所判定的问题和差距。

（2）必要性不同。企业的经济事务一经决定，必然会启动管理过程，这是客观存在的必要性。尽管我们认为，这一管理过程应当是不断改善的，应通过不断改善来完善这一过程，但这只是主观上认定的必要性。简单来说，管理过程体现出"必然如此"的特征，而持续改善则是"应当如此"。

需要明确的是，仍有不少企业和企业管理者不重视"持续改善"的施行，他们对"改善"的理解是经验性的，体现为随机的、间歇的、片断式的行动，这种做法显然无助于企业管理水平和生产水平的提高，但这一现象客观上仍大量存在。与之形成鲜明对比的是，不少管理理念先进的企业，有意识地将"持续改善"作为重要的管理内容，设立独立的持续改善部门，建立科学的持续改善管理机制，这也反映了持续改善是主观必要性认知的结果。

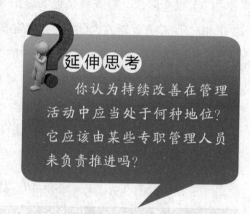

延伸思考

你认为持续改善在管理活动中应当处于何种地位？它应该由某些专职管理人员来负责推进吗？

（3）过程特征不同。管理过程和改善过程都关注经济事务的运行过程，都以经济事务的运行作为基础。改善的成效必须在经济事务运行活动中加以验证、判断，最终体现为对经济事务运行过程的改善。在这一过程中，管理过程和改善活动存在着显著区别：管理过程关注的是经济计划是否落实；而改善活动关注的是原有问题和差距是否得到消除。前者关注经济运行的效率和效果；后者关注问题解决的科学性和有效性。

（4）产出结果不同。科学、有效的管理过程指导着企业经济事务的科学、有效运行，其最终产出是企业的经济绩效。而改善过程则是瞄准问题和差距，其产出是新一轮的管理标准和绩效标准。可以这样理解，改善过程为新一轮的管理过程和生产过程提供标准指导，且通过新一轮的管理和生产实践活动体现出改善的价值。

持续改善与管理者

持续改善与所有管理者都有关吗？答案是肯定的。持续改善是对企业内所有经营活动的改善，涉及每一个人、每一环节的连续不断的改进。但是，不同的管理者在持续改善的过程中扮演不同的角色，履行不同的职能。

1. 持续改善与管理者角色

无论何种层次的管理者和员工，在持续改善活动中，都有两个基本职责：保持（keep）和改善，并因管理者角色不同而有所侧重（见图4-16）。

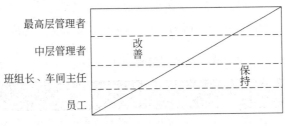

图4-16　管理者角色与改善职责

保持是改善活动的基本任务和基础要求，是指不折不扣地执行现有标准，保持现有工作成果不降低，质量不下降。保持的目的是使企业内的每个人都按标准方式工作。

如果一项标准不能得到有效执行，那么所谓的持续改善就不可能存在。持续改善有两个先决条件：第一，通过对标准的彻底实施，衡量标准的效果；第二，通过对效果的衡量，发现标准的不足。两者缺一不可。

当然，越往高层的管理者，其在持

续改善过程中的责任更侧重于改善，他们是改善的推动者和指导者；而越往基层的管理者直至员工，越侧重于对标准的执行，他们是改善的落实者，确切地说是按每一项标准以及改善后的标准行事，确保标准得到贯彻。

2. 管理者的改善任务

在持续改善的过程中，我们还要对改善本身拟定目标，以求改善工作也有明确的目标引导，这项任务通常由高层管理者来完成，被称为"改善规划"（improve plan）。

（1）高层管理者与改善规划。在持续改善过程中，高层管理者应负责制定目标并承担领导责任。在改善导入期，应进行周密的准备和控制。最高领导层必须先规划出长期发展战略，然后再将其细化为中期和年度目标。可行的改善目标有：为了保持竞争力，应当在一年内将成本降低10%；为了提升顾客满意度，应在两年内分阶段将优品率提升到 98%。改善规划是全员改善行动的指导。把规划细分、落实到每一个管理职能单元，并以管理制度、管理标准的形式在全员范围内推动，持续改善的效果才是有保障的。

（2）中基层管理者与改善推行。中基层管理者在持续改善活动中的任务主要是负责推行改善规划，具体可分为改善组织、改善提议、改善实施和改善领导（见表 4-18）。

表 4-18　中基层管理者的改善推行任务

任务	相关管理活动
改善组织	组织各种问题研究、小组讨论、标杆学习等活动，组织全员观察、分析生产和管理活动，发动改善活动
改善提议	提出合理化建议，或者在自己领导的团队中推行提案管理制度，以求全员参与改善的提案管理
改善实施	对各项改善进行试验、观察，发现新问题
改善领导	对下属在新标准中出现的问题进行解答，指导下属按新标准充分实施

 单元知识逻辑图

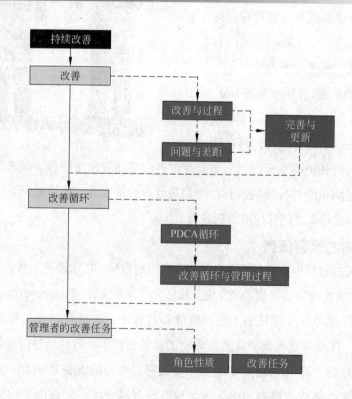

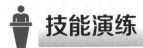

技能演练

☑ **课堂实战| 踩踏植被的5W1H分析**

　　尽管每个学校都会三令五申，禁止踩踏植被，但总会有人违反规定。请你运用 5W1H 分析法找出问题和原因，提出相应的解决办法，填写完成表 4-19。

表 4-19　5W1H 分析表

5W1H	现状如何	为什么	能否改善	如何改善
问题（what）	问题是什么	为何是这个问题	能否解决这个问题	怎么解决这个问题
原因（why）	什么原因	为何是这个原因	能否消除原因	怎么消除原因
地点（where）	哪儿出现问题	为何那儿出现问题	能否在那儿解决问题	如何在那儿解决
时间（when）	何时出的问题	为何那时出现问题	能否在那时解决问题	应该什么时候解决
人员（who）	谁出的问题	为何是他出现问题	能否由他解决问题	应该由谁解决
方法（how）	原来是什么方法	为什么这样出问题	能否有其他方法	应该用何方法

课后拓展 | 改善提案

所谓"改善提案"，是指对发现的问题提出修正意见、修正思路和方法的一种建设性说明书。企业管理者特别是基层管理者，在工作中经常需要编写改善提案。你认为本校哪些方面的工作需要改善，根据表 4-20 的提示编写一份改善提案。

表 4-20　改善提案表

对学校管理的一点建议
一、问题或差距描述
1. 问题是什么？
2. 为什么是这个问题？
3. 按什么参照标准提出的问题？
二、改善的价值
1. 哪些方面的价值？
2. 价值是怎么表现的？
三、改善的思路
1. 解决这个问题需要投入什么？
2. 这些投入具备条件吗？
四、改善的实施
1. 可由谁负责改善？
2. 按什么标准改善？
3. 谁来监督？
4. 达到什么状态算满意？

第五章
管理方法

 问题引入

作为中国领先并享誉全球的科技公司，华为公司已成为中国企业界公认的管理标杆。华为重视管理，并创造性地发展出了很多管理方法，其中的高、中级主管岗位轮换便是非常突出的一条。

为什么要轮换呢？华为创始人任正非有自己的看法，他说："华为人需要选择做奋斗者，不能太舒服，太舒服了就没有了追求。"任正非希望通过易职、易岗、易地的措施，激励每一位华为人时刻努力工作，不断学习，在工作中积累经验和能力。

华为的每一位主管几乎都有过轮换经历。调换工作职位或者部门，甚至工作地点，对他们来说再平常不过了。毛生江就是华为通过岗位轮换来培养人才的典型例子。从1992年正式进入华为，到2000年成为华为集团执行副总裁。在这8年里，毛生江的职务变了8次，他自己都不确定下一个小时会被派去哪个部门、哪个城市。对于如此频繁的职位变动，毛生江并没有觉得反感，而是很赞同。他说："岗位轮换培养了我适应新环境的能力，也加强了我对其他业务工作的全面了解，从而提高了我对全局性问题的分析能力。因此，这种办法不仅开阔了我的眼界，也扩大了我的知识面。"轮岗是培养综合人才、激发团队活力的一种有效管理方法，如今华为的岗位轮换制已成为众多企业效仿的对象。

想一想：什么是管理方法？为什么要讲管理方法？管理都有哪些方法？

学习目标

● 知识目标

1. 理解管理方法的概念

2. 了解管理方法的基本构成

● 能力目标

1. 区分管理方法与管理系统、管理过程

2. 掌握团队管理法、目标管理法、作业管理法、问题管理法

管理方法概述

管理方法（office procedure）是指为实现管理目的而运用的手段、方式、途径和程序等的总称。管理方法之于管理者的工作，就像个人生存能力之于社会生存一样，是至关重要的基础条件。管理过程（管理职能）是对管理者"应该做什么"（what to do）的回答，管理方法则是解决管理者"应该怎么做""可以怎么做"（how to do）等问题。管理职能和管理方法相辅相成，共同决定了管理活动的效率和效果。

当然，在现实的管理实践中，一项具体管理任务究竟"应该怎么做""可以怎么做"，取决于该项管理事务的性质、试图达成的目标和行动要求等，其方法可能是多种多样的。管理方法有其共通性和一般性特征，管理学家们曾将管理方法总结为四个显著的大类，即"行政方法"（administrative means）、"经济方法"（economic means）、"制度方法"（system means）和"教育方法"（educational means）。本章"问题引入"中所说的岗位轮换制，就是典型的制度方法；削减预算、罚款则是经济方法；出台政策、命令、发出指令性计划等是行政方法；加强培训、强化沟通、企业文化建设等属于教育方法。

无论何种方法，都应被灵活、综合地运用到管理实务中，而不能仅仅只是抽象的方法论概念和理论。所谓管理实务（management practice），即是指管理者实际上要面对的事务、要处理的各种管理问题。从管理实务角度出发，我们可以将管理方法分为团队管理法、目标管理法、作业管理法和问题管理法（见图 5-1）。

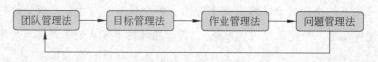

图5-1　管理实务四方法

（1）团队管理法（team management）。团队管理法是指通过对团队中不同人的组合、

相互关系的调节、控制措施的施行，达成管理目的的一种方法。团队管理法关注的是将员工组合成一个群体、团队时的能动性和创造力，是以激发员工的能动性和创造力为突破口，解决组织管理和经营中面临的各类问题。

（2）目标管理法（management by object，MBO）。目标管理法是 1954 年由彼得·德鲁克提出的。所谓目标管理法，是指通过明确的组织目标以及与此相联系的个人目标，引导组织中的各类人群自我管理，实现管理活动的良性发展。目标管理法关注的是目标结果和目标引导，是以"结果管理"和"产出要求"为突出特征的管理方法。

（3）作业管理法（job management）。作业管理法是指将生产转化过程的科学性、有效性作为重点管理内容的管理方法。企业的生产转化过程是原材料、信息、技术、资本等资源经过生产活动的转化而输出产品或服务的过程。作业管理法即是以这一转化过程为管理中心的管理方法。

（4）问题管理法（problem management）。问题管理法是指从问题出发，以问题为中心，以解决问题体现管理成效，同时将问题作为管理驱动力的管理方法。问题管理法是相对常务管理（日常、常规的事务管理）而言的，是在常务管理的基础上以发现问题、挖掘问题、推动问题解决为管理手段和管理重心的管理方法。

以上所列四种管理方法在具体的管理实务中，既可以是相对独立的，也可与其他管理方法相融合，形成互为补充、加强的关系。灵活运用各种管理方法，是做好管理工作的基本要求。

学习单元一
团队管理法

情景引入

霍桑实验（Hawthorne Effect）是管理学史上最著名的事件之一。实验是在美国芝加哥(Chicago) 西部电器公司所属的霍桑工厂（Hawthorne Plant）进行的，由哈佛大学心理学教授乔治·埃尔顿·梅奥（George Elton Mayo）主持。霍桑工厂是一个制造电话交换机的工厂，具有较完善的娱乐设施、医疗制度和养老金制度，但工人们仍愤愤不平，生产成绩很不理想。本次试验的目的就是找出原因。

实验分阶段进行，从 1924 年到 1932 年历时近 8 年。当时正值科学管理理论盛行之时，人们认为"提高照明度有助于减少疲劳，使生产效率提高"，但实验结果并非如此。为进一步探寻原因，实验人员随后又进行了福利实验（提高福利待遇）、访谈实验等。实验显示：

不管福利待遇如何改变（包括工资支付办法的改变、优惠措施的增减、休息时间的增减等），都不影响产量的持续上升，甚至工人自己对生产效率提高的原因也说不清楚。访谈实验的结果更让人迷惑不解：即使不追加任何后续措施（如并不实质性地解决工人访谈中提出的问题等），工人的产量也会大幅提高。

这些让人迷惑不解的问题，揭开了管理学史上关于"人"的研究，也同时使团队管理成为企业管理研究的一个重要方向。

课堂讨论

（1）为什么简单的访谈（不解决工人的问题）也能大幅提高工人的产量？

（2）什么是团队管理？

（3）怎样管理一个团队？

> **教师提点**
>
> 要解决上面这些问题，需要掌握下列知识和技能：
>
> 1. 理解团队的性质和特征；
>
> 2. 掌握团队管理的基本理念和方法；
>
> 3. 掌握团队管理实务的基本要求。

内容精讲

西方现代管理学对团队的研究可以追溯到霍桑实验。该实验事实上是团队管理的第一次科学探索。但是，团队在管理实践上被系统地、科学地运用于企业管理活动中，则是在 20 世纪 70 年代初。当时，丰田、沃尔沃这些大公司引进团队管理模式，引起了社会广泛的关注，因为很少有公司这样做。如今则恰恰相反，那些没有应用团队管理的企业反而很少。

团队

团队是相对个体而言的。管理学家斯蒂芬·P.罗宾斯认为，团队就是由两个或者两个以上相互作用、相互依赖的个体，为了特定目标而按一定规则结合在一起的组织。

1. 团队的性质

那些分散的个体无法称为团队。事实上，即使是同一组织中的个体，如跨国企业在中国的员工和在美国的员工，很多情况下也无法组成团队。

延伸思考
你认为团队与群体有什么不同？

📖 辅助阅读5-1| 个体、群体与团队

在霍桑实验之前，企业界盛行的是泰勒的科学管理原理。科学管理原理的基本立论点是将人看作机器生产线上不可分割的一部分。换言之，人如同机器，应当尽量降低人的主动性和能动性造成的管理偏差。

把人等同于机器——尽管泰勒的本意并非如此，但事实上产生了这样的结果——意味着即使各种各样的人处在同一个企业中，他们仍然称不上是一个团队，他们是一个一个分散在组织中的个体。管理活动也是将这些"人"作为类似于机器零部件的"个体"来对待的。所以，当我们理解团队概念时，要认识到并非同处一个组织就必然可以称为团队，那样至多可以称为群体。

能够称为团队的人员群体，必须具备以下三大要素。

（1）共同的目标（purpose）。既然是一个团队，就应该有一个目标，为团队成员导航，知道要向何处去，没有目标，团队就没有存在的价值。目标不仅是团队成员的行动导航，也是团队之所以成为团队的必要和先决条件。

（2）明确的分工（divide the work）。除了共同的目标，团队内部还必须有明确的分工。这里的分工不是指社会分工，而是指任务分工。

（3）人员的强联系（strong ties）。团队至少是由两个及以上的人构成

聚成一堆的人并不等于团队

的，人员的强联系也是衡量其是否可以称为团队的重要因素。所谓人员的强联系，是指构成团队的人员之间有明确的联系方式、联系通道以及关系约定。

2. 正式团队与非正式团队

并非所有的团队都是人们能够直观、清晰地判定的。那些从分工上、联系上、目标上能够清晰判定，并被组织制度、文化层面正式承认、赋予职能和权责的团队，称为正式团队。在正式团队之外，由不同的人依据共同的兴趣爱好、价值观和利益联合在一起组成的团队，称为非正式团队。

📖 **辅助阅读5-2|　非正式团队的研究**

除照明、福利、访谈实验之外，霍桑实验还进行了一项"群体实验"。在这个实验中，梅奥和他的研究团队选择了14名男工人，安排他们在单独的房间里从事绕线、焊接和检验工作。对于这个班组实行的是特殊的计件工资制度。

实验者原来设想，实行这套奖励办法会使工人更加努力工作，以便得到更多报酬。但结果发现，产量只保持在中等水平，每个工人的日产量平均都差不多，而且工人并不如实报告产量。通过深入调查发现，这个班组为了维护他们群体的利益，自发地形成了一些规范。他们约定，谁也不能干得太多，突出自己；谁也不能干得太少，影响全组产量，并且约法三章，不准向管理当局告密，如有人违反这些规定，轻则挖苦谩骂，重则拳打脚踢。进一步调查发现，工人们之所以维持中等水平的产量，是担心产量提高，管理当局会改变现行奖励制度，或裁减人员，使部分工人失业，或者会使干得慢的伙伴受到惩罚。

这一实验表明，为了维护班组内部的团结，工人可以放弃物质利益。研究者由此提出"非正式团队"的概念，认为在正式组织中存在着自发形成的非正式团队，这种团队有其特殊的行为规范，对团队成员的行为起着调节和控制作用。

中国历史上数千年封建政治体制下根治不绝的朋党、企业中普遍存在的各种各样的小团体，都属于非正式团队。非正式团队有其两面性：一方面，非正式团队是对正式团队的消解和隐形抵制；另一方面，非正式团队在不损害正式团队的前提下，也能成为提高团队协作关系和凝聚力的一种途径。

3. 团队的效能

团队是人为的、有意识、有目的地建立起来的，是为组织利益服务的人员集合。但是，并非所有团队都能够发挥团队建立者所预期的效能。例如，为了更好销售产品，不同的企业都会按区域或产

非正式团队

品建立不同的销售团队。这些销售团队的销售成绩可能差异巨大，这体现的就是团队效能（team effectiveness），即团队对目标实现所能发挥的功能。近来的一些研究揭示了高效能团队的主要特征（见图 5-2）。清晰的目标前面已说过，以下重点讲解另外几条。

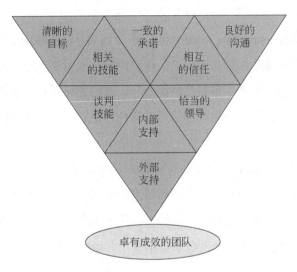

图5-2　高效能团队的特征

（1）相关的技能（relevant technical ability）。高效能团队是由一群有能力的成员组成的。他们具备实现理想目标所需的技术和能力，而且相互之间有能够良好合作的个性品质，从而出色地完成任务。

（2）相互的信任（mutual trust）。成员间相互信任是高效能团队的显著特征。信任需要花大量的时间去培养而又很容易被破坏。维持团队内部的相互信任，需要引起管理者足够的重视。

（3）一致的承诺（consistent commitment）。高效能团队的成员对团队表现出高度的忠诚和承诺，为了能使团队获得成功，他们愿意去做任何事情。我们把这种忠诚和奉献称为一致的承诺。

（4）良好的沟通（well communication）。毋庸置疑，这是高效能团队必不可少的特点。它是指团队成员能够通过畅通的渠道交流信息，包括各种言语和非言语信息。此外，管理层与团队成员之间的信息反馈也是良好沟通的重要表现，它有助于管理者指导团队成员行动，消除误解。

（5）谈判技能（negotiation skill）。以个体

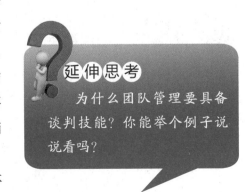

延伸思考

为什么团队管理要具备谈判技能？你能举个例子说说看吗？

为基础进行工作设计时，员工的角色由工作说明、工作纪律、工程程序及其他一些正式文件明确规定。但对于高效能团队来说，其成员角色具有灵活多变性，总在不断进行调整，并形成各种各样的分歧、冲突，这必然要求团队成员能够相互进行建设性的谈判，以正视和化解分歧。

（6）恰当的领导（appropriate leadership）。有效的领导者能够让团队跟随自己共同渡过最艰难的时期，因为他能为团队指明前途。他们向成员阐明变革的可能性，鼓舞团队成员的自信心，帮助他们更充分地了解自己的潜力。优秀的领导者不一定非得指示或控制，高效能团队的领导者往往担任的是教练和后盾的角色，他们对团队提供指导和支持，而不是试图去控制它。

（7）内部支持（internal support）和外部支持（external support）。要成为高效能团队的最后一个必要条件是它的支持环境，这包括适当的培训、一套易于理解的用以评估员工总体绩效的测量系统，以及一个起支持作用的人力资源系统。恰当的基础结构应能支持并强化成员行为以取得高绩效水平。从外在条件来看，管理层应给团队提供完成工作所需的各种资源。

团队模式

以团队为中心的管理方法，相较过去传统的侧重于部门或职位的管理，更具灵活性，反应速度也更快，团队的组建与解散也可以迅速完成。当然，团队中的成员拥有自主权，拥有更大的自觉性，工作满意度也会相应提高。

辅助阅读5-3| 企业组织与团队管理

管理学者斯蒂芬·P.罗宾斯曾下论断："很少有其他趋势能够如同工作团队那样显著地影响组织完成工作的方式。"显然，企业可以借助于团队来高效地完成很多组织任务。一种大胆的设想是：组织是不是可以完全变成一个不同团队运作的集合，而去除掉职能部门结构？换言之，那些金字塔式的组织是不是可以推倒，而建成一种类似于不同小圆圈的团队来实现组织目标呢？也就是说，将一个大型的组织"团队化"。

这个大胆的想法其实并不大胆。海尔总裁张瑞敏提出要砍掉中间层、减少职能岗位，华为公司盛行的工作组，都是朝向这方面的努力。但是，组织的结构大部分情况下仍然是需要的，区别仅仅在于结构化的程度和团队化的程度。

人们对团队管理的热情至今不减。经过数十年的发展，管理实践领域出现过五种基本的团队模式。

1. 职能型团队

企业中最常见的团队属于职能型团队（functional team），负责日常常态化的事务，具有固定的职能。例如企业的人力资源部、财务部、后勤部等，每一个部门就是一个团队；制造业中比较常见的生产班组，也是职能明确的作业团队。

2. 问题解决型团队

问题解决型团队（problem solving team）的工作重心往往是组织成员就如何改进工作程序、方法等问题交换看法，并就如何减少客户投诉或者提高生产效率、产品质量等问题提供建议，通常由5~12名员工组成。

问题解决型团队成员的权力有限，可以提出问题解决的建议，但没有自主实施的权力。这类团队一般是为了解决某个特定问题而成立的。

3. 自我管理型团队

自我管理型团队（self management team）是一种独立自主的团队，他们不仅探讨问题解决的方法，并且亲自执行解决问题的方案，并对工作承担全部责任，人数通常有数十人，承担了一些原本由上级承担的责任。

自我管理型团队最早起源于20世纪50年代的英国和瑞典，强调团队成员的自我管理、自我负责、自我领导、自我学习。其优点是成员的自主性和权限较高，具有较高的工作热情和效率。但是，高权限必然引起纪律的破坏等问题。因此，自我管理型团队要建立在管理成熟度高、员工责任感强的企业或组织中。

📖 辅助阅读5-4｜ 自我管理型团队举例

美国德州（Texas）一汽公司（FAW）因推行自我管理型团队而获得国家质量奖。美国最大的金融和保险机构路得教友互动会，在4年时间内减员15%，业务量增加50%，主要原因是提高了员工满意度，推行了自我管理型团队。麦当劳成立了一个能源管理小组，成员来自于各连锁店的不同部门，他们对怎样降低能源问题提供自己拟定的方案，解决这一环节对企业的成本控制非常有帮助。能源管理小组把所有的电源开关用红、蓝、黄等不同颜色标出：红色是开店时开，关店时关；蓝色是开店时开，直到最后完全打烊后关掉。通过色点系统，他们就可以确定什么时候开关最节约能源，同时又能满足顾客需要。麦当劳的能源管理小组其实就是一个自我管理型团队，能够真正起到降低运营成本的作用。

4. 多功能型团队

多功能型团队（multi functional team）也称跨职能团队，由来自同一等级、不同工作领域的员工组成，以完成某项任务。多功能型团队能够使组织内（甚至组织之间）的员工交流信息，激发新观点，协调完成复杂项目，但是组建初期需要耗费较长时间，这是因为团队成员要学习不同的工作技能，且相互之间的磨合也需要一定的时间。

多功能型团队一般在开展较复杂或特殊的项目时使用，其组建需要注意几个问题：①注意选拔人员，人员的业务技能和沟通技能应该满足团队需求；②确保团队目标对团队成员具有足够的吸引力；③关注团队的协调，确保成员之间迅速融合。

5. 虚拟型团队

虚拟型团队（virtual team）是一种"网上"团队，它以现代通信技术为基础，集合分散在不同地域的人共同完成某项任务。虚拟型团队是现代科技革命的产物。虚拟型团队克服了地域、时间等的限制，成员的可选择范围更广泛，也更容易找到合适的成员，适用于时间、地点受限制，或者所需人才无法及时到位的事务。但是，虚拟型团队的稳定性不容易保证，团队成员间的信任构建也需要更多努力。

网店可能的团队构成

随着组织的发展，团队类型也有了一定的演变。常见的新型团队还有跨部门与跨组织团队、学习型团队、跨文化团队等。它们都是为了适应新形势、新发展而衍生出的更有效率的团队。

延伸思考

试列举你所知道的不同行业里各种类型的团队。

团队管理实务

团队管理不是一件轻松的任务。事实上，无论打算建设怎样的团队，采用怎样的团队模式，对管理者都存在挑战。特别是对那些尚没有真正意义上接受过团队管理训练的人来说，尤其如此。概括起来，阶段性管理、角色管理和冲突管理是团队管理者无法回避的问题。

1. 团队形成过程与阶段性管理

当管理者试图采用团队管理法时，他面临的首要任务是把团队建立起来。然而，管理者也必须清楚，员工不会自动了解如何成为团队的一员，如何与团队其他人员合作，这些都是管理者的任务。而且，管理者在这个过程中很快会发现，团队从组建到充分发挥功能，尚需一段时间，不是一蹴而就的。

（1）团队形成过程。团队的形成需要经过一定的发展阶段（见图5-3）。

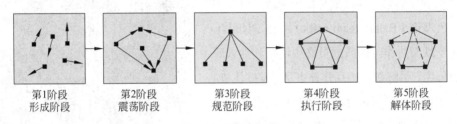

|第1阶段
形成阶段|第2阶段
震荡阶段|第3阶段
规范阶段|第4阶段
执行阶段|第5阶段
解体阶段|

图5-3 团队形成过程

① 形成阶段。在这一阶段，组织的目标、结构及领导关系等都处于不确定状态。成员通过不断摸索，以确定何种行为能够被接受。当成员开始感觉到自己是团队一部分时，形成阶段就算结束了。

② 震荡阶段。震荡阶段是团队内部激烈冲突的阶段。成员们接受了团队的存在，但却抑制着自己接受团队施加的控制。在这一阶段，控制权属也存在冲突。

③ 规范阶段。在这一阶段，亲密的团队关系开始形成，成员有了强烈的团队身份感和认同感。当团队结构已固化，并且对什么是正确的成员行为也已达成共识时，规范阶段就告结束。

④ 执行阶段。执行阶段的团队结构完全功能化，并得到认可。团队内部致力于从相互了解和理解到共同完成当前的工作等一系列问题。

⑤ 解体阶段。对永久性工作团队来说，执行阶段是其发展的最后一个阶段。但对有些团队，比如临时委员会、任务小组等，它们还存在着一个解体阶段。这一阶段中，高水平的工作绩效不再是团队首要关注的问题，而是如何做好善后工作。

（2）阶段性管理。大多数管理者在组织某一团队时都会经历上述每一阶段，管理者必须清晰地识别团队的阶段性特征，并朝着更高效的方向发展，这体现的是管理者的控制力。

就第一阶段所言，人们以"局外人的眼光"来判断此团队能做些什么以及如何去做。随后很快就是对控制权的争夺。一旦这个问题解决了，团队内部对权力等级关系也就达成了共识。此时，团队开始确定工作任务的各具体方面，以及谁、何时来完成任务。每个成员都对团队的共同目标取得了一致意见，这是做好工作的基础。

一旦团队的工作项目完成并报告了上级，团队也就宣告解散。当然，偶尔会有一些团队在第一阶段或第二阶段就驻足不前，一般情况下这导致了令人失望的工作绩效。

根据前面所述是否可以推断：当一个团队所处的阶段越高，就会变得更有效呢？答案并非如此简单。在某些条件下，冲突水平高会导致团队的高绩效，也就是说，当团队处于第二阶段时，要比处于第三或第四阶段时工作干得更好。另外，团队的各个发展阶段之间也并非泾渭分明。有时团队的几个阶段是同时发生的。原则上，应该把这一模式看做是一般性的框架，这样可以提醒管理者注意团队是一个动态的实体，从而有助于理解在团队发展过程中出现的有关问题。

2. 角色管理

团队管理的第二项挑战是角色管理。贝尔宾团队角色理论（Belbin team roles）指出，团队工作有赖于默契协作。团队成员必须清楚其他人所扮演的角色，了解如何相互弥补不足，发挥优势。该理论认为，一支结构合理的团队应该由 8 种角色组成。在后来的发展中，角色数量被修订为 9 种（见图 5-4）。

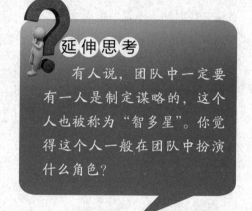

延伸思考

有人说，团队中一定要有一人是制定谋略的，这个人也被称为"智多星"。你觉得这个人一般在团队中扮演什么角色？

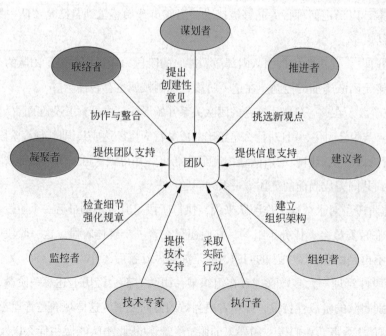

图5-4 团队成员所承担的角色

表 5-1 说明了各种不同角色的特征和要求。

表 5-1　团队中的 9 种角色

角色	角色特征和要求
谋划者	需要具有丰富的想象力，擅长提出新思路和新观念，需要很强的独立性，喜欢按照自己的节奏、方法，并且用自己的时间来进行工作，是团队中的智多星
推进者	更乐于寻求新思路，擅长从智多星那里筛选新想法并寻找可以促进这些新想法生成的资源。但是，他们常常缺少耐心和控制技能，以促进这些想法能够在细节上可行
建议者	建议者是很好的听众，他们并不情愿将自己的观点强加于人，他们更倾向于在决策之前拥有更多的信息。正因如此，他们在鼓励团队决策前尽可能搜寻一些额外信息并在防止团队做出仓促决定方面扮演着重要角色
组织者	愿意建立操作性程序，以使这些想法能够变成现实，并将事情做好，他们确立目标，制订计划，组织人员，并制定相应的措施，以确保任务按期完成
执行者	执行者有点类似于组织者，他们所做的事与结果有关，担当这种角色的团队参与者一直跟踪任务到最后期限，并且确保所有任务最终完成
技术专家	技术专家是指那些具有技术技巧和专业知识的个人，他们的优势集中在坚持专业的标准和推进他们自己的领域发展并为之辩护。技术专家在团队中是不可或缺的，因为他们提供了基于项目的杰出技术
监控者	监控者高度关心有关规章制度的建立和加强，他们擅长检查细节并极力避免发生错误，他们希望通过检查确保所有的事实和数据都完整无误
凝聚者	凝聚者对那些应该做的事情在方法上有着强烈的信念。他们支持团队，在与团队外人员发生矛盾时为团队辩护，同时，他们也大力支持团队内部成员，由此可以看出，这些人为团队的稳定作出了贡献
联络者	联络者与其他人的工作有交叉，该角色可以看做是以上八种角色的结合。联络者试图了解所有人的观点，他们既是协调人又是汇报人，他们不喜欢走极端，尽量在所有团队成员之间建立协作关系,他们也认同其他团队成员对组织的贡献,在团队存在差异的情况下,他们积极尝试对人员和行动进行调整

在团队中，多数成员只会扮演上述角色中的两个或三个角色。挑战在于，管理者需要了解每位成员能给团队带来的优势，在确保形成一个适合的个人优势组合的基础上来甄选团队成员，并且按照每位成员的个性、能力和兴趣偏好来分配工作。

3. 冲突管理

团队冲突（conflict）始终存在于团队发展的整个过程中，管理者应成为冲突的控制者、协调者、仲裁者。

（1）团队冲突的诱因。团队冲突可能是团队成员与成员之间的冲突，也可能是成员与团队之间的冲突。诱发冲突的原因可以归纳为 6 个方面（见表 5-2）。

（2）冲突与平衡。冲突可以是消极冲突，也可以是积极冲突。在一个较为保守和士气低落的团队中，一定的冲突反而是激发团队活力的方法。

心理学家布朗（Brown）在 1979 年提出了团队冲突管理策略。他认为，冲突过高时，要设法减低；冲突过少时，要设法增加，并从成员态度、成员行为、管理机制三个方面提出了管理冲突的策略（见表 5-3）。

表 5-2　团队冲突的诱因

诱因	具 体 内 容
资源竞争	因有限的预算、空间、人力资源、辅助服务等资源而展开竞争，产生冲突
目标冲突	个人的目标、兴趣、爱好等与团队分配的角色存在冲突；个人目标发生变化、团队目标发生变化时产生的冲突
相互依赖性	前后相继、上下相连的环节上，一方的工作不当会造成另一方工作的不便、延滞，或者一方的工作质量影响到另一方的工作质量和绩效，进而导致冲突
责任模糊	职责不明造成职责出现缺位，出现谁也不负责的管理"真空"，造成团队之间的互相推诿甚至敌视，发生"有好处抢，没好处躲"的情况
地位斗争	团队成员对地位的不公平感也是产生冲突的原因。当一个团队努力提高自己在组织中的地位，而另一个团队视其为对自己地位的威胁时，冲突就会产生
沟通不畅	目标、观念、时间和资源利用等方面的差异是客观存在的，如果沟通不够，或沟通不成功，就会加剧团队成员之间的隔阂和误解，加深团队内部的对立和矛盾

表 5-3　冲突的平衡

着眼点	要解决的问题	冲突过多	冲突过少
成员态度	明确成员之间彼此的异同点；增进成员之间关系的了解；改变感情和感觉	强调团队之间相互依赖；明确冲突升级的动态和损失；培养共同的感觉，消除成见	强调成员间的利害冲突；明确独立自主的责任；增强各自的界限意识
成员行为	改变团队内部的行为；培训团队代表的工作能力；监视成员之间的行为	强调内部团队和意见一致；推行内部的坚定性意见；第三方调节	内部分歧的表面化；提供合作共事技术；引入第三方竞争
管理机制	建立调节机制；建立相互信任的接触规则；进一步明确成员职责和目标	建立规章、明确关系、限制冲突；设置统一、共识的领导方式；减少对关系的强调，以工作任务为中心	施加压力，要求改进工作；削减规章约定，促进个人管理；加深彼此之间的差别

（3）管理冲突的原则与方法。有效管理团队之间的冲突，需遵循以下三条原则：①要分清楚冲突的性质，建设性冲突要适当鼓励，破坏性冲突则应该减至最低程度；②要针对不同类型的冲突采取不同的措施；③充满冲突的团队等于一座火山，没有任何冲突的团队等于一潭死水，因此既要预防过大冲突，也要激发适当冲突。

常见的管理团队冲突的方法有以下几种。

① 规则（rules）。规则分为行为规则和业务规则。行为规则是针对团队成员本身的行为制定的规章制度，主要用以约束员工的日常行为，如考勤、纪律等。业务规则是针对工作事项如何操作制定的规则。明确的规则有助于团队成员各司其职，降低那些因规则不明产生的消极冲突。

> **？ 延伸思考**
>
> 冲突不仅在团队管理中才有，生活中我们也会经常遇到。能否举一个生活中的例子，说说冲突处理的原则与方法。

② 权责对等。权责不对等是引发地位斗争和利益争执的主要原因，因而冲突可以借助权责对等来获得调节。

③ 谈判（negotiation）。谈判（或交涉）是解决问题的较好方法，因为通过交涉，双方都能了解、体谅对方的问题，交涉也是宣泄各自情感的良好渠道。具体来讲，要将冲突双方召集到一起，让他们把分歧讲出来，辨明是非，找出分歧原因，提出解决办法，最终选择一个双方都能接受的解决方案。

④ 第三者仲裁（arbitration）。通过交涉与谈判仍无法解决问题时，可以邀请局外的第三者或者较高层的主管调停处理，也可以建立联络小组促进冲突双方交流。

⑤ 吸收合并（merger）。当冲突双方规模、实力、地位相差悬殊时，实力较强的一方可以接受实力较弱一方的要求，并使其失去继续存在的理由，进而与实力较强的一方完全融为一体。

⑥ 强制（forced）。即借助或利用组织力量，或是利用领导权力，或是利用来自联合阵线的力量，强制解决冲突。这种解决冲突的方法往往只需花费很少的时间，就可以解决长期积累的矛盾。

⑦ 回避（avoidance）。当冲突对团队目标的实现影响不大而又难以解决时，可以采取回避的方法。

单元知识逻辑图

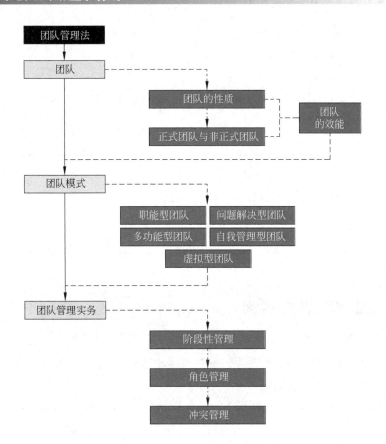

技能演练

☑ **课堂实战|** **大家一起来建团队**

假设你们老家有一些非常不错的特产，但因为缺少良好的品牌包装和市场运作，致使这些产品一直只能在小范围内销售。在了解了许多人网上创业成功的事迹后，你们中间的同学A想借用互联网平台进行创业，把这些特产销往全国。他通过家里赞助以及筹借等方式获得创业资金后，开始组建自己的创业团队。在组建创业团队时，他遇到了诸多困难。下面实战模拟一下该如何化解他在组建创业团队过程中遇到的问题。

问题一：同学A该选择哪种模式来组建自己的团队？在这种团队模式之上，他该如何进行局部改良和优化？

_____

_____

问题二：同学A准备借由天猫、京东等平台，通过网店销售产品。按照网店运营要求，同学A的团队至少需要哪几类人才？

_____

_____

问题三：同学A的团队需要做到每个人责权匹配，各负其责，保障网店良好运营，不断创造高绩效。同学A该如何做好角色规范以及拟定哪些团队规则呢？

_____

_____

问题四：在网店日常运行中，同学A需要做好哪些辅助工作？如何引导团队成员的日常工作？当业绩不佳时，他又该做些什么工作呢？

_____

_____

➕ **课后拓展|** **我要管理一个团队**

表5-4列举了不同行业类型的任务，需要组建不同类型的团队，请选择你感兴趣的一项任务，按照团队管理法的要求，就如何构建团队、如何制订团队管理机制、如何开展业务等问题拟订具体的行动方案。

表5-4 不同行业的团队管理任务

行业类型	任务介绍
慈善服务	同学们想组建一个小型的慈善团队，募集一些相关的物品、资源等，送给边远山区需要帮助的小孩子
餐饮服务	几个同学筹资开一家咖啡店，每个人都在咖啡店中有自己的工作
IT行业	某同学是通信服务公司项目经理，现在公司委派他去一个地区开展某个项目
文化创意	某同学从事动漫创意和脚本设计工作，现接到一个项目，需要配合某动漫剧设计系列角色
培训服务	某同学会计专业毕业，工作多年后想开办一家会计服务公司
精密加工	某同学为精密加工行业技术人员，现在公司为了突破某项技术难题，让他负责此项目的技术攻坚

学习单元二
目标管理法

情景引入

　　某制药公司决定在公司内实施目标管理法，根据目标实施和完成情况每年进行一次绩效评估。事实上，该公司之前在为销售部门制订奖金方案时已经用了这种方法。公司通过对比实际销售额与目标销售额，支付给销售人员相应的奖金。这样，销售人员的实际薪资就包括基本工资和一定比例的个人销售奖金两部分。结果是，销售额大幅增加，但却苦了生产部门，因为很难完成交货计划。销售部抱怨生产部不能按时交货。

　　总经理和公司高层决定为所有部门和个别经理以及关键员工建立一个目标设定流程。为了实施这个新的方法，需要用到绩效评估系统。生产部门的目标包括按时交货和库存成本两部分。他们请了一家咨询公司来指导管理人员设计新的绩效评估系统，并就现有的薪资结构调整提出建议。

　　他们付给咨询顾问高昂的费用，修改基本薪资结构，包括岗位分析和工作描述。还请咨询顾问参与制订奖金方案，该方案与年度目标的实现程度密切相连。咨询顾问负责指导经理们组织目标设定的讨论，建立绩效评估流程。总经理期待着很快能够提高业绩。不幸的是，公司业绩不但没有上升，反而下滑了。部门间的矛盾加剧，尤其是销售部和生产部。

　　生产部埋怨销售部销售预测准确性太差，而销售部埋怨生产部无法按时交货。每个部门都指责其他部门。其结果是，客户满意度下降了，利润也下滑了。

（1）什么是目标管理法？

（2）目标管理法为什么要与薪酬联系起来？

> 📝 **教师提点**
>
> 要解决上面这些问题，需要掌握下列知识和技能：
>
> 1. 了解目标管理法的基本概念和特征；
>
> 2. 掌握目标管理法的常见模式；
>
> 3. 掌握目标管理法的实践要领。

🧑‍🏫 内容精讲

彼得·德鲁克在其1954年出版的著作《管理实践》中提出目标管理的概念，随后获得管理学研究和管理实践领域的共同认可，对管理科学研究和管理实践的发展产生了深远影响。

👥 目标管理

德鲁克的目标管理具备系统的方法论性质。他认为，目标管理不是简单设置目标、考核目标的管理行为，而是突出强调以目标管理为工具，促进企业中各类人群实现自我控制、企业中各项事务协调发展的一种系统方法。

📖 辅助阅读5-5｜ 目标与自我控制

1952年7月4日清晨，美国加利福尼亚（California）海岸布满了浓雾。在海岸以西21英里的卡塔林纳（Cathalina）岛上，一个43岁的女人准备从太平洋游向加州海岸。她叫费罗伦丝·查德威克。

那天早晨，雾很大，海水冻得她身体发麻，她几乎看不到护送他的船。时间一个小时一个小时地过去，千千万万人在电视上看着。有几次，鲨鱼靠近她了，被人开枪吓跑了。15小时之后，她又累又冻得发麻。她知道自己不能再游了，就叫人拉她上船。她的母亲和教练在另一条船上。他们都告诉她海岸很近了，叫她不要放弃。但她朝加州海岸望去，除了浓雾什么也看不到……

人们拉她上船的地点，离加州海岸只有半英里！她后来说，令她半途而废的不是疲劳，也不是寒冷，而是因为她在浓雾中看不到目标。在查德威克的一生中，就只有这一次没有坚持到底。

1. 目标的特性

在管理领域，"目标"是一个被频繁使用的词汇。关于目标，我们有很多直观的感受，考上名牌大学是目标，找一份期待已久的好工作也是目标。目标制约着我们的行动，但目标究竟是什么呢？它有哪些特性？抛开组织目标的特殊性，仅从一般情况出发，表5-5汇总了目标的特性及其意义。

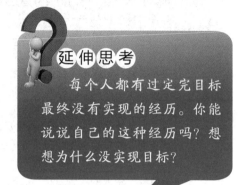

延伸思考

每个人都有过定完目标最终没有实现的经历。你能说说自己的这种经历吗？想想为什么没实现目标？

表 5-5 目标的特性及其意义

特性	意 义
目的性	目标是行为活动的目的，促使人们有目的地付诸行动
驱动性	目标是一种欲求，是人们希望满足的某种愿望，因而它必须从内在欲求上驱动个体付诸努力
约束性	目标对个体行为有约束力，表现为程度不一地专注于目标的实现，抵制目标之外的诱惑
集约性	目标是一种方向性的集中，体现为时间、精力、物质资源最大化地向这一方向的集中
指导性	目标指导人们判断哪些事件是必要的，哪些是不必要的，它增进人们对自身行为结果是有意义和无意义的理解和认识
结果性	目标的实现体现为结果以及结果上的自我满足，结果的可预见性、可感受性、可考核性是目标的重要特质

上述所列的6个特性是目标发挥效用的基础。正是因为目标的这些特性，才使目标管理广受重视。

2. 组织目标的类型

一般来说，个体目标相对单纯和清晰，仅听凭个人感觉和期望，组织目标要比个人目标复杂、模糊得多，也难以把握得多。表5-6归纳了不同分类方法下的组织目标类型和相关示例。

表 5-6　组织目标分类和示例

分类依据	目标类型与示例
目标性质	量化目标：销售额；生产量；利润或利润率…… 进度目标：××××年××月月底完成 改革目标：重新检讨部门任务，建立新的组织目标 协同目标：生产和质检共同实现品质合格率99% 集体目标：生产部门的目标是完成本年度10%的产能提升 条件目标：目标——以大宗购买方式将××材料的价格降为每支5元；条件——当市场价格涨落在5%以上时修正
目标实现顺序	成果目标：合格率100%；实现1000万元销售额 过程目标：报废率不超过万分之一，生产频率30件/小时 手段目标：改造生产方式，10%采用传统人工流水线生产，90%实现自动化机器生产
目标维度	例行目标：指为维持企业生存所必须设定的目标，如安全事务管理目标 改善目标：改善××工作的质量，零错误减少业务所需费用，办事员由10人减为8人 解决问题的目标：为解决"市场占有率降低"而设定的目标；为解决"人事流动率偏高"而设定的目标
目标层次	总目标：企业的经营目标、战略目标，由企业高层主管（董事长或总经理）制定，经董事会认可后正式设立 单位（部门）目标：公司目标经过分解形成各单位（部门）目标 业务单元目标：部门目标经过分解，落实到业务单元而形成的目标 个人目标：业务单元目标经过分解，落实到岗位任职人员的身上形成个人目标
目标内容	业务目标：业务方面的常规目标 成长目标：人员技能、知识培养方面的目标 自我发展目标：个人职能发展上的目标，通常以协助设计方式出现 基准目标：企业一系列经济利润、人数、产量的底线目标值
目标时限	长远目标：5年目标计划、3年目标计划 短期目标：年度目标、月度目标、周目标、日目标 阶段性目标：业务开展阶段、实施阶段；公司初期发展阶段、中期成长阶段等

3. 目标的多重性

组织目标通常是多重目标的集合。企业为了生存、赢利，定然会有财务目标，会有业务目标，会有人员目标；也会有长期目标和短期目标等。目标的多重性体现在多样性、层次性和网络化三个方面。

（1）组织目标的多样性。企业总是会存在多种多样的目标，且都是需要管理者去实现的。管理者必须在多种多样的目标中寻找平衡，并保持对各个目标的最佳关注度。

管理学者们提出，一位主管只能同时追求2~5个有限的目标。目标过多会导致资源和注意

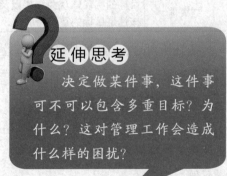

延伸思考

决定做某件事，这件事可不可以包含多重目标？为什么？这对管理工作会造成什么样的困扰？

力分散，会使主管人员应接不暇，从而顾此失彼。

（2）目标的纵向层次联系。目标在组织层次上从上自下具有层次结构上的强联系，并构成一个目标体系，包括组织战略目标、分公司目标、部门和单位目标、个人目标等。不同管理者承担着不同的目标责任，但责任不是单纯的，其目标实现水平的影响会涉及各方面。因而，对目标的判断、管理和推进必须进行全局性的考察。

组织目标的多重性

（3）目标的横向网络化。多种目标之间纵横交错、相互关联、相互协调的关系，我们称之为目标网络化。越是复杂的工程、组织任务，目标网络化的现象越严重。表 5-7 归纳了目标网络化的主要内涵及其对管理工作的影响。

表 5-7 目标管理的网络化特征

特 征	管理复杂性表现
目标非线性与同步管理	目标和计划很少是线性的（即并非一个目标实现后接着去实现另一个目标）目标和规划形成一个互相联系的网络
内容、时间两维度协调性	主管人员必须确保目标网络中的每个组成部分要相互协调，不仅执行各种规划要协调，而且完成这些规划在时间上也要协调
跨部门和空域的合作	组织中的各个部门在制定自己部门的目标时，必须要与其他部门相协调。有人研究得出结论，一家公司的一个部门似乎很容易制定完全适合于它的目标，但这个目标却在经营上与另一个部门的目标相矛盾
满足多种约束条件	企业的各个目标互相联系构成一个庞大的网络，所以要注意各目标之间的互相协调，还要注意与制约各个目标的其他因素的协调

总的来看，目标的多重性是目标必须得到恰当管理的主要原因所在，也是目标管理复杂性的重要体现。

4. 管理目标与目标管理法

目标管理法的第一要义即是管理目标（对目标加以管理），使之满足企业发展要求。管理者必须决定哪些目标是必要的，哪些是不必要的；必要的目标是如何联系的，应当如何分工实现目标；等等。但是，管理目标并不简单等同于目标管理法。

目标管理法是以目标为纽带实现全局性管理的系统方法。可以说，目标管理法降低了管理目标的难度以及管理活动的复杂性。这是由目标管理法所蕴含的结果导向、自我管理这两个基本内涵决定的。

（1）结果导向。严格意义上的目标管理法，其实是一种结果管理模式。它最关注的两个节点是目标制定和目标结果。

目标管理法中的目标不像传统的目标设定那样，由上级单向地给下级规定目标，然后分解成子目标，落实到组织的各个层次上，而是用参与的方式制定目标，即通过上下协商逐级制定出整体组织目标、经营单位目标、部门目标，直至个人目标。因此，目标管理法的目标转化过程既是自上而下的，又是自下而上的。

工作成果是评定目标完成程度的标准，也是人事考核和奖评的依据，成为评价管理工作绩效的唯一标志。至于完成目标的具体过程、途径和方法，上级并不过多干预。所以，在目标管理下，监督成分很少，而控制目标实现的能力却很强。

（2）自我管理。德鲁克主张目标管理与自我管理应获得同等重视，必须将两者作为不可分割的两个构成要素。在目标管理实践中，目标管理发展成为一种参与的、民主的、自我控制的管理制度。在这一制度下，下级在承诺目标和被授权之后是自觉、自主和自治的。当目标成为组织每个层次、每个部门和每个成员自己欲达到的结果，且实现可能性相当大时，目标就成为内在激励。特别当这种结果实现，组织给予相应报酬时，目标激励的效用更大。

自我管理也意味着除拟定目标之外，如何实现目标是员工决定的事，从这个意义上看，管理活动的复杂性被大大降低了。

目标管理模式

有三种模式可以推动目标管理法在组织中的推行，它们分别是目标配置管理模式、目标协同管理模式、目标价值管理模式。

1. 目标配置管理模式

一般情况下，组织通常有明确的任务和目标要求，这时候，目标管理法侧重于目标的分解和分配管理，这就是目标配置管理模式，体现为自上而下的目标管理路径。目标的分解通常从纵向和横向两个维度进行。

目标的纵向分解是指按照管理层次，将目标从大到小、从上到下逐级分解到每一个管理层次，甚至分解到个人（见图5-5）。

由图5-5可以看出，目标每分解到一个层次，都需要该层次目标负责人采取必要的保证措施，确保达到目标。实际上，每一层次目标的达成，都需要依靠下一层次目标的达成。

除了纵向的目标分解，还存在横向的目标分解。横向的目标分解是指按照职能部门，将目标分解到有关的部门和个人。例如，要完成某一产品的市场开拓，需要研发部门设计产品，生产部门生产产品，销售部门销售产品，还需要人力资源部门协调人事工作，需要财务部门安排资金使用，等等。即便是在一个部门内部，目标的实现也需要不同岗位的员工共同配合。目标的横向分解辅助纵向分解，形成目标的空间体系。

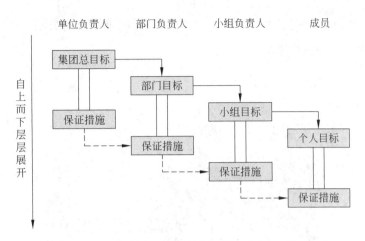

图5-5 目标的纵向分解

从以上分析可以看出，目标分解最重要的功能在于细化目标，落实目标，促进目标实现。

2. 目标协同管理模式

目标协同管理体现的是自下而上的目标管理理念，是指通过谈判协商、框架性约定或整合、同步协调的方式，确保各级人员动态进行目标配置。目标分解管理适用于有明确目标要求的情况，在非确定状态下，组织的任务界定模糊，目标界限不清晰，这时候应该使用以目标协同管理为主的目标管理法。

如表5-8所示，目标协同可以从三个方向上展开。

表5–8 目标协同管理的方向

协同方向	释　义
个体与组织协同	当组织目标只有较抽象的说明，只是方向性规划时，个体目标是较难确定的。这时候，目标协同表现为员工提出个体目标，并保持与组织方向一致；管理者在管理范围内，对不同人的目标进行组合、调整和修正，确保形成阶段性的综合目标
部门间的协同	组织之间同步管理自身的目标，在获得组织认可的情况下，自行进行目标协同管理，并形成合力
个体与个体的协同	同一组织单元内的个人可以结合起来设定目标，并在与上级管理者协商后，自行管理目标，贡献目标成果

严格来说，并非目标配置管理模式或其他模式中不需要协同，协同在各种目标管理方法中都普遍存在。目标协同管理模式之所以成为一种单独的管理模式，其原因在于具体的目标可能是很难确定的，而且即便有具体的目标，也无法在时间和行动上保持连续性，而呈现出多变的、动态的一面。目标协同管理正是解决这一问题的管理模式。

3. 目标价值管理模式

更具结果导向，也更具激励性的目标管理模式是目标价值管理模式。目标价值管理是

以员工自主设计目标、创造价值为核心，以价值考核为手段的管理方法。这种方法多运用于松散型、创意型或服务型组织中。

目标价值管理中，目标由员工自己确定

在普通的管理体制下，个体的目标来自于上级的安排，是一种强加于个体的目标。这种目标对于员工的激励作用不够明显，往往需要各种激励措施辅助。所以，传统的目标管理对于个体的价值创造力的推动作用较小。而在目标价值管理模式中，员工获得了自主定位目标的机会，无疑增强了个体行为的积极性，因此，具有更高的价值创造力。

目标价值管理的实施原则是个体具备自主选择目标的权力。当个体选择的目标经过企业的评价，具备价值创造前景时，个体将从企业获得追求目标所需的一系列资源，企业也将从个体目标的实现中获得价值提升。

企业进行目标管理的根本目的是实现企业价值增长，如果个体目标无法对企业价值产生推动作用，那么这个目标是失败的。原则上，由于个体目标的随意性、实施过程的自主性，目标价值管理通常具有收益回报期限长的特点，显然，并非所有的组织都适合这种方法。

目标管理实务

目标管理关注结果，是一种结果导向的管理方法。但即使是采用目标价值管理模式，管理者也不是没有职责的，管理工作仍然是重要且必需的。这些管理工作主要集中于三个方面：目标确定、目标实现、目标评价与反馈。

1. 目标确定

确定的目标是目标管理的基础。目标的确定性可用 SMART 原则来衡量（见图 5-6）。

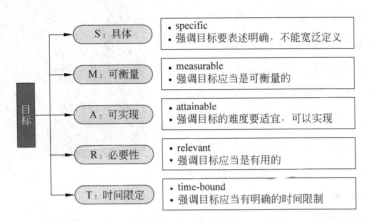

图5-6　目标设定的SMART原则

（1）目标是具体的。确认组织分配给本部门的目标是否存在大、空、模糊等现象，在向上确认目标时，应确保目标的具体化，不能模棱两可，也不能笼统。表 5-9 中的两组目标就是笼统目标与具体目标的对比。

表 5-9　目标对比

模糊无效的目标	具体可执行的目标
1. 大力改善产品不良 2. 强化客户服务意识 3. 本周要多拜访一些客户	1. 使产品不良率低于 1.5% 2. 使客户投诉率降至 1% 3. 本周拜访 3 个重要客户、5 个普通客户

假大空目标与切实的目标

（2）目标是可衡量的。可衡量的目标有助于对目标实现程度进行评价。一般来说，要达到目标的可衡量，可以从数量、质量、时间、成本等方面进行优化。

（3）目标是可实现的。目标的可实现性即目标在本部门工作能力范围内可以达成。超出部门执行能力的目标，会对部门工作造成障碍，影响部门人员的工作积极性。但是，目标应该具备一定的挑战性，即需要部门全体成员通过一定程度的努力才能够达成，轻而易举能够完成的目标是缺乏激励性的。

（4）目标是必要的。也有人将这一条理解为"相关性"，指目标的实现是否有明确价值，是否对企业的总体目标有帮助。

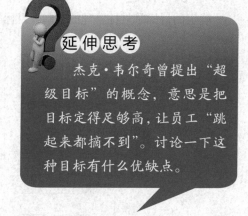

延伸思考

杰克·韦尔奇曾提出"超级目标"的概念，意思是把目标定得足够高，让员工"跳起来都摘不到"。讨论一下这种目标有什么优缺点。

（5）目标是有期限的。所有目标必须有一定的完成期限，否则无法评价。管理者在认领目标时，需要确认部门目标的完成期限。

2. 目标实现

目标实现是指员工执行目标、达到目标成果的过程。在这一过程中，管理者应当关注目标排程，实行阶段性控制和反馈，以及进行过程纠偏。

（1）排程计划。目标排程（target schedule）主要包括目标内容细分、责任人、工作方式、进度计划、资源配套等。在排程计划中，需要明确细分后的目标内容，注明每一项细分目标的责任人。进度安排要明确每一项细分目标所需要的时间，以及何时开始、何时结束，其紧前和紧后工作各是什么。必要时要安排一定的弹性时间，避免目标延误。图5-7为目标分解后的排程计划。

工作内容	部门	责任人	工期	进度（日）	1	2	3	4	5	6	7	8	9	10
活动1				计划										
				实际										
活动2				计划										
				实际										
活动3				计划										
				实际										
活动4				计划										
				实际										
活动5				计划										
				实际										

图5-7　目标分解后的排程计划

管理者也可以要求员工制订各自的行动计划，并提供意见和指导。在这一阶段，可以形成目标管理卡、行动计划书等指导目标执行的表格或工具。

（2）阶段性控制与反馈。管理者需要通过一系列的措施协助员工实现目标。一种常见的控制方法是里程碑计划（milestone plan）。所谓"里程碑计划"，是指通过建立里程碑和检验里程碑的达成情况来控制工作，保证目标实现。里程碑计划可采用图形方式（见图5-8），也可采用表格方式（见表5-10）描述。图形方式的里程碑计划将目标工作的所有里程碑和关键活动标注在时间轴上。

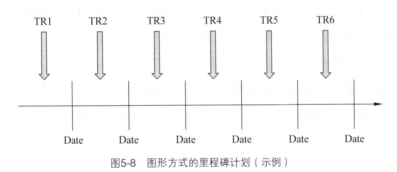

图5-8 图形方式的里程碑计划（示例）

表 5-10 表格方式的里程碑计划（示例）

阶 段	开始/结束日期	交 付 件	验收标准
TR1（需求评审）		市场调研报告 市场需求清单 ……	
TR2（总体方案评审）		产品可行性分析报告 / 产品业务计划 产品开发计划 ……	
TR3（模块级概要设计评审）		模块级概要设计 / 总体设计 各模块级测试报告 ……	
TR4（原型机评审）		原型机 原型机测试报告	
TR5（设计定型评审）		中试样机验证报告 制造系统验证报告	
TR6（转产评审）和发布 DR		产品可行性分析报告 / 产品业务计划 市场发布材料清单 ……	

切分里程碑计划要预留时间。如 60 周的任务工期，切成 5 阶段完成，每阶段的可用时间可定在 10 周，这样总时间为 50 周，保留了 10 周的弹性时间。同时，切分后要

定义接口，对各执行人员在接口管理时上至什么点、下至什么点、交付到什么程度等做出清晰界定。

（3）过程纠偏。目标实现过程中会发生各种问题，这时就需要进行纠偏。管理者应该为目标执行设置问题响应机制，确定问题等级、汇报方式、处理方式等。当问题发生时，员工能够按照设定好的程序向上反馈，管理者也能够及时回应，对问题做出处理。

3. 目标评价与反馈

目标评价是检验目标实现程度的过程。管理者通过对目标的实现程度进行评价，可以衡量员工的工作水平和业绩、工作执行的有效性，进行经验总结与学习。

（1）目标实现程度评价。目标实现程度的评价分为以下三个方面。

① 目标达成程度。评价目标达成程度是目标评价最核心的内容。目标是否完成，是否达到组织要求，主要包括数量是否足够、质量是否达标、时间是否在规定期限内、进度是否合理等内容。

② 目标资源使用情况。评价目标资源使用情况是对管理活动有效性的评估，主要内容包括资源的配置情况是否妥善、各项资源的使用是否合理等。

③ 目标的经验与改善空间。目标评价的另一个重要方面是对目标可改善程度的评估，主要内容包括目标是否还有改善空间、是否可以更加先进、是否具有可持续性等。

目标评价依赖于科学合理的评价标准，通常需要从上述几个评价角度设置考评指标。一个清晰的目标一般会有各种量化的指标，评价标准就是基于此而确定的。

（2）目标的总结与经验固化。目标总结是目标管理的最后一个阶段。目标完成之后，各级执行者和管理者需反思目标执行过程中的问题和经验，形成书面总结报告。如果目标未能完成，则需要分析失败原因，总结教训。目标总结与原因分析的主要内容包括目标的制定是否合理、目标的分解与落实是否到位、目标的执行情况是否正常、目标的督导是否严格等。

目标评价与总结是一个不断超越的过程。目标评价的结果是下一轮目标管理的依据和基准。管理者根据评价结果对新一轮的目标进行修正，为管理活动提供借鉴。

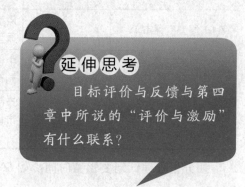

延伸思考

目标评价与反馈与第四章中所说的"评价与激励"有什么联系？

单元知识逻辑图

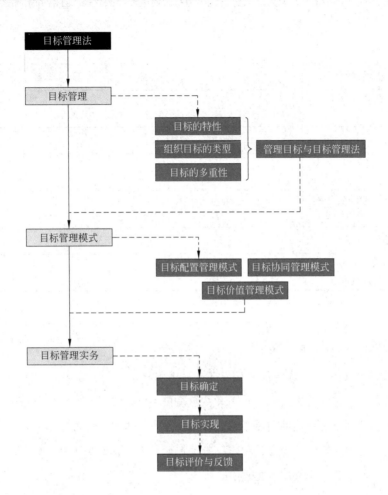

技能演练

课堂实战 | 分享我的目标管理故事

华为创始人任正非曾说，没有总结就没有进步。目标管理的重要环节就是目标评价、总结和反馈。我们个人的学习、生活也需要目标，而且最好也要有意识地评价、总结和反馈。现在，仔细回想你曾经订立过的目标，按表5-11的提示讨论各项问题，从总结中进步。

表 5-11　我的目标管理分析

我曾经订立过的一个目标（说说为什么订立这个目标，要达成什么状态，当时的条件是怎样的）：

分析项目	结　果
目标实现（或者部分实现）了吗？	
当时是怎么执行目标的？	
碰到什么问题？怎么解决的？	
对目标管理有什么心得体会？	
可在哪些方面改进？	
结合本章内容，你认为目标管理要注意什么问题？	

课后拓展| 制作目标计划表

　　每一个管理工作者，特别是基层管理工作者都要学会制作目标计划表，这是管理实务领域最基本的技能要求。目标计划表在各项任务中都有所不同，要依据任务性质灵活处理。目标计划表有一些共同要素，即所应包括的具体细节和内容（见表 5-12）。请同学们根据自己的学期学习计划，制作一份目标计划表。表格要清晰、直观，具有可操作性，可利用网络查询相关的目标计划表模板。

表 5-12　目标计划要素解析

目标计划要素	解　释
目标状态	目标最终要达成什么样？清晰吗？
目标阶段	目标可以分成多少个阶段或者步骤？每一个阶段的目标状态清晰吗？
目标内容	每个阶段的目标都包括哪些要做的事？
行动方法	有什么方法可以保证这些目标实现，有更好的方法吗？
目标日期安排	目标要落实到具体的时间上
目标可行度	要考虑目标是否可行，具备可操作性
目标检查	在什么时间点上检查目标是否完成，用什么方法检查？
目标控制	目标可能出现什么意外情况，用什么方法可以规避意外，控制目标实现？

学习单元三
作业管理法

情景引入

耐克（Nike）的代加工生产商试图在中国内地建立一家分厂，并指派了原工厂的一位副总经理前往开展筹建工作。筹建工作很顺利，工厂也开始试生产。然而，员工的作业效率非常低下，还不到原工厂作业效率的一半。

造成这种偏差的动因是作业人员的动机水平，因为他们的作业方法、设备和作业工具几乎是一样的。由于地处内陆，分厂工人都是本地的，而且大部分都是年龄较大、纪律意识不强的社区人员。如何改变这种局面？提高工资水平似乎是可行的，但是由于很多人都离家较近，他们并没有强烈的薪酬动机，而且他们认为每人每天能按质量标准制造 3 个足球是极限。

如何改变？分厂管理者宣布近期放低质量要求，给出的原因是一大批足球将销往不发达地区，这只是一个表面上的理由。确切地说，只要按标准工序完成仍然可以实现 95% 的最低合格率，这一方案只是拿初期较少的 5% 的非合格产品作牺牲。质量放低了，作业人员的心态改变了，开始有一部分人生产到 5 个足球，甚至 6 个、7 个，所领到的薪酬也比其他人多了一倍有余。其他人通过观察，发现生产 6 个、7 个并非难事，于是不再迟到、不再早退，也不再上班时间随便外出，团队整体氛围开始改变。这时候，管理者一点一滴，几乎是自然而然地开始恢复质量环节的监管。几轮生产下来，工厂作业效率达标，质量也保持在较高水平上。

课堂讨论

（1）什么是生产作业效率？

（2）生产作业效率与作业管理有何关系？

（3）怎么管理生产作业？

> 📝 **教师提点**
>
> 要解决上面这些问题，需要掌握下列知识和技能：
>
> 1. 了解作业与作业管理的基本内容；
>
> 2. 掌握作业管理的基本过程；

3. 掌握作业计划与安排的内容与方法；

4. 掌握作业实施与督导的方法与工具；

5. 掌握作业结果评价的基本内容。

 # 内容精讲

一家工厂的管理者，其大部分时间都将用于作业管理活动中；一个房地产项目，其管理人员也必须充分关注基建工程、基建设备和房产开发进度等。在可以列举的各种不同产业、不同管理模式的管理实务工作中，作业管理都是无法回避的任务。

作业

作业是指为完成生产、学习等方面的既定任务而进行的活动。人们很容易将作业理解为车间作业，或者流水线作业，这是作业的制造观念。管理实务领域的作业，并非单指生产制造的流水线作业，而是各种工作共同表现出来的从投入到产出的转化过程。

延伸思考

服务人员到小区修改电路，这是作业吗？是什么作业？

1. 作业的概念

任何一个企业都是通过一个作业系统将输入转换为输出而创造价值的。系统接受输入（包括人、设备和材料等），然后将其转换成产品或服务（见图5-9）。

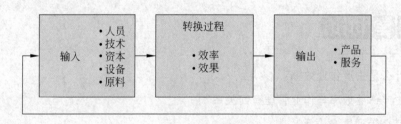

图5-9 作业系统

正如每个企业都产出东西一样，企业中的每个部门也都产出一定的东西。营销、财务、研发、人事和会计等部门都在把输入转换为输出，如销售额、投资回报率、新产品、员工队伍和会计报表等。从这个意义上理解，销售也是一种作业，研发也是。何种工作活动都存在作业过程。也因此，为了更有效地实现管理目标，无论你管理的领域是什么，管理者需要熟悉作业的概念。

2. 作业管理要素

作业管理即是对输入、转换过程和输出的系统管理和控制。作业管理是通过对作业要素的管理来实现目的的。

作业管理的要素主要包括 5 个：人员、机器设备、物料资源、工作方法和作业环境。

（1）人员（man）。人员是作业管理最重要的要素，也是最难管理的。因为人有主观意识，要协调不同特质的人是一件不容易的事。

（2）机器设备（machinery equipment）。作业管理中，工作能否顺利完成，产品质量是否过关，作业效率高低等，都受机器设备的影响。对机器设备进行管理是作业管理中的硬件支持。

作业管理五要素

（3）物料资源（material resource）。作业要消耗各种物料，因此对物料资源的管理十分必要。

（4）工作方法（working method）。作业管理的有效性在很大程度上取决于工作方法的有效性。合适的工作方法能做到事半功倍，用错了方法可能会使作业管理过程受阻，降低效率。

（5）作业环境（operating environment）。作业环境有可能对作业效果产生重大影响，因为有的作业对环境要求很高，环境好坏也会影响作业人员的心情和效率。

3. 管理生产率

提高生产率是作业管理的核心任务。实际上，生产率问题不仅是作业管理的中心，也是企业的中心。大野耐一推动了日本汽车产业的竞争力，其行动就是从提高生产率开始的。斯蒂芬·P. 罗宾斯认为，更高的生产率意味着"企业拥一个更具竞争力的成本结构和定出一个更具竞争力的价格的能力"。换言之，更高的生产率，其实质就是降低生产成本，增加产品的价格竞争力。

那么，怎样才能提高生产率？生产率是人和作业变量的复合体。所谓作业变量，包括工作方法、作业环境、机器设备、物料资源等。这些作业变量以及作业人员都必须得到恰当管理。即使是同样的机器设备，也会表现出不同的生产作业效率。生产作业效率依赖于科学的作业管理。

作业管理

作业管理着眼于计划和控制，体现为管理者在计划、控制方面的科学实践。

1. 作业计划

如前所言，计划必须先于控制。如图 5-10 所示，作业计划分为战略性作业计划和操作性作业计划。战略性作业计划的四项关键因素是能力、位置、过程和布局，为作业计划确定长期战略方向。它们决定了一个作业系统的合理规模、生产设施的选址、从输入到输出的最佳转换方法，以及最有效的设备与工作中心布局。一旦战略性作业计划明确了，操作性作业计划即随之而来，它由综合计划、主进度计划和物料需求计划组成。

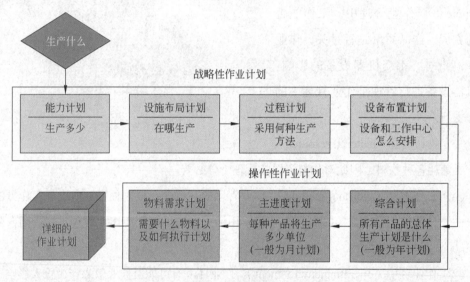

图5-10　作业计划体系

（1）能力计划。当管理者对给定时间内希望生产的产品类型及数量的作业系统能力进行评价时，他就是在制订能力计划。能力计划一般从预测市场需求开始，然后将其转换成对能力的需求。当管理者将预测转换成实际能力需求后，就可以设计出多种可供选择的能力计划。

（2）设施布局计划。当你决定需要额外的能力时，就必须设计和选择一种设施，这一种过程称为设施布局计划。选择布局的地点将取决于那些对总的生产和运输成本影响最大的因素，因素包括技术的可获得性、劳动力成本、能源成本、供应商和顾客的接近程度等。

延伸思考

回顾一下，计划的设计应该遵循什么样的原则？

这些因素的重要性是不同的，行业特性将决定其中的关键因素，而且关键因素决定了最佳定位点。

（3）过程计划。在过程计划中，管理者决定产品或服务如何产生。过程计划包括评价可利用的生产方法和选择一套能实现作业目标的最优方法。详细的计划应是在最高层管理者的原则指导下，由生产或专业的工程师来完成的。

（4）设备布置计划。战略性作业计划中的最后一项内容是对各种设备和工作中心布置可行方式的评价和选择。设备布置计划的目标是找到一种物理安排，来最好地促进生产率的提高，同时也对雇员有吸引力。

📖 辅助阅读5-6| 设备布置方法与示例

设备布置计划开始于评价空间的需求量。首先，必须为工作区、工具、设备、仓库、维护设施、休息室、办公室、食堂、候车室甚至停车场提供空间。其次，在前面提到的过程计划的基础上，对每种布置结构所产生的工作效率进行评价。为了便于进行决策，可以采用大量的布置方法，从简单的比例尺寸图剪纸片到尖端的计算机软件程序，然后将可行方案打印出来。

有三种基本的工作流程布置，即过程布置、产品布置和定位布置。过程布置是将功能类似的部分（如工作中心、设备或部门）放在一起。图5-11表明了医院门诊部的过程布置。在产品布置中，各组成部分是以产品生产的工序来进行安排的。定位布置适用于产品尺寸或体积过大而不得不将其保留在原地的情况。这时产品保持不动，工具、设备和工人都围绕着产品转动。

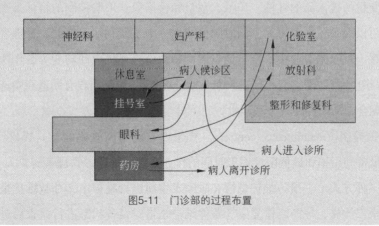

图5-11　门诊部的过程布置

（5）综合计划。一旦战略性作业计划制定出来后，就可以进入战术性作业计划了。首先要处理的是计划全部生产活动和与之相关的生产资源，这种计划称为综合计划。综合计划的时间通常是一年。综合计划提供了一张"大图"。综合计划结束后常产生两个基本决策：在计划期内每一阶段可接受的最优总生产率；所需雇佣的全部工人数量。

（6）主进度计划。主进度计划来源于综合计划。它详细说明了生产产品的数量及类型、方式、时间和地点；劳动力水平；库存状况。主进度计划编制的第一个要求就是分解计划，即把综合计划分解成具体、详细的作业计划，这些计划应与主进度计划协调一致。

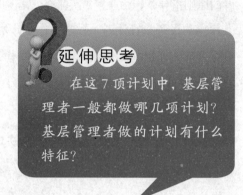

延伸思考

    在这 7 项计划中，基层管理者一般都做哪几项计划？基层管理者做的计划有什么特征？

（7）物料需求计划（material requirement planning，MRP）。当具体的产品确定之后，就应把每件产品进行分解，以确定它需要的材料和零配件数量，物料需求计划是一种用这些数据来指导外购、存货和优先计划工作的系统。

2. 作业控制

一旦作业系统已经设计并付诸实施，接下来的任务就是作业控制。

（1）成本控制（cost control）。许多组织已采用了成本中心法来控制成本。工作区、部门或工厂都可以被当作独立的成本中心，其主管人员对作业成本负责。由于组织中所有的成本在某种程度上都是可以控制的，高层管理者应确定在哪些方面进行控制，并使基层管理者对其控制下的所有成本负责。

（2）采购控制（purchasing control）。低劣的输入很难产出高质量的产品，管理者必须监控供应商交付的输入品的性能、质量、数量和价格等。采购控制的目标是确保输入可以得到、质量可以接受、来源可靠，同时降低成本。为了便利输入控制，管理者要与供应商建立紧密关系。现在制造业中一个迅速发展的趋势就是使供应商转变为合作伙伴，不是采用10～12家供应商，并使它们相互竞争来获得公司生意，而是在现有制造商中选择2～3家，与它们密切配合，从而提高效率和质量。

（3）维护控制（maintenance control）。要想以有效和高效率的方式提供产品或服务，就需要有高设备利用率和最低限度停工时间的作业系统。因此，管理者需要关心维护控制。维护控制有三种方式：①预防维护是指在故障发生前进行维修；②补救维护是故障发生后对设备进行全部检修、替换或修复；③条件维护是指对设备状态进行检查后进行全部检修或部分修复。

辅助阅读5-7| 设备与作业

维护控制的重要性取决于处理过程所采用的技术。例如，如果一条标准化的装配生产线停产，它将影响到几百名员工。在一个汽车或洗碗机装配线上，因一台机器的严重故障而导致整个工厂停产的现象并不少见。相反，许多使用通用或有重复处理过程的系统，由于各种活动的相互关联性较小，因而一台设备的故障并没有很大影响。无论如何，一台设备的故障就像一种库存物资缺货一样，也许就意味着成本增加、交货延迟或损失销售。

（4）质量控制（quality control）。质量控制指的是监控质量以确保质量满足预先制定的标准，监控内容包括重量、强度、密度、色泽、味道、可靠性、完整性或其他任何特征。质量控制要从收到输入的加工单之日就开始，持续地贯穿整个加工过程，直到最终产品被生产出来。在转换过程的中间阶段进行评估，是质量控制的典型工作。早期就察觉有缺陷的部件或过程，可以节省继续在它上面加工的成本。

作业系统管理

作业管理的重点除了计划和控制，还包括对生产节拍、节拍均衡化和整体最优化的管理。

1. 生产节拍

在实际工作中，作业效率可以通过三个标准来衡量：最佳的作业总时间、最佳的单位作业效率、最佳的工序协调。这三个衡量指标虽然限定的是不同的对象，但彼此之间却存在着一个共性元素——生产节拍。

节拍是衡量节奏的单位，比喻有规律的进程。生产节拍是指产出两个相同产品的时间间隔，或是完成同一工作任务所需要的时间。节拍最大值即为整条生产线的效率。管理学界有句话，"调整好了节拍，就控制好了效率"，指的正是节拍与效率的关系。

辅助阅读5-8| 节拍管理

一家企业的生产经理进行作业效率改善，某些环节的生产效率较改进前提高了20%，只有个别环节的生产效率保持原状。这位生产经理说："即便是这些维持原状、未能提速的环节，我也考虑过，它们的效率也只能达到这个水平了。"然而，恰恰是这些保持原状的环节，成为他改进效率的障碍。因为，其他环节的节拍都在提速，而单单这个环节维持原状，那么前期提速的环节所创造的效率便被无情地拖了后腿，所有努力到这个环节便全部搁浅。

在企业中，因节拍不和谐而造成的等待浪费数不胜数。如果前一道工序节拍过长，那么后一道工序就需要付出等待时间；如果前一道工序效率过快，那么产成品到了后一道工序又会出现堆积。

节拍管理可以分为以下两种情况。

（1）作业节拍大于作业周期。当作业节拍大于作业周期时，如果按照实际作业节拍安排工作就会造成产出过剩，导致中间产品大量积压、库存成本上升以及场地使用率紧张等问题。而在下一作业环节，又会出现设备大量闲置、人等工作等现象。

（2）作业节拍小于作业周期。当作业节拍小于作业周期时，作业能力无法满足生产需要，这时，作业过程会出现加班、提前安排作业、分段储存加大等问题。

作业周期大于或小于作业节拍都会对工作结果造成不良影响。节拍管理的目的就是尽可能地缩小作业周期和作业节拍之间的差距，通过不断协调，满足工作周期要求，保证稳定而有序的效率状态。

📖 辅助阅读5-9| 节拍控制甘特图

甘特图（Gantt Char）是通过活动列表和时间刻度等图示方式形象地表示出特定工序的活动顺序与持续时间（见图5-12）。通过绘制甘特图，可对各个工序的绝对进度和相对进度形成精确的认识。

图5-12中，横坐标表示时间，纵坐标表示各个工序活动，然后用线条或条状方块在坐标系中表示整个工序进程中的实际进度和计划进度。从甘特图中可以直观看出，工序B的延迟是由于工序A而非工序C导致的。这样就可以有针对性地对延迟工序的节拍进行改进，并及时对后续工序进行调整，从而实现对整体作业效率的控制。

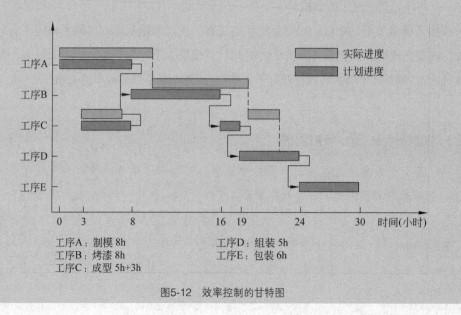

工序A：制模 8h　　　工序D：组装 5h
工序B：烤漆 8h　　　工序E：包装 6h
工序C：成型 5h+3h

图5-12　效率控制的甘特图

2. 节拍均衡化

节拍均衡化应该成为作业管理的理想追求。节拍均衡化表现为两种形态：纵向均衡和横向均衡。

（1）纵向均衡。纵向均衡是以作业流程为主线，上下环节之间实现均衡协调。工业生产领域的"一个流"生产模式就是一种纵向均衡。

辅助阅读5-10| "一个流"生产模式

"一个流"生产即各工序只有一个工件在流动，使工序从毛坯到成品的加工过程始终处于不停滞、不堆积、不超越的流动状态，是一种工序间在制品向零挑战的生产管理方式。

"一个流"生产的典型特征是物流同步，这一要求可直接避免以下情况：①因某一工序出现问题而导致整条生产线出现停顿；②某工序所需要的原料不能同时抵达，分别出现超前或滞后；③超过需求数量的在制品到达某工序，出现积压和等待。如此一来，自然实现了纵向的均衡化运作，作业效率更为可控。

（2）横向均衡。横向均衡是指职能部门之间的运作效率实现均衡化。它与纵向均衡对应，使得均衡化管理更具有系统性。常见的横向均衡手段有同步策略和延迟策略。

① 同步策略（synchronization strategy）。同步是指使概念设计、结构设计、工艺设计、装配设计、检验设计等产品设计过程同步进行，以最广泛的人员利用、最高的效率、最优的质量来完成产品设计，最大限度地实现顾客满意。

延伸思考

你认为同步化生产有什么好处？表现在哪些方面？

同步策略除了在生产制造环节内部实现外，还可以使生产与供应和销售相关环节一并实现同步化管理。例如，供应商无法准时提供所需原料导致企业停工待料，销售商无法及时销售产品或者不按时提走货物导致库存等，这就需要内外生产的同步化管理。

② 延迟策略（postponement strategy）。所谓"延迟策略"，就是尽量使某一类产品在必须进行差异生产之前的所有流程中，都采用相同的工艺进行在制品的生产，并且使这些差异点都尽可能延迟，以便减少差异点造成的作业无效。

节拍的不和谐

节拍的均衡

📖 辅助阅读5-11| DELL的横向均衡模式

　　DELL笔记本的生产与销售方式属于延迟策略中的按订单装配，其相关零件在工厂进行推式生产。当顾客在网上按需订购后，DELL工厂第一时间接收到订单，并进行差异化的笔记本装配，直接运送至用户手中。它既不需要顾客从零件生产开始等待，又不像其他电脑厂商生产出过多超过市场需求的产品，还能在最大限度地满足顾客所有的需求的情况下避免无用功能造成的成本浪费。DELL的成功主要是通过差异点的延迟策略实现的（见图5-13）。

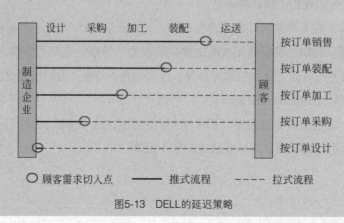

图5-13　DELL的延迟策略

差异点之前的流程采用推式流程，即不需要顾客订单也可以自主进行制造生产的流程，差异点之后的流程就需要等待客户订单进行拉式生产。根据图5-13的逻辑，DELL可以利用将差异点延迟的方法，使企业在订单之前尽可能地多进行流程的推式生产，这样就不会产生多余库存，也不会令顾客过多等待。

3. 整体最优化

任何企业的作业生产率都是多方面因素综合作用的结果，每种因素对作业生产率的影响也都是不同的。因而，作业生产率并非提升某一个方面，也不是每个方面都要均等地加以提升，而是要有原则地集中、取舍，实现作业系统的整体最优化。

实际上，整体最优化的背后是平衡与失衡的关系。失衡正是降低生产率的结构性原因，而平衡以及在平衡基础上实现整体最优化则是提高生产率的合理途径。就作业系统而言，高品质的材料、最佳的作业方法、最佳的人员技能、最稳定的生产设备，这些因素必须在一个高水平上获得整体优化，否则生产效率的提高将受到威胁。

单元知识逻辑图

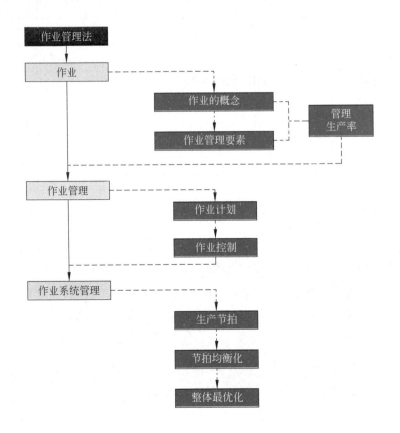

技能演练

课堂实战| 寻找降低生产效率的影响因素

"人、机、料、法、环"是作业管理的基本要素。当你走进车间考察某个企业的生产作业率时，头脑中必须有"人、机、料、法、环"的完整概念。作业生产率的最佳表现是这五要素的动态匹配、节拍均衡化和整体最优化。这是一个理想的目标，现实中几乎不可能完全实现。

现在，发挥你的想象力，从"人、机、料、法、环"五个方面系统、综合考虑，一起讨论哪些情况会降低生产效率，填写完成表 5-13。

表 5-13　降低生产率的情况列举

作业生产要素	降低生产率的情况
人员	
机器设备	
物料资源	
工作方法	
作业环境	

从各因素综合联系来看，哪些情况会降低生产率？

课后拓展| 流畅体验与节拍均衡的思考

马斯洛调查一批有相当成就的人士时，发现他们常常提到生命中曾有过的一种特殊经历，"感受到一种发自心灵深处的颤栗、欣快、满足、超然的情绪体验"，一种从未体验过的兴奋与欢愉的感觉，那种感觉犹如站在高山之巅，那种愉悦虽然短暂，但却让人印象深刻，那种感觉是语言无法表达的，心理学家称之为"高峰体验"。

研究表明，个人处于高峰体验状态下，会同时产生一种高效能状态的流畅体验。流畅体验即个人在从事各项思考、工作的时候，会有一种畅快淋漓的、几乎没有阻滞的体验,这种体验带给人非常高的工作、学习以及处理各种事务的效率。

现在,把流畅体验与节拍均衡的概念联系起来思考,你认为高效率的工作状态存在什么样的心理感受?是怎么表现出来的?你个人有过这样的经历吗?请尝试用一篇短文写出你的感受。

学习单元四
问题管理法

情景引入

汉代有一位名叫丙吉的宰相,他在外出巡视时遇到一宗杀人事件,没有理会。后来他看见一头牛在路边不断喘气,却立即停下来刨根究底,仔细询问。随从的人觉得很奇怪,问为什么人命关天的事情他不理会,却如此关心牛的喘气。丙吉说,路上杀人自有地方官吏去管,不必我去过问;而牛喘气异常,可能是发生了牛瘟或是其他有关民生疾苦的问题,这些事情地方官吏一般不太注意,因此我要查问清楚。

"杀人事件"是例行事件,"杀人事件"的处理实际上已制度化、流程化,并由专门机构负责。相反,牛喘气是偶发性的例外事件,由于缺乏制度化解决方式,而且没有专门负责的机构,容易被忽视而造成严重后果。丙吉这种放手例行事件、高度关注例外事件的做法,就是问题管理法的典型运用。

课堂讨论

(1)丙吉的做法对吗?

(2)丙吉的做法对管理者有什么要求?

(3)什么是问题管理法?

📝 **教师提点**

要解决上面这些问题,需要掌握下列知识和技能:

1. 了解问题管理的含义;

2. 掌握问题管理的基本条件;

3. 掌握推行问题管理法的基本要求。

内容精讲

所有的管理活动都可以简单划分为两类：一类是常务管理，或称为例行管理（routine management）；另一类是对问题的管理。常务管理是指常规的、日常性的、事务性的管理。发布指令、分配任务、做好考核……这些管理工作大都属于例行管理。但是，有一类工作却是例行管理之外的，如员工之间突然就某个新想法产生激烈冲突、某些计划下架的产品突然销售起来、某项稳定的作业质量突然失控……对这些非常规事务的管理，就是问题管理（problem management）。

问题

问题是指某件事或者人员等已经发生的，或者确定即将发生的，与预期状况不一致的事件。也就是说，问题是现有状况与预期状况之间的差距。

1. 问题驱动

谈到问题，一些人会认为问题是障碍，一些人认为问题代表较差的状态，另一些人可能把问题视为多余的毒瘤。但正如管理学家斯图尔特·克雷纳说的那样，"管理就是解决问题"。问题可以成为前行的动力或者达到目标的阶石。

（1）问题是一种机会。一项科学决策、缜密计划、严格实施的事项完全出人意料地失败了，这是一个问题吗？当然是。但它除了是问题，也可能是机会。

> **延伸思考**
>
> 管理学家大前研一说："没问题就是最大的问题。"你认为他说得对吗？为什么？

📖 辅助阅读5-12| 意外的失败与成功

彼得·德鲁克认为，"意外的失败"是发现机会、实现创新的一个必要途径。他举了自己高中毕业后的亲身经历来说明这一点。当时，德鲁克工作的公司往印度销售一种便宜的挂锁，每个月都要运一整船。挂锁不牢靠，用一个针就可以打开。那时候，印度人均收入不高，但随着收入增加，这种挂锁的销售急剧下滑。公司认为是因为质量不可靠，于是狠抓生产质量，但依然销售不出去。四年后，这家企业破产了。

与此同时，这家公司的竞争者认为，这是某种变化的征兆。他们通过调研发现，对于居住在乡村的大多数印度人来说，锁是一种神秘的象征，没有小偷胆敢打开这种锁。但对于不断增长的居住在城市的中产阶层来说，他们需要真正的锁，于是这家公司开始生产两种锁：一种是真正安全的锁；另一种是没有钥匙、只有简单拉栓的锁。两种锁都获得了成功。短短两年内，这家公司成为向印度出口五金产品最大的公司。

（2）问题是行动的方向。管理确实可以通过设定目标来推进，我们自己也可以通过设定目标来指引行动方向。但当我们付诸巨大努力而目标没有实现的时候，我们必须自问："问题出在哪里？"如果无法找到问题，就无法找到下一步行动的正确路径。

（3）问题是一种管理手段。问题还是激发组织成员积极工作、不断发展的活力源，是管理手段或管理工具。将问题作为管理手段和管理工具的设想，必须建立在两个基础之上：①必须是自觉的、有意识的，那些被迫应对问题的管理活动不能称为问题管理；②应当寻求以常务管理的规范化为基础，健全常务管理机制。

2. 常务与问题

区分常务管理（executive management）与问题管理的差异是极有必要的。常务管理具备规范化管理的特征，因而可以按照规范的程序、制度来处理。而问题管理带有极强的随机性，是常规处理程序无法解决的。从管理的角度看，常务与问题应当区别对待。

（1）常务管理与程序授权。一种观点认为，管理者不应该做那些下属可以做好的事情。管理者的时间和精力是稀缺资源，管理者要做真正产生高价值的管理工作。如果能够最大可能地将常务管理活动授权给下属承担，就可以将管理者解放出来。通过授权，可以激发下属的积极性，在管理实践中培养他们承担更多常务管理工作的能力。

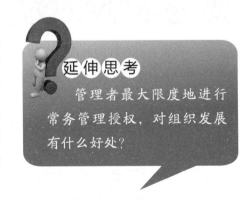

延伸思考
管理者最大限度地进行常务管理授权，对组织发展有什么好处？

（2）问题管理与管理者。毫无疑问，常务管理范畴外的问题是管理者要重点关注的，是管理者的核心工作。在问题管理方面，管理者承担着三项主要的任务：①发现问题（find problem）——对问题的挖掘、识别、判断；②解决问题(solving problem)——拟定解决方案，指导员工或亲自解决问题；③问题常务化——尽可能地将越来越多的、新发现的可以常务处理的问题纳入常务管理中。

3. 问题的直观性

问题管理首先关心的是问题。问题可以分为看得见的问题（又称显性问题、表面问题）和看不见的问题（又称隐性问题、深层问题）。在实践中，看得见的问题是指一些已经发生的、显而易见的问题；看不见的问题是指那些需要抱着怀疑态度深入研究后才能发现的问题。前者多是一些"情况如何"的发生型问题；后者则包括"怎么做才能更好"的探索型问题、"将来会发生什么事情"的预测性问题，以及"如果某项条件改变的话，将来会发生什么事情"的假定型问题。

看得见的问题与看不见的问题

某企业的产品销量持续下滑，于是管理层提出了各种促销手段。但是，"销量持续下滑"可能仅仅是问题表象，隐藏的深层问题可能是产品质量问题，也可能是市场定位错误。从关注看得见的问题到关注看不见的问题是一种突破，标志着管理水平的进步。问题管理所具有的另一个内涵，即是用科学的管理方式推动组织成员不断朝向解决深层次问题的方向发展，仅仅停留在解决表面问题的层次是企业管理水平和业务水平低下的体现。

问题管理

在一个由各种各样的问题构成的动态的、充满不确定性的管理活动中，管理者应当寻找怎样的方法去发现问题、解决问题呢？以下三种方法可供管理者借鉴和使用。

1. 走动式管理

1982 年，汤姆·彼得斯（Tom Peters）和罗伯特·沃德曼（Robert Wardman）在其出版的《追求卓越》一书中提出了走动式管理的概念。他们认为，很多企业的管理者往往待在办公室，等待下级主动汇报工作。这种管理方式对上下级的沟通是很不利的。因此，管理者应该抽出足够的时间走到员工中间，更好地倾听员工的声音，了解员工遇到的各类问题。

（1）重视问题发生现场。走动式管理要求管理者重视问题发生现场。问题现场是问题发生的特定情境，了解问题现场有助于管理者在具体的环境条件下进行问题分析，有助于获得最真实、有用的信息。

延伸思考

一家企业的管理者下令将办公室桌椅靠背全部锯掉，你觉得他为什么要这样做？

问题现场最容易找到根源

📖 **辅助阅读5-13|　问题就在现场**

　　曾任北美地区丰田汽车制造公司总裁的箕浦照幸是直接向大野耐一学习丰田生产方式的，他曾经历过"大野圈"训练。第一天训练时，大野耐一要求他在工厂地板上画一个圆圈，并告诉他"站在那个圆圈里，观看操作流程并自行思考"。训练时，大野耐一甚至没有提示他要观看什么。一个上午过去了，箕浦照幸感到烦躁了，因为他看到的仅仅是一些重复性的简单工作；一个下午过去了，他看到的仍然是那些重复的简单工作。这时他终于忍不住了，向大野耐一抱怨："我的督导在做什么？难道我的学习就是这样的吗？你这是训练还是显示权威？"

　　大野耐一并没有丝毫生气，而是问道："你在那里看到了什么，对生产流程有没有什么想法？"箕浦照幸无法回答大野耐一的问题，此时才发现自己的观察居然漏了很多重要地方。

　　大野耐一向箕浦照幸解释他无法回答的问题，并用图表形式将整个流程图展现在箕浦照幸面前，让他更清楚、直观地认识到问题所在。直到此时，箕浦照幸终于明白了：现场是所有信息的来源，要想成为一名合格的管理人员，必须了解现场。

　　（2）从有效的沟通和交流中发现问题。管理沟通中存在一种"位差效应"。这一效应首先由美国加利福尼亚州立大学研究组提出。他们对管理沟通的效果进行了调查研究，得出的结果是：来自上级领导的信息只有20%～25%被下级知道并正确理解；下级向上级领导反映的信息，理解率不超过10%；而平行沟通的信息理解率则可达到90%以上。走动式管理强调平行交流和沟通，以发现问题，及时处理问题。

📖 **辅助阅读5-14｜ 沃尔顿的走动式管理**

沃尔玛集团创始人山姆·沃尔顿认为，走出办公室倾听人们的意见十分重要。他曾说："头儿们最好的主意往往是来自公司的店员。"

1962年，当沃尔玛公司仅有8家分店时，沃尔顿有意不开自己的车，而是搭乘商店货车，以便与司机接触。有时，他还会在深夜两点钟带着食物与公司销售中心的值班人员共享消夜，一边吃东西一边了解他们的想法。随着沃尔玛集团的不断壮大，沃尔顿的这个习惯坚持了下来，他每年都会走访公司的700多家分店。

在沃尔顿的工作时间中，至少有90%的时间花费在与员工和客户交谈、阅读财务报表、乘飞机巡视分店等事情上。如今，沃尔玛的高层经理也延续着这个习惯，每个星期都会拿出至少三分之一的时间巡视分店，了解员工情况并及时解决问题。

2. 参与式管理

参与式管理这个术语有两种意思：①员工参与到管理过程中来，拥有一定的管理权力；②管理好员工的参与，管理者要有意识地促进员工参与到各类管理工作和问题的发现、讨论中来。这两种意思所反应的管理要求，对问题管理都是重要的，而且也是可行的。

无论何种意思，参与式管理是针对员工而言的。在一个随时变化的环境中，无论多么勤劳刻苦的管理者，都无法事无巨细地研究生产和经营中的各种问题。走动和参与，对管理者来说，前者是自主的，后者是响应式的，两者必须有机结合。

📖 **辅助阅读5-15｜ 维京集团的参与式管理**

英国维京集团（Virgin Group）创始人兼董事长理查德·布兰森（Richard Branson）建立了一种"把你对公司的意见和建议大声说出来"的员工参与机制。这一机制包括以下内容。

第一，该公司所有员工都知道布兰森的电话，员工一有好的想法和建议，就能在第一时间让他知道。

第二，公司每年举办一次"家宴"，为那些想要贡献创业点子、平时较不易碰到布兰森的员工制造自我推荐的机会。每次"家宴"举办的时间长达一周，参加人数多达3500人。

第三，集团旗下的每一家企业都有一套可以使员工点子上达的渠道，如财务机构。常务董事在当地一家餐厅常年预留八个空位子，任何员工认为自己的新点子够好，都可以申请和常务董事共进午餐，在用餐时献上大计。再如事业开发部，以紧迫盯人的方式逼着全公司各阶层经理从员工那里收集好的构想。

在这一机制的激励下，维京集团员工的创造性和积极性得到了极大发扬，各类点子层出不穷，这使企业受益匪浅。

3. 合理化建议制度

合理化建议（rationalization suggestion）制度又称奖励建议制度、改善提案制度、创造性思考制度，是一种规范化的企业内部沟通制度，旨在鼓励广大员工直接参与企业管理，下情上达，让员工与管理者保持经常性沟通。合理化建议制度存在着明显的优越性，它是员工参与公司管理的重要途径，是公司运用集体智慧的重要手段。

推行合理化建议制度的关键在于设计一套制度规则，激励组织成员或者团队成员积极参与到问题发现、问题解决过程中来。实施这一制度，要抓住以下 5 个关键要求。

（1）广泛性要求。合理化建议制度需要广泛的群众基础。企业的每个成员和每个管理小组都要积极、热情地参加合理化建议活动。现场管理人员和小组负责人对自己部下所发现的问题和改善设想，要给予认真的和及时的考虑与反馈。

（2）规律性要求。合理化建议审查委员会必须定期（每月）审查来自基层的改善建议提案，并迅速公布审查结果，迅速实施被采纳的合理化方案。

（3）相关性要求。在提案审查过程中，提案者与专业技术人员必须保持密切联系。例如，如果提案涉及变更设计的问题，有关设计师会很快与提案者进行共同研究。

（4）激励性要求。倡导和鼓励合理化建议活动，对那些在合理化建议和改善活动中取得成绩和作出贡献的人员和小组给予物质和精神奖励，以激励全公司人员热情。

（5）持续性要求。合理化建议活动不能是一朝一夕、一时一事的，而应当是持久的、连续不断的，必须通过持续的制度设计，确保企业形成针对问题的改善循环。

学习型组织

发现问题、识别问题、提出解决方案、解决问题……这一系列工作都需要能力。特别是面对那些不经常出现的、具有偶发性的特殊事件时，能力尤其重要。正因如此，问题管理法常与学习型组织建设紧密联系在一起。

1. 学习型组织的特点

学习型组织（learning organization）是美国学者彼得·圣吉（Peter Senge）在其著作《第五项修炼》中提出的管理理念。他认为，面临多变的外部环境，企业应建立学习型组织，

终生学习、不断创造，以维持竞争力。学习型组织要求组织中的每个人都要参与识别和解决问题，这样组织才能进行不断尝试，改善和提高整体能力。

学习型组织的概念是与传统组织设计相比较而提出来的。我们知道，传统组织以效率为着眼点进行设计，无论是层级结构，还是扁平化结构，都是因效率需求而发展起来的。学习型组织则是从学习知识、解决问题的角度进行组织再造，这意味着学习型组织具有以下 4 个突出的特点。

（1）从问题中成长。学习型组织的管理是一个发现问题、纠正问题、不断成长的过程。学习型组织通过对问题的分析和经验的总结，将知识传播开来，提升学员思考和解决问题的能力，促进学员和整个组织的成长。

（2）信息共享。无论是管理者之间还是员工之间，必须形成一套信息共享机制。

（3）全员学习。全员学习是学习型组织最关键的特征。企业或组织的管理层和普通员工都要投入到学习中，打破部门和层级限制。尤其是管理者的学习，对于组织发展更有裨益。

（4）强调发展。学习型组织不仅要求成员养成学习的良好习惯，还要求成员能够从学习中得

> **延伸思考**
>
> 你认为要让很多人之间相互学习、共同成长，要具备什么样的条件？

到启发，进而进行创造。一味的学习并不一定有效果，思维的激发和创造力的养成才是学习的最终目的。只有通过创新，组织才能持续发展。

📖 辅助阅读5-16| 技能学习与组织成长

宝钢电厂与一般电厂一样，由机、电、炉三部分组成。宝钢电厂花了三年半时间分批让这三部分工人都分别学会另外两种技术，也就是说，一个人可以做三种不同的事情，经考核合格者才可以上岗。通过学习，原有机、电、炉三组，每班只剩下 13 人，比同行世界先进水平的电厂还少 1 人。宝钢电厂的做法在宝钢集团也得到了应用。宝钢成立时，年产量 670 万吨，工人 4 万多人，现在年产量 882 万吨，提高了三分之一，工人则减少到只有 1 万人。

2. 学习型组织的实践

学习型组织是用一种新的思维方式对组织的思考，其目的是让企业或团队获得一种超越个人的集体智慧。即使是作为一种理念，它仍然指明了一些关键的实践要求。

（1）建立共同愿景（building shared vision）。愿景即共同的愿望和目标，愿景可以凝聚公司上下的意志力，透过组织共识，大家努力的方向一致，个人也乐于奉献。

（2）团队学习（team learning）。团队智慧应大于个人智慧的平均值，以做出正确的组织决策，透过集体思考和分析，找出个人弱点，强化团队向心力。

（3）改变心智模式（improve mental model）。组织的障碍多来自于个人的旧思维，如固执己见、本位主义，可以通过团队学习，或者引进小组学习制度、标杆学习制度，改变心智模式，提高创造性解决问题的能力。

（4）自我超越（personal mastery）。要关注个人投入工作的意愿以及钻研工作技术技巧，促使个人与愿景之间形成一种"创造性的张力"，这样就能够推动全员自我超越。

（5）系统思考（system thinking）。应通过资讯搜集掌握事件的全貌，以避免见树不见林，培养综观全局的思考能力，看清楚问题的本质。

在学习型组织中，管理者理应成为学习推动者，他通过引入外部信息、创建内部学习小组、提出学习方法等方式加速形成团队内部的学习氛围。

单元知识逻辑图

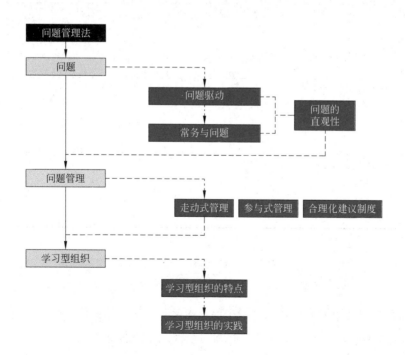

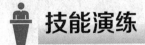

技能演练

课堂实战|　授权管理与控制

　　"例外"是偏离计划和预期效果的事件，"问题"也是一种"例外"。例外管理的基本原则是将常规工作授权给下属，自己则专注于处理问题和非常规事件。在问题管理过程中，授权是重要的，也是对管理者领导能力的考验。表5-14列举了授权管理应当思考的问题，请大家一起讨论。

表5-14　授权管理讨论

授权的好处：
授权的条件：
授权的程序：
授权后，管理者还要做什么？
发生反向授权时该怎么办？

课后拓展|　团队学习方法

　　学习型组织的根本目的是建立一个组织或团队相互学习、共同进步的环境，并提供工具性的支持。你认为有哪些方法可以促进团队之间的学习？请自主查阅资料，把团队学习方法及其操作上的注意事项罗列出来，填写完成表5-15。

表 5–15 团队学习方法与注意事项

序号	方　　法	注意事项
1		
2		
3		
4		
5		
6		
7		
8		
9		
10		
11		
⋮		

第六章

管理创新

问题引入

2012 年 1 月，柯达（Kodak）宣布破产；2014 年 4 月，诺基亚（Nokia）因经营不善正式退出手机市场，直至被微软公司收购。这两件事共同拉开了 21 世纪第二个十年里科技产业多变的序幕。

当人们讨论这两个曾经显赫一时的大牌企业时，通常会说："他们的管理出了问题。"这些企业不是缺乏资金，也不是缺乏创新技术。柯达是胶片和第一部给非专业人士使用的相机的研发者，直至破产前它仍然是世界上最大的胶片供应商之一。同时，它也进入了其他影像相关领域（如医疗影像）。但是，数码照相技术的发展推倒了柯达的大厦。巧合的是，柯达是数码照相技术的发明者。

诺基亚是第一批智能手机的制造商，最早的智能手机是诺基亚 7610，采用塞班系统。诺基亚在 2008 年前后仍然占据手机市场的领导地位，且拥有巨大的市场份额，其资本实力更是毋容置疑。但当苹果、三星还有 HTC 等一批智能手机新星推向市场时，诺基亚迟疑不定的态度使其落后于竞争者，直至无力为继。

想一想：为什么拥有绝对技术优势和资本实力的企业常常被后起之秀击败？这些企业在竞争中落败的原因是什么？

学习目标

- 知识目标
1. 了解管理创新的基本性质
2. 了解管理创新的基本内容

- 能力目标
1. 掌握战略管理创新、组织管理创新的内容和方法
2. 掌握管理创新的实务能力

管理创新概述

什么会让一个企业富有力量？众多管理工作者持有同一种观点：那些具备优异管理创新能力的企业常常会比同行有更好的表现，管理方面的重大进步和创新能为企业带来显著的竞争优势。

所谓管理创新（management innovation），是指为应对环境变化或实现更大的管理抱负而创造性地发展、应用有别于现行管理思路、模式和方法的管理实践过程。伦敦商学院教授加里·哈梅尔（Gary Hamel）认为，管理创新可以定义为"对传统管理原则、流程和实践的明显背离，或者对惯常的组织形式的背离，这种背离极大地改变了组织管理工作的方法"，这一定义比较符合管理创新在管理实践领域的真实性质。

管理创新可以在多个管理维度、多种管理要素和领域上进行，也可以通过多种途径和方法来实现。为更简洁明了地说明管理创新为何、从何推动管理创新等实际问题,本章主要从四个方面展开论述(见图 6-1)。

图6-1 管理创新的内容

创新具有必然性。一个职业管理者理应成为管理创新的推动者，应具备管理创新的意识和能力。但在此之前，他首先应当对创新是什么、创新的基本性质，以及管理创新的内容等基本问题有深入理解。这是本章第一单元要探讨的问题。

管理创新可以从企业外部视角（外部市场发展）和企业内部视角（内部运行效率）两方面来看待。这两个不同的视角构成了本章第二单元和第三单元的内容，即战略管理创新和组织管理创新。战略管理创新围绕企业如何确定自己的市场、如何获得市场发展能力和竞争优势而展开，其目的是形成最恰当的市场定位、竞争优势、成长方式和协同方式。组织管理创新则聚焦于组织内部管理系统运行方式的创新，包括管理体制、管理结构、管理

环境、管理流程、作业流程等多个不同层面的内容。

本章第四单元讨论的是对创新本身的管理。任何创新都是一个活动过程，包括创意、验证实施、发展、成熟等环节，管理创新也同样如此。当管理者讨论管理创新时，理应懂得创新本身也需要管理。管理者必须善用组织中的群体智慧和群体动力，发现创意，推行管理创新。在对创新进行管理时，如何充分利用组织中各类人的智慧和积极性，如何通过恰当的管理手段激发智慧和积极性，是管理者不得不考虑的事项。

总的来说，管理没有定势。有效的管理活动必然要在多变的环境和组织发展需求中适时创新、适时调整。但管理创新并非一项轻松的任务，管理者必须学习管理创新的知识、方法和技术，以更好地提升自身的管理能力。

学习单元一 管理创新基础

情景引入

20 世纪 80 年代以前，如果某个管理者发现原材料和商品库存不足，他只有一个办法：发出一张订单，向供货商订货。供货商确认订单后，按要求开始生产并按规定程序交货。交货时当然要经过一道道验收程序，包括确认订货数据、检查货品质量、入库登记等，大量无价值的管理工作蕴含在这个过程中。

1980 年，宝洁公司接到密苏里州圣路易市一家超市的要求。超市方面希望宝洁公司能自动补充货架上的帮宝适牌纸尿布，只要东西一卖完，新货就能到。为此，超市可以每月预付一定的货款。宝洁公司的经理经过筹划，把两家公司的计算机连起来，设计出了一个自动补充纸尿布的信息系统。试用结果良好，两家公司不必再为纸尿布缺货发愁了。这一管理创新标志着自动化供应链管理的开始。

如果你有机会到联想中国总部参观，你会发现联想有一个巨大的现代化计算机零配件仓库。这家仓库完全是现代化的。联想的接待人员会告诉你：这些仓库中的所有零部件或生产材料都是供货商自己管理的，供应商会依据联想在库存中提取的货物数量收取费用，并及时补货。换言之，尽管零部件材料在自己的仓库中，但这些材料都是未采购的定向寄存商品，只有在联想依据生产需求提取并使用后，购买才完成。这样做的结果是，管理压力降低了，资金压力也降低了，生产供应的信息交流更紧密了……

课堂讨论

（1）什么是管理创新？

（2）为什么要进行管理创新？

> **教师提点**
>
> 要解决上面这些问题，需要掌握下列知识和技能：
>
> 1. 了解管理创新的基本概念；
>
> 2. 了解管理创新的基本功能和必要性；
>
> 3. 了解管理创新的内容。

内容精讲

因为注重管理创新而获得成功的企业比比皆是，通用电气、宝洁这些优秀的企业都有过经典的管理创新案例。当然，因忽视管理创新或创新不当而失败的例子也比比皆是，诺基亚、柯达只是其中两个较突出的案例而已。

辅助阅读6-1 | 通用电气与宝洁的管理创新

20世纪早期，通用电气应用"工业实验室"这一创新，完善了爱迪生的大部分发明成果。通用电气成功地应用管理原理来解决科学研究的混乱状况，这使得爱迪生每10天能做出一项小发明，每6个月能完成一项重大技术突破。通用电气也因此成为当时美国拥有专利最多的公司。

宝洁公司除了自动化供应链管理创新之外，另一项重要创新是品牌管理。宝洁公司包装品产业的领先地位源自20世纪30年代早期，当时宝洁开始开发品牌管理方法。从无形资产获利是宝洁公司的一项独创性设想。宝洁在随后逐步创建并管理其品牌，到2016年，宝洁公司拥有了21个年销售额10亿美元以上的品牌。

管理创新的性质

创新无处不在，但管理创新是一项独特的活动。爱迪生的发明是单纯的技术创新，而"运用管理原理解决科学研究的混乱现状"则是管理创新。管理创新的重要性正如管理学者乔·蒂德（Joe Tidd）所言："不管新捕鼠器的创新有多好，若不注意项目管理、市场开发、财务管理和组织行为等方面，你就不可能成功。"

延伸思考

你能说出一两个属于"管理创新"概念范围的例子吗？

如何理解管理创新？我们可以从维持管理与管理创新、连续创新与非连续创新、经营性创意与管理创新三组关系的比较中理解管理创新的性质及其指向。

1. 维持管理与管理创新

管理创新的参照面是维持管理（maintenance management）。乔·蒂德和约翰·贝赞特（John Bessant）认为，企业存在一种稳态（稳定状态）管理，管理任务是维持企业现有的管理模式，执行已经形成的管理惯例、规范和制度，这时企业对管理活动的需求不是管理创新，而是维持管理。

管理创新有别于维持管理，它是对现行管理模式、管理惯例、规范和制度的局部或全面替换。管理者可以在工艺标准、流程模式不变的情况下，通过创新人员激励方式来实现作业效率和作业质量的提升；管理者也可以保持人员激励方式不变，通过革新工艺标准和流程模式来达到同样的目的。

维持是创新的基础，维持为管理创新提供系统支撑；创新则是在维持的基础上，找到强化企业竞争力和管理成效的支点，并汰旧换新。从这个意义上说，管理创新并不必然要求新管理模式和方法是开创性的，它强调的是区别于企业自身现有的、维持性的管理模式和方法。

2. 连续创新与非连续创新

管理创新可分为连续创新（continuous innovation）和非连续创新（discontinuous innovation），或者说是渐进性管理创新和突破性管理创新。

连续创新是在维持管理的基础上，对管理领域的各项事务进行局部优化，以求"管理得更好"。本书第四章所讨论的持续改善，就是连续创新的一种体现。

非连续创新是指管理模式、规则、制度、方式、方法的突破性改变，是系统性的管理革新，有时人们称之为"创造性的毁灭过程"。显然，非连续创新并非企业每天都会遇到。非连续创新通常是由革命性的新技术、新观念引发的。例如，相对于传统的家族工厂而言，公司制的出现就是一项伟大创新，它颠覆了旧有的经济运行规则。再如，企业由层级式管理转变为扁平化、团队化管理，也是非连续创新，它颠覆了企业管理规则。

一方面，相对于连续创新而言，非连续创新对管理者的挑战更大、更艰难；另一方面，非连续创新与连续创新并不是截然对立的。由于非连续创新可能存在的破坏性风险，大量企业管理人员倾向于通过连续创新的逐渐累积，最终实现突破性的改变。这意味着，企业的某些重大管理革新，有时是从局部管理革新开始的。

3. 经营性创意与管理创新

区分经营性创意（business idea）与管理创新，能使我们更加明白管理创新的特性。经营性创意是指企业经营领域新颖的想法和构思，包括产品创意、技术创意、观念创意、方法创意和工具创意。

每一个企业，每一个管理者，甚至每一个员工，都可能产生经营性创意。管理创新是对创意进行开发和管理，或者经由创意发展（引发）出有别于现行管理状态的管理模式、方法等。技术上的创意可能引发管理创新，但技术创意（或其他任何创意）不能等同于管理创新。

如图 6-2 所示，创意的产生与发展在实践中体现为新构思、试验、流变、稳定、成形、衰变等过程。管理者需要对创意的各个过程进行关注，形成相应的管理模式。当某种经营性创意出现的时候，如技术创新导致新产品被研发出来，往往要求与之相适应的管理模式和管理方法。大量研究证实，经营性创意常常是管理创新的先导。

新产品引发管理创新

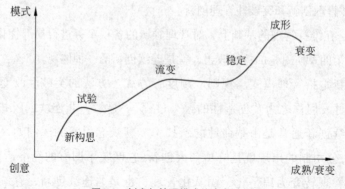

图6-2　创意与管理模式的演变过程

管理创新的必然性

管理创新是组织管理的必然要求吗？这取决于我们从管理创新的何种性质以及多长时间跨度来看待管理创新。从非连续创新的角度看待管理活动时，美国电话电报公司（AT&T）曾经在 30 年之内没有从根本上更新业务模式和管理模式，中国的邮政系统也是如此。反过来，从连续创新的角度看，管理创新则不断发生在任何一个企业、任何一个管理领域，即使是 AT&T，其业务模式和相应的管理模式也历经调整。

导致企业进行管理创新的原因大致可以归纳为两个方面：环境适应论和企业本性论。

1. 环境适应论

环境适应论（environmental adaptation）是指企业为适应环境变化而主动地或被动地进行管理再造。促发管理创新的环境因素，可以分为内部环境因素和外部环境因素，也可以分为宏观环境因素和微观环境因素。图 6-3 是对各种不同性质环境因素的汇总。

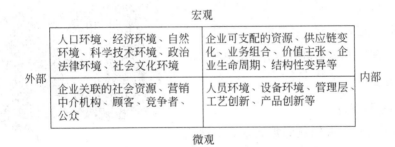

图6-3 促发管理创新的各种环境因素

图 6-3 所列的每一种环境因素的变化，都可能促发管理创新。企业所处的外部环境不断在变化，管理也要相应改变。例如，知识经济的迅速发展使得企业对知识型员工的需求大增，也发展出了众多管理方法。与外部环境相比，内部环境变化对管理创新的影响更直接。例如，机器人代替生产线上的工人后，对工人的管理会相对弱化，如何做好人机配合成为新的管理课题。一般来说，人们更容易理解宏观环境因素促发的管理创新。例如，当经济危机爆发时，大部分企业都会积极谋求转型或业务重组，这些创新是普遍的、容易感知的。与之相对，微观环境因素变化引发的创新要隐蔽得多。例如，年青一代的消费行为（外部顾客因素）在某个消费领域内（如网络游戏）表现得更加随机和零散化。这导致企业从复杂的网络游戏转向简短的、较丰富的多样化产品开发，这种业务模式的变化同时也会导致企业内部产品开发管理、产品设计、产品质量控制等发生相应的改变。

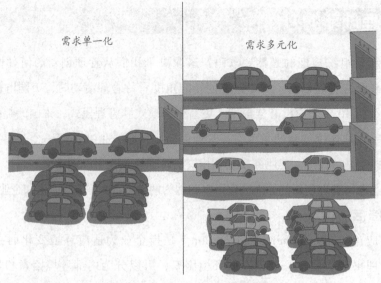

需求单一化　　　　　需求多元化

消费者需求变化引发生产模式变化

企业的内外部环境是不断变化的。变化越复杂、越频繁，环境的非确定性越大，管理创新的任务就越艰巨。这是因为，企业必须适应环境变化才能生存，同时也必须利用环境变化中潜在的机会来谋求发展。

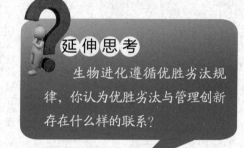

延伸思考

生物进化遵循优胜劣汰规律，你认为优胜劣汰与管理创新存在什么样的联系？

2. 企业本性论

除了环境因素，人们还经常从企业本性论（enterprise nature）的角度来讨论管理创新的必然性。企业本性论是指企业的营利性组织特征决定了企业经营管理活动必然要追求更高的利润、更佳的投入产出率和更强大的市场影响力。换言之，企业只要处于运行中，就必然会对利润创造、投入产出率、市场影响等各个指标范围内的管理要素进行创新，以求更低的成本、更大的产出或者更具影响力的市场地位，这通常是由企业抱负或管理者抱负而激发的管理创新活动。

辅助阅读6-2｜ "数一数二"战略

美国通用电气公司前CEO杰克·韦尔奇在经营企业上曾一度坚持"数一数二"战略，即在某一行业领域里做不了第一或第二就退出。这在当时是一个引起广泛重视的战略理念创新之举。当然，这不是因为韦尔奇对排名有什么特殊偏好，而是因为他要获得控制市场的规模优势，要掌握该业务领域的话语权，这才是"数一数二"战略背后的逻辑。

在亚洲，打败索尼的三星也是"第一主义"的坚持者，该公司号召三星员工"要做就做到第一，不然就退出"。

逐利是企业的本性。从逐利的本性出发，管理创新活动也就被确定为"没有问题还不够，必须不断做得更好"。一个有效管理的团队可能产生相当可观的收益回报率，但还有改进管理成效的可能性吗？或者说是否能够通过管理创新创造更大的价值？生产作业效率可能在国内是领先的，保持这种领先未必不可行，但能否把生产作业效率再提高点？无疑，这些要求都将促使管理创新发生，也使管理创新成为一种必然。

管理创新的内容

由于管理环境变化和企业需求的多样性，管理创新的方式、途径也呈现出多样性特征。一家传统生产企业改造生产方式，采用分包协作的方式完成生产过程，这是管理创新吗？是的！某家企业从按劳计酬的管理方式转变为利润分成的模式，这是管理创新吗？当然也是。那么，管理创新究竟包括哪些内容呢？

1. 管理创新的四个维度

较系统概括管理创新维度的理论，是从营销 4P 理论中延伸出来的。这一理论提出了四个基本的创新维度（见图 6-4）。

创新的四个基本维度

（1）产品创新（product innovation）。组织提供什么（产品或服务）的创新。

（2）流程创新（process innovation）。产品或服务的生产和交付方式的创新。

（3）定位创新（position innovation）。产品或服务进入市场环境的创新。

（4）范式创新（paradigm innovation）。影响组织业务的潜在思维模式的创新。

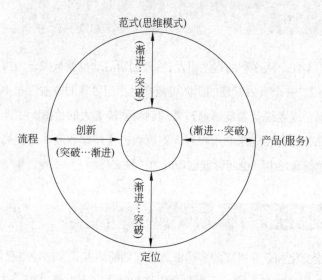

图6-4　管理创新的维度

不同的维度代表了不同的管理创新领域，而且这些领域也是相互联系的。

产品创新包括企业提供的产品或服务。产品或服务创新既是企业管理的内容，也常常是重塑企业全面管理创新的诱因。IBM从计算机生产商转向智力服务机构，宝洁实施多品牌（海飞丝、潘婷）产品组合方式、自动供应链管理等，都是产品或服务创新的重大举措。

所谓流程，通常是指"人们应该按照何种途径、规则做事"，流程创新包含了许多管理要素，它既可以是内部管理模式（内部管理）、生产管理模式，也可以是"产品如何交付到顾客手中"的相关流程——与企业外部环境（客户需求）紧密联系的一种创新。流程创新的要义是将企业视为"原材料供应→产品服务转化→客户交付"的完整系统。这一系统的转化效率是流程管理创新的基本指向。

📖 辅助阅读6-3| 杜邦公司早期的流程管理创新

　　早在1903年，杜邦公司还是一个家族企业。但它对管理技术的研究，特别是资金预算问题的研究非常关注。资金预算技术与投资回报率相联系，企业通过投资回报率来测算、区分各项目的价值，以ABC分类法作分类处理，给出预定的资金分配，这大大简化了资金预算管理的复杂性，提高了效率。这项技术首先是杜邦公司管理创新的结果。几年后，杜邦公司还开发了比较不同部门业绩的标准方法。这些管理技术结合起来，解决了面对众多具有吸引力的项目时如何进行资金分配的问题，大大降低了杜邦公司的决策成本，项目资金预算制度以及项目管理理念和方法也在杜邦公司发展了起来。这使杜邦早期的内部管理具备了更高的效率。

管理创新还可以通过改变市场定位来实现，这通常被理解为市场创新的内容。瑞士机械手表在经历了日本电子手表的冲击之后，将其市场群体定位为高端消费者，派克钢笔也经历过这样的创新，这些都可以视为市场定位转变的经典创新案例。

管理创新的第四个维度是范式创新。所谓范式，我们可以简单地理解为思维模式。稻盛和夫的阿米巴经营就是范式创新的典型。某知名企业试图打破所有中间职能部门的层级壁垒，而将职能部门植入到业务生产流程中（见图6-5），这也是范式创新。

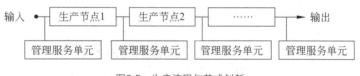

图6-5　生产流程与范式创新

上面所列的四个创新维度，可以是单一维度的创新，也可以是多维度的创新组合。它们既可以是渐进性的创新，也可以是突破性的创新，这取决于管理者或者组织的创新能力和视野。

2. 管理创新的内外部视角

任何事务都可以从内部和外部来看，管理创新也如此。从实践出发，人们习惯于将管理创新概括为两个既相互联系又相对独立的管理范畴：战略管理创新和组织管理创新。

战略管理创新指向企业与外部环境的关系。它将企业外部因素(市场、消费者、竞争者等)视为一个有机的整体，就企业如何在其中确定经济目标、协调力量、获得经济成果进行管理创新。

组织管理创新则是将组织内部运行的各因素（管理体制、组织结构等）视为一个有机的整体，就企业如何适应外部环境、提高运行效率等进行创造性建设和革新。

无论管理创新从哪一个维度入手，无论是流程创新、范式创新，还是产品或服务创新，最终都将服务于企业开拓市场、有效竞争——这是外部环境方面的要求，指向战略管理创新。同时，管理创新还应关注企业内部生产效率提升、快速反应能力提升等——这是组织内部运行的要求，指向组织管理创新。

单元知识逻辑图

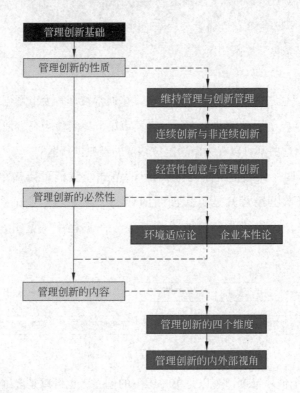

管理创新基础

管理创新的性质 ┈┈┐

　　维持管理与创新管理

　　连续创新与非连续创新

　　经营性创意与管理创新

管理创新的必然性 ┈┈┐

　　环境适应论　企业本性论

管理创新的内容 ┈┈┐

　　管理创新的四个维度

　　管理创新的内外部视角

 ## 技能演练

📋 课堂实战｜ 用头脑风暴法产生创意

　　头脑风暴法是管理者经常使用的创意工具，其具体操作是：不同领域的人坐在一起，就某个问题进行集中讨论，产生创新性的设想。

　　头脑风暴法来自"头脑风暴"（brain-storming）一词。所谓头脑风暴，最早是精神病理学上的用语，指精神病患者的精神错乱状态，如今转为无限制的自由联想和讨论，其目的在于产生新观念或激发创新设想。

　　假设同学 A 有一个想法，他想在课外时间赚点零花钱，方法是销售印制精美的笔记本。请同学们采用头脑风暴法，开动脑筋，就表 6-1 中的问题展开自由交流，最后由老师挑选出最好的创意点子。

表 6-1　关于销售笔记本的头脑风暴

思考点	为什么？有没有更好的？	共同的选择
卖给谁？		
谁来卖？		
怎么卖？		
在哪里卖？		
怎么赚钱？		
能不能再扩大销售群体？		
怎样可以赚更多？		

注意：应对尽可能影响销售的因素进行讨论，最终形成系统的方案。

课后拓展|　寻找省力的管理方案

　　假设同学们推选你作为管理者，带领大家在课后卖笔记本。依据课堂讨论的创意，已经确定了谁负责卖、谁负责采购、在哪卖、什么时间卖等问题。你需要做的是管理好、协调好大家的工作，尽可能多地产生销售业绩。由于你时间有限，因此希望找到一种省力的管理方案：不用花太多时间监督大伙，能够让大家自觉地把各项工作做好。

　　请你根据表 6-2 中的问题点，形成自己的管理方案。注意，要确保方案可行，能促进大家的积极性。

表 6-2　关于销售笔记本的管理方案

你考虑的问题	为什么？有没有更好的？	你的管理办法

对你的管理方案进行总体说明：好在哪里，不足在哪里？

学习单元二
战略管理创新

情景引入

20世纪80年代，改革开放后的中国涌现出了一大批企业。其中，最著名的要数四通公司。四通公司是一家民营企业，以销售打字机起步，其打字机业务在20世纪80年代家喻户晓。

得益于打字机的庞大消费需求，四通公司迅速发展壮大。但是，一个本应该引起警觉的事件被忽视了：就在四通公司快速发展的过程中，PC（台式计算机）开始引入中国，联想公司成了第一批PC的经营者。

遗憾的是，当四通公司内部一些人提出进行战略管理变革、关注PC的建议时，四通公司的决策者却认为，这将对四通公司传统的打字机业务产生冲击。很快，联想就凭着在PC领域的发力，逐渐发展壮大。当时，四通公司是绝对的大企业，联想只是一个名不见经传的小企业。时过境迁，今天已经很少有人知道四通，而联想却成为中国科技企业的领头羊之一。

课堂讨论

（1）什么是战略管理？

（2）什么是战略管理创新？

（3）为什么要进行战略管理创新？

📝 **教师提点**

要解决上面这些问题，需要掌握下列知识和技能：

1. 了解战略管理的基本概念和特征；

2. 了解战略管理创新的基本功能和经济性质；

3. 掌握战略管理创新的基本途径和方法。

内容精讲

战略管理通常被理解为企业确定其目标客户，并通过针对性的产品和服务，为消费者提供价值和满意度的动态管理过程，其目的是用恰当的战略资源、策略和方法，抓住外部市场所存在的机会。战略管理创新就是对战略资源、策略、方法等，以及与之对应的机会，进行系统性的、创造性的管理。

战略管理创新基础

战略管理学鼻祖伊戈尔·安索夫（H.I.Ansoff）界定了战略管理的基本要素，这些要素也同时是管理者着手战略管理创新时的基本面向（见图6-6）。

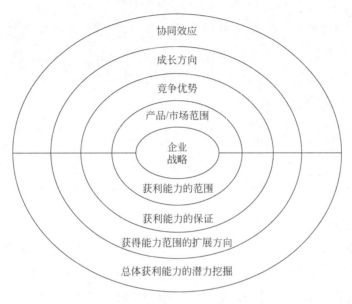

图6-6　战略管理要素与基本面向

1．获利能力

获利能力（profitability）是指企业资源投入能够产生经济利益回报的能力。获利能力是战略管理创新的总面向。换言之，战略管理创新以提升获利能力为根本性要求，这与前面所说的战略管理创新指向管理效果的观点是一致的。

战略创新关注获利能力

📖 辅助阅读6-4| IBM从获利能力出发的全面战略管理创新

如今的 IBM（国际商用机器公司），虽然称谓没有变，但业务重心已经发生了重大转向。从 20 世纪 90 年代后期开始，IBM 已经完全转移到咨询服务领域，并成为世界咨询服务领域的领头羊。特别是在 IBM 将 PC 部门出售给联想之后。

IBM 为什么要做这样的战略管理创新呢？

尽管 IBM 拥有一流的科技水平和品牌知名度，但由于苹果、戴尔等计算机制造商的竞争，IBM 的获利能力大大降低。与此同时，IBM 发现以科技水平为依托，为全球各个国家、企业提供科技咨询和相关服务，可以为企业创造更大的利润。

二十多年前的战略转型，使 IBM 脱离了硬件（计算机）制造业，成为科技咨询服务的提供者。

2. 产品 / 市场范围

这里所说的产品也包括服务，市场范围（market scope）则是指产品销售划定和覆盖的区域或消费者群体。区域和消费者群体的划定属于市场定位的内容。产品 / 市场范围是产品和定位两个管理创新维度的组合，是对企业获利范围的限定。

较理想的以"产品 / 市场范围"组合为中心的战略管理创新策略，强调的基本规则包含两项：①产品可为客户提供恰当的需求满足度；②在这一市场空间中竞争者相对较少，竞争强度较低。

📖 辅助阅读6-5| 宝洁的市场细分与产品多样化

宝洁在洗涤用品领域成功地发展了一系列的品牌和产品。在发展过程中，宝洁深入研究消费者群体的不同特质，并将具备这一特质的消费者作为一个单独的市场空间加以开发。这通常被理解为市场细分（market segmentation）策略。宝洁的市场细分策略从多个维度展开，包括人文统计变量（职业、教育程度等）、地域、消费需求等，从而得出一些基本的消费者群体划分依据。

从市场细分出发，宝洁开发了各种有针对性的产品。以洗发水为例，宝洁拥有4 个品牌，各自针对不同消费者的不同需求："飘柔"满足"柔顺头发"；"潘婷"满足"健康"；海飞丝满足"去头屑"；沙宣则是使头发"柔亮光泽"。市场细分和产品多样化组合策略，使宝洁稳居该领域的头把交椅。

3. 竞争优势

企业必然会参与到市场竞争中，企业的获利能力既受产品质量、市场范围的影响，也受竞争的左右。因此，所有企业在考虑战略问题时，都要涉及竞争优势和竞争策略的创新。

战略管理创新必须回答"从何建立、发展或维系竞争优势"的问题。竞争优势可以是多种多样的，如技术竞争、渠道优势、成本优势等。然而，正因为竞争优势的多样性，使得识别核心竞争优势成了一个难点，毕竟建立全面的竞争优势是很难的。当然，环境的非确定性、竞争对手的努力等，也给"从哪些角度发展和维系竞争优势"造成了很大的困难。为更透彻地理解这些内容，后文将介绍一些典型的竞争策略分析和选择工具。

企业要找到自己的核心竞争力

4. 成长方向

如果企业保持现状——产品不变、消费对象不变，是绝对行不通的。企业的发展是"非进即退"的。因而，企业必须有一套方法保障自身的成长和发展，这通常被称为战略发展策略（strategic development strategy）。仍以 IBM 为例，IBM 之所以能够转型成为咨询服务公司，是因为 IBM 具备很强的市场拓展能力。

管理实践和理论研究认为，企业存在生命周期，任何一个企业都会经历从创立到成长、发展，再到衰退的自然过程，而环境的变化、科技的发展往往会加速这一进程。因而，企业必须注意培育自己的成长空间，在传统业务和市场走向衰退之时，能够以较低代价实现战略变革，将企业带到另一条发展轨道上。这正是安索夫讨论成长方向的根本原因所在。在后面的安索夫矩阵（Ansoff Matrix）中，成长方向及其策略选择也是主要内容。

5. 协同效应

协同效应（synergy effects）简单地说就是"1+1>2"的效应。协同效应可分为外部协同和内部协同。外部协同是指一个集群中的企业由于相互协作，共享业务行为和特定资源，因而将比作为一个单独运作的企业取得更高的获利能力；内部协同则指企业生产、营销、管理的不同环节、不同阶段、不同方面共同利用同一资源而产生的整体效应。

外部协同实现共同成长

辅助阅读6-6│ 通过协同创新实现高利润

20世纪70年代，在美国西南航空公司发展短途飞机之前，航空企业一直将长途旅客视为服务对象。当时美国的航空业已经比较成熟，利润较高的长途航线基本瓜分完毕。但是，短途运输是一个瓶颈，短途旅客必须乘坐地面交通工具。

西南航空公司的战略是将这些乘坐地面交通工具的旅客"搬到"空中来。凭此定位，西南航空公司逐渐发展成为一家大型航空企业。

短途旅客支付的费用显然是很低的，这也意味着西南航空公司必须不断降低成本。为此，西南航空公司只购买波音737型飞机，且所有客机一律不搞豪华铺张的内装修。单一机型的做法能最大限度提高飞机利用率，因为每个飞行员都可以机动地驾驶所有飞机，这也简化了管理，降低了培训、维修、保养成本。另外，通过简化乘务手续、简化服务、减少经停点、提高飞机准点率等一系列措施，西南航空公司大大压缩了管理成本，确保了低廉的短乘价格，从而保持了对短途旅客的吸引力。

战略管理创新策略模型

不同的战略管理学者，从不同的角度分析了战略管理创新的模式和策略，以市场拓展策略（成长策略）为核心的安索夫矩阵、以竞争策略为核心的波特五力模型和 SWOT 分析法是其中的典型代表。

1. 市场拓展与策略选择模型

安索夫矩阵由伊戈尔·安索夫于 1975 年提出，它有时候也被称作产品 / 市场方格、产品市场扩张方格、成长矢量矩阵（见图 6-7）。

安索夫矩阵解决的基本问题可以理

	现有市场	新市场
新产品	市场开发 market development	组合策略 product diversification
现有产品	市场渗透 market penetration	产品延伸 product development

图6-7 安索夫矩阵示意图

解为：企业可以通过何种策略使自己的获利能力和市场空间得到进一步拓展。它以产品 / 市场范围为基本出发点，综合了竞争优势、成长方向、协同效应三个基本要素，提出了四种供企业选择的市场拓展策略。

（1）市场渗透（market penetration）：以现有产品面对现有顾客，以其目前的产品市场组合为发展焦点，力求增大产品的市场占有率。运用市场渗透策略，可以通过促销或是提升服务品质等方式来说服消费者改用不同品牌的产品，或是说服消费者改变使用习惯，增加购买量。

> **辅助阅读6-7 | 市场渗透与战略管理创新**
>
> 百事可乐公司的福来托—雷（FRITO-LAY）早餐食品分部是在市场成熟期成功实施市场渗透策略的典范。当早餐食品市场上的许多占有统治地位的公司转向别处谋求增长时，福来托—雷分部并不甘心承认早餐食品行业已经成熟、老化，而是通过销售方式和服务等的创新，不断向现有产品和市场输入新活力。在 1995 年前的 5 年中，福来托—雷分部以几乎两位数的增长率增长，而同期竞争对手的总份额却下降了。
>
> 乔布斯第二次接手苹果公司时，手机市场看起来也是一个成熟的市场。手机已经成为大众消费品，诺基亚、三星占据着大半市场。乔布斯的策略是通过产品功能和体验的创新进行市场渗透。最终，乔布斯成功地将消费者的注意力转向苹果手机，将市场格局重新洗牌。

（2）市场开发（market development）：利用现有产品开拓新市场。运用市场开发策略，

企业必须在不同的市场上找到具有相同产品需求的顾客，其往往导致产品定位和销售方法的调整，但产品本身的核心技术则不必改变。

（3）产品延伸（product development）：推出新产品给现有顾客。运用产品延伸策略，需要利用现有的顾客关系来借力使力，通常是以扩大现有产品的深度和广度，推出新一代或是相关产品给现有顾客，来提高企业产品在消费者中的占有率。

（4）组合策略（product diversification）：提供新产品给新市场。由于企业的既有专业知识能力可能派不上用场，因此组合策略是最冒险的成长策略。除非企业能在销售、渠道或产品技术等方面取得某种综合成效，否则不要轻易采用组合策略。

2. 市场竞争与策略选择模型

区别于安索夫矩阵着重强调市场空间和获利能力的拓展，更多的管理学者认识到，市场是高强度竞争的，因而战略必然要将竞争策略列为核心研究对象。在这方面，迈克尔·波特（Michael Porter）的"波特五力模型"（Porter's five forces model）和麦肯锡咨询公司（Mckinsey）的 SWOT 分析法最具代表性。

（1）波特五力模型。迈克尔·波特认为，企业能否抓住市场机会，受五种力量的左右，即进入壁垒、替代品威胁、顾客议价能力、供应商议价能力以及同行竞争强度（见图6-8）。

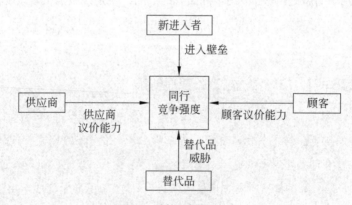

图6-8 波特五力模型示意

表 6-3 综合分析了这些不同力量的含义和具体表现。

理论上，波特五力模型要求企业的战略管理必须系统分析并平衡这些力量，以从中寻找针对性的、恰当的战略管理模式。然而，真正能够做到这一点是很难的，这也成为这一理论的重大缺陷。不过，波特从中推导出了三种成功的竞争策略，即总成本领先策略、差异化策略和专一化策略。这三大竞争策略被人们普遍接受，也被认为是波特五力模型最具实践意义的贡献。

表 6-3　波特五力模型的要素与释义

要　　素	释　　义	具体表现
进入壁垒	指新进入者的威胁。进入这一市场的障碍越大，对现有企业的保护也越大；反之越不利	潜在的同行、跟风者会削弱企业创新的成果回报
顾客议价能力	指顾客在消费时具备多大的可选择性。选择性越大，讨价还价能力越大	买方市场或者客大欺店，小型企业面对大型集团采购等
供应商议价能力	生产商面对上游供应商的议价能力相对较弱，供应方的能力较强，可提高生产材料费用，并因此削弱企业的竞争力量	店大欺客、采购成本上升，产品价格提高；供应不及时，影响稳定性等
替代品威胁	两个处于同行业或不同行业中的企业，可能会由于所生产的产品是互为替代品，从而在它们之间产生相互竞争行为	市场价格压力，获利能力减弱；隐性的竞争压力导致企业必须投入更多资源提升质量、服务等
同行竞争强度	来自同行企业的竞争是不可忽视的，进入门槛越低、发展越成熟的行业，其竞争强度越大	可以联合，也可以竞争；但竞争是常态，导致行业获利空间越来越小，触发企业战略管理创新

📖 **辅助阅读6-8|　波特的三种竞争策略**

波特认为，总成本领先策略、差异化策略、专一化策略是每一个公司都必须思考的，模糊不清的企业将处于极其糟糕的战略地位。

总成本领先策略也称为低成本策略，是指企业通过有效途径降低成本，使企业的全部成本低于竞争对手的成本，甚至是同行业中的最低成本，从而获取竞争优势。

差异化策略是将公司提供的产品或服务与竞争对手差异化，形成一些在全产业范围中具有独特性的东西。

专一化策略也称集中化策略、目标聚集策略等，是指主攻某一特殊的客户群、某一产品线的细分区段、某一地区市场。与总成本领先策略和差异化策略不同，专一化策略具有为某一特殊目标客户服务的特点，组织的方针、政策、职能的制定都首先要考虑这一点。

（2）SWOT 分析法。SWOT 分析法又称为态势分析法或优劣势分析法，用来确定企业自身的竞争优势（strength）、竞争劣势（weakness）、机会（opportunity）和威胁（threat），从而将企业战略与企业内部资源、外部环境有机地结合起来。图 6-9 是 SWOT 分析法的一般框架。

内部分析 外部分析	优势S 1. 2.　　列出优势 3.	劣势W 1. 2.　　列出劣势 3.
机会O 1. 2.　　列出机会 3.	SO战略 1. 2.　　发出优势 3.　　利用机会	WO战略 1. 2.　　克服劣势 3.　　利用机会
威胁T 1. 2.　　列出威胁 3.	ST战略 1. 2.　　利用优势 3.　　回避威胁	WT战略 1. 2.　　减少劣势 3.　　回避威胁

图6-9　SWOT分析法的一般框架

相比波特五力模型，SWOT 分析法更具操作性，且突出强调在"比较竞争优势"的分析中设定企业战略模式，其分析要素见表 6-4。

表 6-4　SWOT 分析法四维分析要素说明

四维度	范　畴	具体要素
优势	内部因素	有利的竞争态势；充足的财政来源；良好的企业形象；技术力量；规模经济；产品质量；市场份额；成本优势；广告攻势等
劣势	内部因素	设备老化；管理混乱；缺少关键技术；研究开发落后；资金短缺；经营不善；产品积压；竞争力差等
机会	外部因素	新产品；新市场；新需求；外国市场壁垒解除；竞争对手失误等
威胁	外部因素	新的竞争对手；替代产品增多；市场紧缩；行业政策变化；经济衰退；客户偏好改变；突发事件等

如何通过 SWOT 分析来确定企业的创新战略呢？SWOT 分析法提供了四种战略，即 SO 战略（机会进取）、WO 战略（劣势反转）、ST 战略（优势保持）、WT 战略（劣势防御）。

📖 **辅助阅读6-9|　战略管理创新的策略选择**

SO 战略是最理想的一种战略模式，它意味着企业内部的优势与外部的机会互相匹配。当企业具有特定方面的优势，而外部环境又为发挥这种优势提供有利机会时，可以采取该战略。

WO 战略是利用外部机会来弥补内部弱点，使企业改变劣势而获取优势的战略。WO 战略适用于存在外部机会，但由于企业存在一些内部弱点而妨碍其利用机会，且可以采取措施先克服这些弱点的情况。

ST 战略是企业利用自身优势，回避或减轻外部威胁所造成的影响。例如，竞争对手利用新技术大幅度降低成本，这会导致企业在竞争中处于非常不利的地位。但如果企业拥有充足的现金、熟练的技术工人和较强的产品开发能力，便可利用这些优势开发新工品，简化工艺过程，提高原材料利用率，从而降低材料消耗和生产成本。

WT 战略是一种旨在减少内部弱点、回避外部环境威胁的防御性技术。当成本状况恶化、原材料供应不足、生产能力不够、无法实现规模效益、设备老化时，企业在成本方面难以有大作为，这时应采取目标聚集策略或差异化策略，以回避成本方面的劣势，并回避成本原因带来的威胁。

SWOT 分析法的优点在于考虑问题全面，是一种系统思维，而且可以把对问题的"诊断"和"开处方"紧密结合在一起，条理清楚，便于检验。在这个过程中，管理者如何理解企业自身的优势和劣势，如何识别机会和威胁，如何为不同要素分配权重，以及如何确定策略实施的落脚点等，都体现了管理者的创新思考能力。

战略管理创新实践

战略管理创新是一项系统工程，图 6-10 归纳了战略管理创新的实践路径。

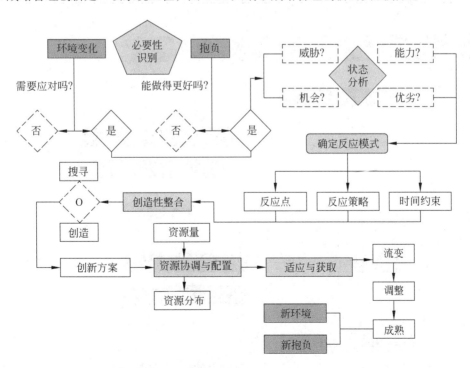

图6-10　战略管理创新的实践路径

如图 6-10 所示，我们可以把战略管理创新的实践路径归纳为必要性识别、状态分析、确定反应模式、创造性整合、资源协调与配置、适应与获取这 6 个主要阶段。实践中，每个阶段都有它应该关注的要求和问题等（见表 6-5）。

表 6-5　战略管理创新的阶段、要求及常见问题

阶　段	性　质	要　求	常见问题
必要性识别	由环境变化和抱负调整引发	考察是否对变化做出反应；抱负的合理性	错误的、不当的反应或过于理想化的抱负；对变化无知觉或缺乏进取精神
状态分析	经由 SWOT 或其他分析工具，确定机遇、威胁和优劣势	确定基本的战略假设，进一步论证战略变革的必要性	过于模糊的描述；主观随意性过大
确定反应模式	应对变化或实现抱负所需战略反应模式加以明确	确定反应点、反应策略和相应的时间约束	对"从哪里入手"定位不清；缺乏系统的战略反应框架和模式；激进与稳健的平衡不足
创造性整合	搜寻新观念、新知识、新技术，满足创新战略模式所需	开诚布公地群体讨论；建立开放思考的环境	过于专注自主研究；群体交流渠道不充分
资源协调与配置	为新的战略管理模式配置恰当的资源	资源以战略作集中约束；发挥内外部协同效应	战略模式的路径不清晰；关键节点及需求标准模糊
适应与获取	战略模式实施过程的管理	明确战略模式的阶段性特征，关注战略流变和发展	对战略模式失利和成功背后的原因认识不足，导致不恰当的应变

单元知识逻辑图

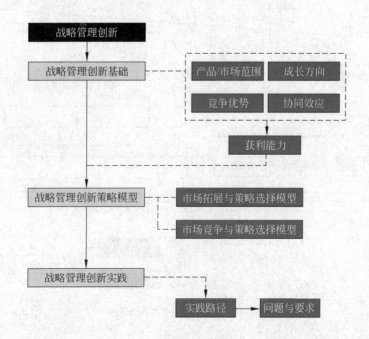

技能演练

☑ **课堂实战|　战略转向创新与战略发展创新比较**

　　管理创新有连续创新与非连续创新的区别，战略管理创新同样如此，非连续的战略管理创新可以称为"战略转向创新",连续的战略管理创新可以称为"战略发展创新"。现在，请围绕表6-6展开讨论，以加深对两者的认识。

表6-6　战略管理创新的两种方式比较

战略转向创新		战略发展创新	
有利点	不利点	有利点	不利点

你认为有第三种选择吗？为什么？

➕ **课后拓展|　职业管理人发展的SWOT分析**

　　SWOT分析法被认为是管理者普遍需要掌握的一项技能。为了更好地掌握这项技能，让我们采用SWOT分析法来思考下面的问题：高职院校走出来的职业管理人应当如何参与职场竞争？

第一步：罗列要素

　　请把表6-7中四个象限的问题讨论清楚。

表6-7　职业管理人发展的 SWOT 分析清单

四要素	清　单
优势	有哪些优势： 最核心的优势是什么：

续表

四要素	清　单
劣势	有哪些劣势： 最关键的劣势是什么：
机会	机会在哪里： 最佳机会是什么：
威胁	有哪些威胁： 最大威胁是什么：

第二步：策略选择

请根据本单元所学知识，结合表 6-8，讨论确定你将采取的策略方案。

表 6-8　策略方案选择

策略选择	详细描述你要怎么做
SO 战略	
WO 战略	
ST 战略	
WT 战略	

学习单元三
组织管理创新

情景引入

　　1908 年是汽车工业发展史上的重要年份。这一年，福特公司第一辆 T 型轿车正式下线。同年，威廉·杜兰特（William C. Durant）创办了通用汽车公司，并在其后收购了奥兹、凯迪拉克、奥克兰及其他 6 家轿车公司，还获得了十多家企业的股权和控股权。但是，如何管理这一庞大的企业组织呢？杜兰特对此并没有太在意。有一段时间，通用汽车公司的总部只有杜兰特和两名助手。几年之后，通用汽车公司陷入财务危机，杜兰特被迫辞职。之后的几年，公司新管理层采取了种种手段试图走出内部管理的混乱局面，但没有取得实质性进展。

1916 年，杜兰特再次入主通用汽车公司。杜兰特仍试图以扩张来抵消经营困境。1918—1920 年，通用汽车公司展开了又一轮大规模的并购。联合汽车公司、雪佛莱汽车公司、费雪车身公司、代顿公司、嘉典公司等相继加入通用汽车公司麾下。经历了 1910 年的失败，杜兰特并没有吸取教训，面对巨大的产业，这位创始人依旧实行放任式管理，公司仍然保留着控股公司的形式，各个下属公司都是"独立王国"。此时的通用汽车公司，外表虽然强大，内部却混乱不堪。

鉴于这样的局面，工程师出身的艾尔弗雷德·P. 斯隆（Alfred Pritchard Sloan）被杜兰特启用了。这位后来被誉为"最伟大的职业经理人"的组织管理先驱，在 1921—1922 年期间提出了一种叫"集中政策控制下的分散经营"的组织管理模式，这是事业部制组织结构的雏形。斯隆把通用汽车公司按产品划分为 21 个事业部，分属 4 个副总经理领导。有关全公司的大政方针，如财务控制、重要领导人员的任免、长期计划、重要研究项目的决定等，由公司总部掌握，其他具体业务则完全由各事业部负责。斯隆认为，这种管理体制贯彻了"政策决定与行政管理分开"这一基本原则，因而能使集权和分权得到较好的平衡。通用汽车公司经过斯隆的改革和整顿以后，迅速发展成为世界上最大的汽车公司。

斯隆开启了组织管理创新的热潮，之后，职能式、矩阵式等组织结构及与其相适应的管理体制、管理模式相继涌现。2004 年，斯隆被《商业周刊》评选为过去 75 年来最伟大的组织管理创新者之一。

课堂讨论

（1）组织管理创新主要是为了实现什么目的？

（2）组织管理创新包含哪些内容？

（3）组织管理创新该从何入手，如何展开？

> **教师提点**
>
> 要解决上面这些问题，需要掌握下列知识和技能：
>
> 1. 了解组织管理创新的不同层面；
>
> 2. 理解组织管理创新的基本要求；
>
> 3. 掌握组织管理创新的行动路径。

内容精讲

组织管理的概念存在多种解释，这里特指将企业内部管理视为一个有机系统，其管理上的创新即是对这一系统中存在的各项管理要素及相应管理活动的创新。

由于战略管理与组织管理的内外联系性，战略管理创新通常会引发组织管理创新。不过，组织管理创新也可能单纯地因为管理者的绩效抱负或管理的程序缺陷而触发。

组织管理创新的动因

企业管理者可能因为生产效率不高、组织无法适应多变的环境、组织机能老化导致持续发展力不足，而更新组织管理方式，发展创造性的管理方法，这三者分别对应组织管理创新的效率动因、柔性动因和成长动因。

组织管理创新的基本动因

1. 效率动因

效率动因（efficiency of motivation）与管理者的绩效抱负相关。管理者的绩效抱负可以表述为：我们能够做得更快、更好，产生更高的经营绩效。前面讨论过，大野耐一从日本企业与美国企业的生产效率差距出发，发展了一系列的生产效率管理技术，大大提升了日本汽车业的竞争力。很多著名企业的管理变革，都是由于机构臃肿、结构复杂导致效率低下而进行的。

辅助阅读6-10| 彼得·德鲁克的效率观点

彼得·德鲁克认为，组织效率是组织管理的关键要素。德鲁克将组织效率的概念进一步延伸到收益转化的领域，而不仅仅是完成产品转化成果（产品和服务）。组织效率的意义也不仅仅体现为投入产出，而是组织竞争力的体现。

按照德鲁克的观点，假定一个组织投入1美元，在一年周期内，每个季度可以完成一次转化，每次转化实现收益0.5美元，那么三个月内的组织效率是1∶0.5。如果不考虑扩大再生产的指数递增的话，一年内即为1∶2。这意味着在一年内，1美元将产生2美元的回报。这种回报率是组织管理的关键要素，如何提升这种转化率就是管理效率创新的核心指向。

效率是企业内部管理的核心追求。对效率理解最透彻的职业管理者可能是思科（Cisco）的执行总裁约翰·钱伯斯（John Chambers）。"快鱼吃慢鱼"是他的著名论断。他认为："在互联网时代，大公司不一定打败小公司，但是快的一定会打败慢的。互联网与工业革命的不同点之一是，你不必占有大量资金，哪里有机会，资本就很快会在哪里重新组合。速度会转换为市场份额、利润率和经验。"

钱伯斯的"快鱼吃慢鱼"论断，强调了对市场机会和客户需求的快速反应。它最终导向了组织内部的管理效率：以更快的速度生产客户需要的产品，同时快速变革，推出新产品或者满足新需求，这也要求管理活动必须矢志不渝地追求效率的提升。显然，效率是组织内部管理的追求，也是内部绩效要求和外部需求共同造就的管理创新动因。

延伸思考

企业生产效率（服务效率）低下会造成什么不利影响？

2. 柔性动因

柔性是指企业在动态竞争条件下进行自主调节和适应的能力。组织不是僵化的，是能够适应外部环境变化的。研究者认为，一个组织必须能够承受不同程度的变化，不导致组织出现严重混乱现象，甚至能进一步充分利用变化带来的机会。企业拥有较强的柔性，意味着企业能够依据不同的、快速变化的环境连续性地做出临时性调整，不同程度地体现出"随需而变"的性质。

辅助阅读6-11| 组织柔性的发展史

人们对组织柔性的研究，有一个逐步深化的过程。

20世纪50年代以前，没有所谓组织柔性的概念。这一时期，组织的外部环境非常稳定，整个市场处于卖方市场。所以，管理实践的焦点集中于稳定地提高效率而非柔性，泰勒是代表。马克斯·韦伯的行政管理理论则强调通过组织的精确性、稳定性、纪律性和可靠性来提高生产效率。

到了20世纪五六十年代，经历过工业化大规模生产，社会商品供给已经开始向供求平衡方向转变，加之这一时期数控机床和成组加工以及成组工艺的出现，使得生产流程中一个点或一道工序的柔性成为可能。

20世纪60年代以后，仅仅是点柔性和工序柔性仍不能适应外部需求环境变化，于是生产线柔性获得重视。这意味着，在同一条生产线上可以完成一组给定的不同种零件的加工或不同产品、部件的装配生产，这一方面可以提高加工制造效率；另一方面可以生产多种类、多型号的产品，这就是组织柔性最基础的概念——生产线柔性或工艺柔性。

时至今日，人们在生产线柔性和工艺柔性的基础上，进一步提出组织中的各种职能管理也应当柔性化，包括研发、组织结构、人力资源管理和营销等职能柔性，甚至将组织内部与组织外部作为一个整体，充分实现系统柔性。系统柔性意味着从供应商到内部生产，再到消费者，都将充分整合在一起，实现互动和参与，以适应相互之间的需求和条件变化，达成动态的相互适应。

组织柔性并非只有大型组织需要，人数不多的团队也要考虑柔性，典型例子是生产线上对"多能工"（多能型员工）的需求。"多能工"是指能够同时操作多道工序或多项任务的员工。他们在人员充足的时候承担专项工作，但可随着特定工种人员的短缺而快速转换身份，成为其他工序的执行者。"多能工"事实上就是强化组织柔性的一种创新体现。

组织柔性是管理者因应多变的环境有意设计的结果，它表现出两个看起来相互矛盾的特征："集成"与"离散"。这就像可快速拆卸和重新组装的计算机，就其零部件而言是高度集成的，而就其整体而言则是可以随客户需求而变化的。基于集成和离散的双向要求，针对组织柔性的创新可能发生在多个领域。反过来，多个领域都可能

延伸思考

为什么外界环境变化越频繁、变化越大，企业管理难度越大？

存在阻碍组织柔性的问题，并成为创新管理的对象。例如，过长的决策层级会使组织缺乏效率，导致管理层不能对变化快速作出反应；过于细致的分工可能会提升效率，但当既定

业务模式无法适用战略需求时，要将这些细致的、固化的分工整合成新模式也将困难得多。这些看似矛盾的问题成为人们在实践领域不断发展新的管理模式、组织模式的动力源。

3. 成长动因

企业必须培育内部优势，以恰当的方式服务于战略成长。否则，即使有非常优秀的战略思路和策略，也是无法实现的。所谓成长动因，是指为了促进成长或保持成长而对组织管理模式进行创新。

辅助阅读6-12┃ 底特律汽车城

20世纪70年代，当日本小型、省油汽车进军美国市场的时候，底特律汽车城的生产商们几乎完全弄错了方向。

底特律是美国最大的汽车城。20世纪70年代，当时的美国汽车业普遍认为，美国人只乘坐大型车，小型的、省油的汽车不在美国人考虑范围内。当日本企业用小型车试探着开发美国市场并占到10%的市场份额时，美国汽车业的反应仍然是降价、折扣或油气补贴。

近十年过后，日本汽车业占据了美国汽车市场的半壁江山。而美国汽车业在降价、折扣补贴上的支出远远超出了研发小型、省油汽车的费用。日本汽车在美国大获成功。多年的市场争夺后，底特律汽车城逐渐走向了破产。

美国汽车业失败在何处？一种观点认为，底特律的失败在于它们把日本汽车的进攻当成短暂的竞争策略，未能把握汽车工业发展的未来，没有考虑自身的成长性需求。

从成长动因的角度看，组织管理创新与组织战略的成长方向设定有着紧密联系（见图6-11）。

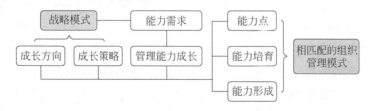

图6-11　基于成长的组织管理创新驱动

基于持续发展需要的管理创新，是一个相当广泛的创新领地。对某些企业来说，人才是第一位的，所以必须创造性地吸纳人才，培育人才；有时候科技创新能力是第一位的，所以必须投入科研活动；但更多的时候，科技转化能力（把现有科技转化为生产效益）是第一位的，所以必须发展一套系统的科技转化模式。

组织管理创新的不同层面

组织管理是一个有机的系统，其创新活动可以在不同层面上进行，这些不同层面构成了图 6-12 所示的系统分布。

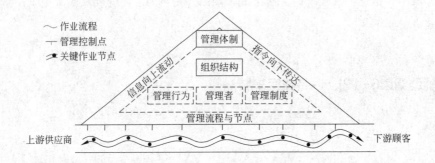

图6-12　组织管理创新的系统分布

1. 结构框架层面

有两项主要的结构性因素决定了组织的结构框架：管理体制和组织结构。

所谓管理体制（management system），是指管理系统的结构和组成方式，即采用怎样的组织形式以及如何将这些组织形式结合成为一个合理的有机系统，并以怎样的运行模式保证这一系统的运行。

管理体制涉及三项内容：结构要素（structural element）、结构关系（structural relationship）、运行模式（operation mode）。因此，理解管理体制创新必须与组织结构联系起来。反过来，组织管理的结构框架创新，也是从这些层面展开的。

结构框架层面的创新如何体现？对组织管理会产生何种影响？例如，公司制的出现是对传统家族式企业管理体制的突破，这是现代经济社会

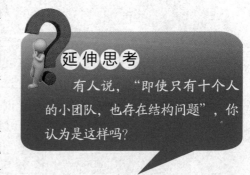

延伸思考

有人说，"即使只有十个人的小团队，也存在结构问题"，你认为是这样吗？

中企业运行模式的一次革新。再例如，斯隆对通用汽车公司的管理体制再造，集中体现了结构要素（各事业部为要素单元）、结构关系（总部与事业部的关系）和运行模式（中央政策权、事业部业务权）三方面系统的、综合的创新，从而促成了通用汽车公司的发展和壮大。

辅助阅读6-13| 杜邦公司的结构框架变革

美国杜邦公司是世界上最大的化学公司，至今已有 200 多年的历史。在这 200 多年中，杜邦公司的组织管理结构几经变革。长期以来，杜邦公司都是家族企业。为防止

家族财产外溢，杜邦公司的传统是非家族人员不得担任公司高层管理职务。为此，杜帮家族甚至实行同族通婚，直到 1962 年公司第十一任总经理科普兰上任才废止。

科普兰认识到，杜邦公司必须转变管理体制，从而吸纳更多优秀的人经营公司，以应对经营不善的困境。为此，科普兰上任没几年就把总经理一职让给了非杜邦家族的马可，财务委员会议议长也由别人担任，自己则专任董事长一职，从而形成了一个"三头马车式"的体制。这在杜邦公司是史无前例的变革。1971 年，科普兰又让出了董事长的职务，真正形成了职业经理人掌控企业经营的局面。

人们普遍认识到，企业的高层管理者尤其关心组织结构框架的设计。但是，组织管理的结构框架设计也适用于小型团队，甚至是小型工作组内部的框架结构。结构框架创新的思路应该是：这一组织（无论大小）包括哪些结构要素？这些要素以怎样的关系联系起来？按照何种模式运行更具柔性、更有效率？对这些问题的解决，将推动组织结构框架创新。

2. 控制系统层面

控制系统是在结构框架的基础上，对企业高层、中层、基层、业务层四个层面之间纵向关系的限定，它体现为信息向上流动、指令向下传达的过程控制管理。

（1）信息向上流动。管理者如何从生产和市场一线获得信息？没有信息支持，管理活动，特别是决策活动，就成了纸上谈兵。员工参与模式的出现是信息管理的一种创新。同样，建立广泛的信息收集和分析系统，也是借助科技手段实现信息向上流动的管理创新。当然，信息向上流动也可能来自组织内部推行提案管理，每个人都可以直接向上提交建议。

（2）指令向下传达。指令向下转达并非单纯指命令传递，它还包括决策的科学形成、既定决策的传递，以及指令的贯彻。在人数不多、地域集中的环境中，指令很容易下达，也能够及时发现信息传达及执行偏差。但如果管理一个跨机构、跨文化环境，且人员数量、管理层级过多的队伍时，管理者该如何确保指令正确下达并得到准确贯彻呢？例如，沃尔玛的供应商管理者可能面临着全球供应链系统的管理，它们该如何做到指令准确无误？在复杂的管理活动中，这种障碍始终存在，即使是在信息技术广泛应用的今天，也是如此。当下很多的管理创新活动，包括分权决策、结果责任制、自主管理模式等，都是控制系统层面的创新。

3. 管理环境层面

管理环境是由管理制度、管理者、管理行为构成的。在管理环境层面，制度创新（institutional innovation）是非常普遍的管理创新活动。管理者为解决员工懈怠而采取绩效考核，就是制度创新的一种表现。

另外，管理者作为组织管理环境的一部分，也是管理创新的对象，创新的内容包括管理者如何获得权力（选拔和任用）、如何规范管理者的管理工作（考核与奖惩）等。华为公司创造性地发展了轮岗制管理模式和全员持股制度，通用电气公司创造性地发展了"储备干部"方法……对管理者的管理，始终是管理创新的重要领域。

管理者也可以自主地创新自身的管理行为。为了强化团队凝聚力定期举行员工沙龙，为提高工作成效进行工作方法汇总并在团队中大力推广，这些都是管理行为创新，它们在不同的管理情境中有不同的表现方式。

4. 管理流程层面

管理流程与业务活动紧密关联，是对业务活动的规范与控制。

📖 辅助阅读6-14| 管理流程的简化

一家著名的门窗品牌公司发现，各个地区的销售单元在市场销售活动中必须层层上报费用支出，及至最终批复下来才能获得营销费用。这种层层上报申请的流程严重阻碍了销售部门的快速反应。为克服这一障碍，该公司决定采取新的管理流程：每一个业务单元于年初申领年度推广经费，建立资金池，并将后期销售纯利的10%划入自己的资金池中。资金池中的资金低于40%是警戒线，再使用时必须申报；而在警戒线之上使用资金，符合审计规范即可。

管理流程创新的关键是确定作业控制点以及控制方法。不当的控制点意味着管理成本增加、管理活动复杂化。管理者应着力寻找最少而又能够实现控制目的的管理流程以及相应的控制方法，这需要管理者的创新能力。

5. 作业流程层面

作业流程层面的创新体现为将"供应商→生产转化→顾客交付"视为一个由各个环节构成的、前后衔接的、无间断的、创造价值的程序性活动，并对其关键环节、程序进行价值挖掘。通常情况下，人们会从主程序设计（主流程设计）、业务组织（生产线安排）、程序作业点（价值节点设置）三个方面来推动作业流程创新。

宝洁的自动化供应链管理是作业流程前端管理创新的一个示例。价值流程图（value stream mapping）是服务于作业流程创新的一项技术手段，它将整个主流程、流程节点描绘出来，并仔细分析每一个关键环节所能创造的价值，将那些无价值的环节删除，同时利用不同的业务组织方式，在同一条生产线上生产不同品类的商品，这大大提高了作业效率，提升了作业价值和顾客交付的时间周期。

6. 作业单元层面

是否可以把每一个作业单元都视为管理创新的对象呢？当然可以。所谓作业单元，是指构成作业活动的最基本单位。例如，一个生产车间可能由物料传送单元、来料加工单元、打磨单元、装配单元等不同的作业单元构成。

作业单元层面的管理创新以最小单元的作业效率和可靠性为基准，强调作业技术（包括工艺技术）和与之匹配的管理行为创新。泰勒的动作分析方法和计件工资制就是作业单元层面管理创新的一种方法，在当下的企业界仍被广泛应用。一些企业通过定点摄影、程序描述等方法，将现有作业方式记录下来，并进行仔细分析，发现不必要的工作程序和动作，同时寻找更恰当的工作程序、技术和相应的控制方法。

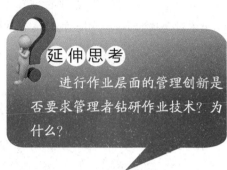

延伸思考

进行作业层面的管理创新是否要求管理者钻研作业技术？为什么？

组织管理创新的行动路径

针对组织管理的创新是没有标准答案的，创新本身就体现为寻找答案的过程。但是，组织管理创新并非没有模式可循。即使在非常具体的管理活动中，其创新也会呈现出图6-13所示的行动路径。

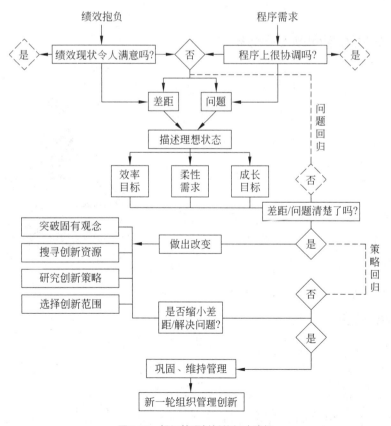

图6-13 组织管理创新的行动路径

1. 对现状的不满 / 程序缺陷

前面说过，效率、柔性和成长是组织管理创新的三大动因，其背后反映了主客观两方面的需求。主观方面的需求是管理者对组织现状的不满，客观方面的需求在于程序缺陷和不足。对现状的不满会引发管理者寻找弥合差距的管理方法，而程序缺陷则与流程管理创新紧密相关。

> 📖 **辅助阅读6-15|　程序缺陷引发管理创新的典型事例**
>
> 长期以来，管理者发现：企业设计、生产某种商品的流程是单向度的，从设计、生产到最终形成商品是一个直线过程。这造成一种让人苦恼的困局：如果流程中出现质量或工艺设计上的缺陷，只有等到商品生产成型后的品质检查阶段才能发现问题。甚至于，只有将产品交付消费者手中，才能知道消费者究竟是认可还是不认可。这种流程缺陷是无法改变的吗？当然不是。让设计与生产紧密合作、及时排查问题的并行工程理念和方法，就可以用于解决这一个问题。这一源自工程学中的理念和方法，在当下被广泛运用于企业生产管理之中。此外，推进顾客互动参与的订制模式、众包模式等，也成为管理创新的新领域。

2. 理想状态与问题回归分析

当管理者意识到差距和问题后，第二步工作就是描述理想状态并进行问题回归分析。对理想状态的描述可以从效率、柔性和成长三者中的任何一个维度开始，也可以是三者的综合。管理者需要准确分析差距和问题，进而清晰地描述出理想状态。

状态分析

问题回归分析是在描述完理想状态后进行，这可能产生两种情况：要么因为理想状态的清晰化进一步明确问题；要么因初始设定的理想状态不合理而导致问题和差距被重新定义。

3. 做出改变

描述问题、差距以及理想状态，是组织管理创新的第一阶段。真正的挑战在于做出改变，它包含了实现管理创新的各个行动要领。首当其冲的是范式转变，它是对现行思维模式的挑战，需要摆脱现行思维模式的定式影响而面向新领域搜寻创新资源。管理创新需要创新资源的支持。创新资源可以是新的管理观念和创意，也可以是观念、知识、技术在新领域的移植和应用，当然更可以是技术和知识的自主创新。

但是，光有创新资源是不够的，管理者还必须充分研究管理创新的策略。管理创新策略研究包括两个方面：①创新资源如何整合成为一套有效的新管理模式；②新管理模式如何最大限度地降低在组织中加以应用的阻力，并扭转员工的行为惯性和认知局限。

关于第一个问题的研究，旨在形成新管理模式的理论构思。在这个过程中，管理者必须有意识地、自觉地运各种各样的思考工具和方法来实现创新性的思维突破。

进行创新要考虑的问题

辅助阅读6-16| 创新性思维方法

创新性思维方法可以分为逻辑方法和非逻辑方法两种。逻辑方法是一种通过对各种事物的认识、推理和联想等有序的组合再造的方法。这种创造方法的显著特点在于科学性和严密性。具体来说，逻辑方法主要有以下几种。

（1）转移法：把属于某一事物的规律或特征运用到其他一些事物上去，进而实现创造活动的方法，如根据蝙蝠的特性发明雷达。转移法的关键在于能把毫不相干的事物联系起来进行研究、思考，寻找可以相互受用的部分或属性，如鲁班因为茅草划破手指而发明锯子。

（2）组合法：把几种事物的优越性用一定的形式联合起来，从而形成超越原来事物的创造方法，如水陆两栖坦克、有声电影的发明等。

（3）想象法：在对原有事物深刻认识的基础上，构思出前所未有的情境的方法，如爱因斯坦建立的狭义相对论。

（4）综合法：在众多具有相同或相异特点以及不同历史条件下的事物中，按照一定的意念进行观念和形象的抽象，由此产生新的事物，显示出特异性的创造方法，如系统论、控制论等。

非逻辑方法包括直觉、灵感、形象构思等，其主要特点是在创造的关键部分不用抽象思维的逻辑方法，而是运用形象的或是突发的方法。

第二个问题则是实践层面的，管理创新策略必须考虑人们的行为惯性和认知局限。这与管理者选择管理创新的应用范围有关：草率地大范围创新，还是小范围试点更容易被接受？这在本章第四单元中会有深入讨论。

4. 获取结果与创新策略回归

管理创新有可能失败吗？当然有可能。在管理实践领域，创新失败的例子比比皆是。衡量一项管理创新活动是失败还是成功，取决于它是否缩小了最初的差距，是否让程序更协调。当一项管理创新活动失败的时候，它将引发管理创新的策略回归分析。管理者必须回过头来重新审视整个观念范式、创新资源或管理策略。如果经此发现最初的问题和差距描述都存在可能的错误，那还必须回到问题回归分析的环节。

5. 维持管理与创新再发展

当一项组织管理创新最终被验证为正确、有效时，将进入到巩固和维持阶段。巩固和维持不是静态的，而是对新管理模式的加强，它仍需要对管理制度进行局部优化，从人事管理制度、考核制度方面进行匹配性处理，这有时候也需要局部创新。

显然，一项组织管理创新总是会经历一段巩固和维持期，而这项管理创新也必将经历从发展、成熟到衰变的过程。发展和成熟阶段是与巩固和维持阶段相对应的，这一时期是获取组织管理创新成果的时期，也是创新过程的平静期。大部分管理者会寻求让这一时期尽可能变得更长，以便创造更稳定的管理环境和经济成果。

单元知识逻辑图

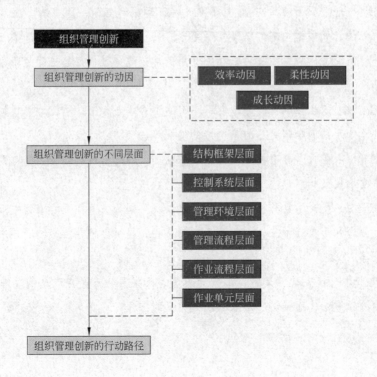

技能演练

📅 **课堂实战┃ 创新思维方法识别**

　　管理创新会用到各种各样的思维方法，包括转移法、组合法、想象法、综合法、直觉思维、灵感法等，这些方法的有意识运用可以大大提升管理创新能力。请同学们识别表 6-9 所列各项创新所体现的主要思维方法或思维特征。

表 6-9　创新思维方法识别

创新事例	思维方法或思维特征
瓦特发明蒸汽机	
智能手机的发明	
戴尔创造直销模式	
乔布斯把手机设计成儿童都能使用	
发明可以飞的四轮汽车	
全员股份制出现	
订制生产模式出现	
众包模式出现	

➕ **课后拓展┃ 企业持续成长动力探因**

　　一直以来，人们对于企业持续成长的问题保持着高度的研究热情，但这方面的理论仍然是匮乏而且莫衷一是的。有些人认为技术是决定性因素，但人们很快提出反对意见：诺基亚、柯达都是拥有大量专利技术的企业，但它们失败了；有人认为人才是决定性因素，然而反面的例证也很多。那么，究竟是什么决定了企业的持续成长呢？请你与身边做企业管理工作的人交流，以"企业持续成长动力探因"为题，撰写一份调研报告，详细说明他们对这个问题的看法，同时提出你的看法。

学习单元四
对创新的管理

情景引入

在辅助阅读6-12中，我们分析了底特律汽车制造商对日本汽车企业进攻做出错误反应的原因，在于它们忽略了汽车工业未来发展的要求，忽略了自身的成长性需求。与这一错误相伴随的是，美国汽车制造商最终花费了数十年时间才弄清楚一件事情，即丰田的优势背后存在一套全新的管理思维。与西方竞争对手不同，丰田一直坚信一线员工不只是一部没有灵魂的制造机器上的齿轮，他们可以是问题解决者、创新者和变革推动者。美国公司依靠内部专家来设法改进流程，而丰田公司则赋予每一位员工技能、工具和许可权，以便随时解决问题并防止新问题发生。这样做的结果是：年复一年，丰田公司从员工身上获得的价值远远超过竞争对手的收获。

对丰田公司来说，这是一种思维范式的转换，当然也伴随着管理模式和手段的革新。但是，对美国汽车制造商而言，正统管理思想的力量如此强大，以致它们直到对丰田的成功穷尽了所有其他解释（包括日元价值被低估、员工温顺听话、日本文化的影响、自动化程度比较高）之后，才最终承认丰田真正的优势在于它能够利用普通员工的才智。

这个案例说明，各种正统管理思想往往在管理者的思维中根深蒂固，很难被人察觉，而且人们对这些思想奉若神明，不敢质疑。一项管理创新背后的原则越不符合传统，人们坦然接受的可能性越小，推行的压力也越大。当然，从另一个方面看，这种管理创新也让竞争对手需要更长时间做出反应，有时候竞争对手的困惑可能达数十年之久。

课堂讨论

（1）如何最大限度地实现有效的管理创新？

（2）管理创新是可以有意识地加以管理的吗？

教师提点

要解决上面这些问题，需要掌握下列知识和技能：

1.建立创新型组织或团队的方法；

2.应对管理创新的压力；

3.形成鼓励创新的环境和持续循环模式。

 内容精讲

在管理创新上，管理者的聪明才智是重要的，但仅仅凭此推动企业管理创新仍然不够。群体智慧（collective intelligence）和群体动力（group dynamics）是管理创新的重要资源。这也意味着，管理者必须将创新作为群体活动的过程，并加以系统地统筹和管理。

建立创新型组织/团队

如果某家企业或者管理者试图学习和应用丰田的"秘密武器"，他应该怎么做？他必须投入时间和精力建设一个创新型组织（或创新型团队）。换言之，他必须借助创新型组织管理原则，激发群体智慧，从而满足组织管理持续创新和广泛创新的需求。

1. 创新型组织 / 团队

所谓创新型组织，是指组织的创新能力和创新意识较强，能够源源不断进行市场创新、管理创新、技术创新等一系列创新活动的组织。创新型组织是从文化和制度上加以定义的，即这种组织将创新作为核心价值观之一，并与单纯注重效率、灵活性等其他价值取向的组织区别开来。

彼得·德鲁克在谈到创新型组织时说："创新型组织就是把创新精神制度化而创造出一种创新的习惯。"这一观点也反映出创新型组织体现为创新精神制度化、习惯化等文化精神层面的概念。创新型组织是一个可大可小的概念，它所谓的"组织"，"小"可以是一个小组，"大"可以是一个企业，它是管理者在自身管辖领域进行的管理制度、精神和文化建设。因而，了解创新型组织的建设规则，对不同层次的管理者都有意义。

2. 角色意识的重塑

理论研究认为，一个有效运行的创新型组织，其组织成员在创新活动中并非严格意义上体现出管理者和执行者的区别，他们的界线是模糊的，只是在特定的具体任务中表现出清晰的管理与执行的分离。在日常的组织 / 团队运行过程中，每一个成员身上都嵌入了五种不同的职能角色（见表 6-10）。

在创新型组织中，表 6-10 所列各种角色并非由专人承担。在不同的创新活动中，每个人都将进行角色的灵活变动。一个营销工作者可能在研发过程中成为信息守门人，但是在专业销售管理的创新中成为项目管理者或者技术难题解决者，它们是非常紧密的创新性协调团队。

表 6-10　创新型组织的角色意识

角　色	意　识
信息守门人	创新信息的收集和提供。组织成员能够敏锐地察觉信息。越多人具备这一角色意识，意味着创新型组织有更多的伸向外围的触角，也更容易诱发创新活动
创新提倡者	发展创新活动的意识，通常需要冷静地判断是否应该创新，是否应该对现状提出不满，并引导人们认识到这种不满足
创新构思生产者	对创新进行思维、观念上的整合，并形成恰当的创新思路，要求具备一定的创新思维能力
技术难题解决者	对组织中各种管理技术进行创造性研究和应用性搜寻，对自身的工作有较高的专业素养和技术能力
项目管理者	对新的创新性思路进行落实、验证效果的能力，要求组织成员满怀热情地按照新的方式管理自身的工作和任务

同一个人可以扮演不同的角色

3. 组织成员的共识

能够促进人们共同协作、推动管理创新的核心因素是共识。所有真正意义上的创新型组织，都强调紧密协调、互相贡献智慧的共识。这种共识包括以下 6 个方面的内容。

（1）知道创新的意义是什么。

（2）了解创新的动态过程，知晓创新需要怎样的行动。

（3）有一个可以指导创新的方向性目标，围绕组织的方向性目标展开创新活动。

（4）了解适合于创新动态过程的目标、方向和衡量标准。

（5）组织中的管理层起着不同的作用，并持有不同的态度；但他们不是阻碍创新者，而是利用不同的态度激发创新行动。

（6）以不同于经营管理组织的方式组织和建立创新型组织。

建立管理创新的流程

创新需要一套流程支持，即用程序性的方法发现创新策略、推动创新。加里·哈梅尔指出，很少有公司会为持续管理创新而精心打造出一个专门的流程。大多数企业都有一套关于产品创新的正规方法，许多公司还有探索前沿科技的研发团队，但很少有人真正研究管理创新的流程，这是很多企业管理水平低下的原因之一。

1."7-R"流程法

关于管理创新的流程，管理学者皮特斯将其总结为"7-R"流程法。这一方法通过一套特别的管理行为模式来推动各种创新的发展（见图6-14）。

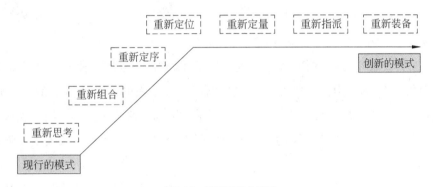

图6-14 管理创新的流程

（1）重新思考（rethink）。它考虑的是"为什么"（why）的问题。

（2）重新组合（reconfigure）。它所关心的是流程中的相关活动，为与"什么"（what）有关的问题寻找新的答案。

（3）重新定序（resequence）。它所关心的是工作运行的时机和顺序，它的创新来自于提出"何时"（when）的问题。

（4）重新定位（relocate）。它注重的是活动的位置，与"哪里"（where）有关。

（5）重新定量（reduce）。它所牵涉的是从事特定活动的频率，如"活动量要达到多少"、"要多久做一次"（how many or how often）等。

（6）重新指派（reassign）。它是指工作由"谁"（who）来做更好。

（7）重新装备（retool）。它关注的是完成工作所需要的技术与装备，为与"如何"（how）有关的问题寻找新的答案。

2. 创新与强迫思考

乍看起来，"7–R"流程法似乎与"5W1H问题分析法"的原理相近，这容易使人混淆。事实上，"7–R"流程法关心的并非问题是什么，而是问题的解决有没有"另一种可能"，它通过流程约束的方式对组织中的各类群体实施"强迫思考"，从而发现"另一种可能"。这一强迫思考存在两方面的特征：强迫关联和求异思维。

（1）强迫关联。如果企业明确建立一套流程，要求每一个工作人员时刻进行"重新思考""重新定位"，这样是不是可以增进企业的创新能力呢？答案是肯定的。这就是强迫关联的作用，其首要表现是流程上的强迫性。

依照皮特斯的观点，根据"7–R"流程法运作，虽不一定能保证创新出现，但对于推翻旧观念和产生新观念是非常有用的。当人们对某些问题形成既定答案时，人们

强迫思考

将因为答案的获得而失去探索的欲望，而"7–R"流程法要求用一种不同的流程"重启"答案获得的过程。这将迫使大多数人重新思考。在重新思考的过程中，原有的关联被打破，人们必须寻求新的、看似无关联的事务，展开关联活动，这同时迫使人们发现那些隐藏的问题、关联信息，以及将不同的资源重新关联组合起来，这无疑将大大激发创新活动的出现。

（2）求异思维。无论是用"7–R"流程法，还是用其他任何方法"重启"，其根本在于求异，即发现"另一种可能"。求异思维是孕育一切创新的源头，因为求异思维总是生发于疑，见思于疑，突破于疑，最后形成异彩纷呈的新构思、新思想、新思维。求异思维是生成创新的最重要内因。因此，在创新型组织中，要求组织成员敏于生疑、敢于存疑、勇于质疑，这与传统的管理方式显然有着巨大区别。

应对管理创新的压力

任何试图推进管理创新的企业和管理者，当其试图推动创新或者试图建设创新型组织时，还需要认真研究企业管理创新的动力问题。与其他创新一样，管理创新也有风险巨大、回报不确定的问题。很多人无法理解创新的潜在收益，或者担心创新失败会对企业产生负面影响，因而会竭力抵制创新。那些勇于进行创新的管理者，必须认识到这种抵制，并在压力中前行。

1. 组织成员抵制创新的原因

组织成员抵制创新的原因如表 6-11 所示。

表 6-11　抵制创新的原因及释义

抵制原因		释　义
心理约束	模糊规避	对未知的领域和不明确的前景习惯性产生回避
	路径依赖	对现行管理方式和行动方式产生依赖
利益约束	维护既得利益	为确保自身既得利益不受损害而持保守立场
	对失败的态度	组织对创新失败的态度阻碍人们做出改变

（1）模糊规避。模糊规避也称不确定性规避（uncertainty avoidance），是指在相同奖赏的情况下，决策者会力图规避从主观上判断具有模糊概率的事件，而偏好具有相同精确概率的事件。设想一个简单的情境：两项投资，同样的投入，其中一项可以稳定收益 60 万元；而另一项投资有 50% 的概率会收益 120 万元。你会选择哪一项？大部分人会选择前者，这是因为前者是确定的，而后者是模糊的，人们倾向于选择确定的事。

管理创新的效果是不确定的，未必能够 100% 实现预期目标。在创新面前，组织中的各类人群总会存在模糊规避心理，因而成为管理创新的阻碍。那些试图推动创新的管理者，也必须与自身存在的模糊规避心理作斗争。

追求确定性

（2）路径依赖。最早提出路径依赖理论的是诺贝尔经济学奖获得者道格拉斯·诺思（Douglass C.North）。路径依赖（path-dependence）是指这样一种现象：人类社会中的技术演进或制度变迁均有类似于物理学中的惯性，即一旦进入某一路径（无论是"好"还是"坏"），就可能对这种路径产生依赖。一旦人们做了某种选择，就好比走上了一条不归之路，惯性的力量会使这一选择不断自我强化。路径依赖既是一种惯性，也是一种惰性，是对既定选择进行简单再处理而不是创造的行为表现。

（3）利益约束。越是在庞大、复杂的组织中，来自利益约束（benefit restraint）的抵制越大，创新者面临的压力也越大。利益约束有两种表现形式：一种是害怕创新会损害自身既得利益的群体，自觉形成非正式联盟，采取一致的抵制态度；另一种是担心创新失败会损害自身利益，因而对创新进行抵制。这与组织管理规则紧密联系。那些对待失败严厉的企业，创新总量是相当稀少的，人们的创新精神被抑制；而在那些鼓励尝试，即使失败也能得到公正对待的管理环境中，创新活力会被释放出来，创新活动的总量会获得显著提高。

2. 消解创新压力的方法

在广泛的管理实践中，那些勇于创新的管理者探索出了各种各样的方法来应对创新压力（见表 6-12），从而成功推动管理创新。

表 6-12　应对创新压力的行动策略

行动策略	具体方法
内部沟通	改变层级沟通方式，推行广泛的信息共享、开放的互动交流，关注自下而上的创新提案
行为示范与示例	寻找替代性的、标志性的创新图景，可以是其他企业的相似创新案例，或者内部创新者的创新行为
外部认可	外部专业人士、顾客、外部利益相关者的支持
危机引入	引入外部危机，实施危机教育和宣传，以推动人们广泛实施创新
试错机制	确保人们有尝试的权利，并从机制上确保他们在创新失败时获得公正的保护
创新技能教育	鼓励人们学习创新方法、形成有效的创新思维，确保创新形成有利的结果

在内部沟通方面，韦尔奇所创建的"无边界组织"，就是推动全员信息交流的很好例子。在开放的交流环境中，员工可以就创新的各种矛盾进行坦率的交流，而无须顾虑创新能否获得管理者、组织层面认可。

行为示范和示例更多地是强调激发人们追逐"看得见的成果"。换言之，获得组织或管理者认可的创新示例和示范，会降低人们对未知领域的恐惧，减少因创新模糊性而产生的规避心理。在这方面，外部认可也发挥着同样的作用。谋求"外部认可"最为典型的行动策略是"顾客价值"。当外部顾客明确地提出其需求时，组织内部群体将失去抵制的合法性基础，从而使创新的推行成为可能。外部危机的引入，也是强化创新合理性从而削弱抵制的一种手段。

试错机制和创新技能教育也是非常重要的。人们对创新失败有着本能的回避心理，因而必须发展一套公正的容许创新失败的机制，还必须对组织成员实施创新技能教育，以使他们通过创新行动产生有利的结果，降低对失败的恐惧，并获得成功的回馈。

单元知识逻辑图

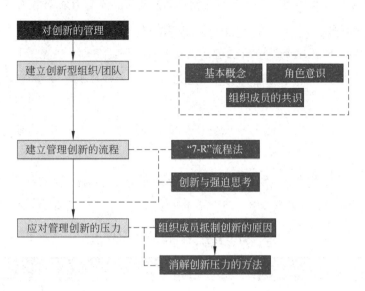

 技能演练

课堂实战 | 路径依赖现象分析

当某人长期从事一项工作，要想换个工作就会很难；当某人长期用一种方法处理事情，要换另一种方法处理也会很难；当管理者长期用一种原则、方式从事管理工作时，要想转变管理风格同样很难。这些都是路径依赖的直接体现。

路径依赖是组织创新的重要阻力。请你举出生活中存在哪些路径依赖现象，运用具体事例讨论如何破解路径依赖，填写完成表6-13。

表6-13 路径依赖讨论与分析

事例（举出你见过或亲历的事例）	如何破除路径依赖

📅 **课后拓展|　食堂管理创新**

　　一些高等院校的食堂采用的是承包制，相对过去由学校自主经营而言，这可称得上是一种管理体制的创新，这样做能激发食堂承包者的积极性，但也会产生一定的负面影响。食堂管理是一项复杂的工程，包括采购、食品制作、卫生管理、人员管理、财务管理等，要达到成本合适、食品卫生且安全、较好的就餐体验等多方面的管理要求。

　　现在，请围绕食堂管理创新的主题进行讨论，提出你的改进方案，填写完成表6-14。

　　要求：

　　（1）能够保证食堂的获利能力，给食堂带来更多经济效益；

　　（2）能够针对具体问题设计出可行的改进方案。

表6-14　食堂管理问题和改进方案

问题描述
（1）
（2）
（3）
（4）
⋮

改进方案
（1）
（2）
（3）
（4）
⋮

经济效益

参 考 书 目

[1] 斯蒂芬·罗宾斯，玛丽·库尔特. 管理学原理 [M]. 9 版. 孙健敏，译. 北京：中国人民大学出版社，2008.

[2] 单凤儒. 管理学基础 [M]. 4 版. 北京：高等教育出版社，2012.

[3] 芮明杰. 管理学 [M]. 3 版. 北京：高等教育出版社，2009.

[4] 王凯，陈超. 管理学基础 [M]. 2 版. 北京：高等教育出版社，2006.

[5] 周三多，陈传明. 管理学 [M]. 3 版. 北京：高等教育出版社，2010.

[6] 方振邦，徐东华. 管理思想百年脉络 [M]. 北京：中国人民大学出版社，2011.

[7] 汤姆·彼得斯，南希·奥斯汀. 追求卓越的激情 [M]. 张秀琴，译. 北京：中信出版社，2003.

[8] 理查德·达夫特. 组织理论与设计 [M]. 10 版. 王凤彬，张秀萍，刘松柏，等译. 北京：清华大学出版社，2011.

[9] 加里·德斯勒，曾湘泉. 人力资源管理 [M]. 北京：中国人民大学出版社，2006.

[10] D. 赫尔雷格尔，J.W. 斯洛克姆，R.W. 伍德曼. 组织行为学 [M]. 9 版. 俞文钊，丁彪，等译. 上海：华东师范大学出版社，2001.

[11] 威廉·科恩，托马斯·德卡罗. 销售管理 [M]. 9 版. 刘宝成，译. 北京：中国人民大学出版社，2010.

[12] 李·克拉耶夫斯基，拉里·里茨曼. 运营管理：流程与价值 [M]. 7 版. 刘晋，向佐春，译. 北京：人民邮电出版社，2007.

[13] 罗纳德·希尔顿，迈克尔·马厄，弗兰克·塞尔托. 成本管理 [M]. 3 版. 罗飞，温倩，等译. 北京：机械工业出版社，2009.

[14] 杰克·梅雷迪斯，斯科特·谢弗. MBA 运营管理 [M]. 3 版. 焦叔斌，等译. 北京：中国人民大学出版社，2007.

[15] 爱德华·诺德，理查德·舍恩伯格，何桢. 运营管理：满足全球顾客需求 [M]. 7 版. 北京：中国人民大学出版社，2006.

[16] 赫伯特·皮特里，约翰·葛文恩. 动机心理学 [M]. 5 版. 郭本禹、王志琳，王金奎，郭金波，等译. 西安：陕西师范大学出版社，2005.

[17] 哈佛商学院教程研究工作室. 哈佛商学院管理全书 [M]. 北京：中国致公出版社，2001.

[18] 齐振海. 管理哲学 [M]. 北京：中国社会科学出版社，1988.

[19] 张福墀，杨静. 管理哲学 [M]. 北京：经济管理出版社，2002.

[20] 劳拉·哈特曼，乔·德斯贾丁斯，苏勇，郑琴琴，顾倩妮. 企业伦理学 [M]. 北京：机械工业出版社，2011.

[21] 理查德·德·乔治. 企业伦理学 [M]. 7 版. 王漫天，唐爱军，译. 北京：机械工业出版社，2012.

[22] 戴维·夏普. 企业道德案例 [M]. 李成军，李玉峰，译. 上海：上海人民出版社，2007.

[23] 斯图尔特·克雷纳著.管理百年 [M].邱琼，等译.海口：海南出版社，2003.

[24] 杰弗瑞·莱克，詹姆斯·弗兰兹.持续改善 [M].曹嬿恒，译.北京：中国电力出版社，2013.

[25] 大卫·梅西克，罗德里克·克雷默.领导心理学：新视野及其研究 [M].刘恒超，刘建洲，郭庆松，等译.上海：复旦大学出版社，2010.

[26] 史蒂芬·柯维.高效能人士的七个习惯 [M].高新勇，王亦兵，葛学蕾，译.北京：中国青年出版社，2010.

[27] 苏敬勤，朱方伟，王淑娟.MBA 管理案例评选百优案例集锦 [M].北京：科学出版社，2011.

[28] 余敬，刁凤琴.管理学案例精析 [M].武汉：中国地质大学出版社，2006.

[29] 哈罗德·孔茨，海因兹·韦里克，马克·坎尼斯.管理学 [M].13 版.马春光，译.北京：经济科学出版社，2011.

[30] 彼得·德鲁克.21 世纪的管理挑战 [M].刘毓玲，译.北京：生活·读书·新知三联书店，2003.

[31] 约翰·曾格，约瑟夫·福克曼.卓越领导者 [M].赵实，译.北京：机械工业出版社，2013.

[32] 傅和彦.工厂管理 [M].厦门：厦门大学出版社，2007.

[33] 潘承烈，虞祖尧.中国古代管理思想之今用 [M].北京：中国人民大学出版社，2001.